Arts-based Openings in Educational Practice and Theory:
Arts-based Inquiry in Higher Education (Starting Inquiry with Arts-based Research Series 1)
Koichi Kasahara, Kayoko Komatsu, & Ryoji Namai. (Eds.)

アートベース・リサーチがひらく
教育の実践と理論

ABRから始まる探究（1）高等教育編

笠原広一・小松佳代子・生井亮司　編

学術研究出版

は じ め に

近年の「アート」の活況と美術教育

　近年，「アート」という言葉が世の中を賑わせている。書店にはタイトルに「アート」を冠する書籍が多数積まれ，オンラインストアでも沢山の種類の書籍が次々に刊行されている。とりわけコロナ禍以降はオンラインのワークショップや鑑賞，動画サイトのコンテンツも相当な数となり，「アート」という言葉を目にしない日はないだろう。こうした「アート」の活況が今までと少し違うのは，それらが趣味や教養，生き甲斐づくりなどの余暇活動というよりも，アーティストのもつ創造的な思考，芸術制作がもつ創造的プロセスを，人生を生き抜く上で，そしてビジネスなど様々な社会活動の中で積極的に活かしていくことを目的としているものが多いということである。文化芸術や教育だけでなく，他の産業界や学問領域からも「アート」は多くの注目を集めている。

　こうした状況はこれまで学校や大学で美術教育の実践や研究に携わってきた者にとっても非常に喜ばしいことである。ちなみに一口に美術教育といっても，より正確には，学校で行う図画工作科や美術科の授業は「美術科教育」であり，美術大学での芸術制作の専門家養成や生涯学習で広く行われている美術活動などは（広義の）「美術教育」に含まれる。特に学校教育の図画工作科や美術科は受験科目ではないことや，それを学ぶことで何が得られ，何にどう役に立つのかを測定可能なやり方で事前にわかりやすく示すことが難しい特性をもつため，教育システムの中で良さを十分に発揮し難いところがある。物事の認識の枠組み自体を超え出ることが「アート」の本質でもあるだけに，様々な可能性がありつつも，既存のシステムにはなかなか収まりきらないのである。

　それでは，アーティストが取り組んでいる活動をそのまま学校で行えばよいかというと，そうとも言えない。もちろんそうした活動が学校教育に新た

な可能性と活性化を生み出す優れた事例もあるが，公教育として行う学校の美術科教育としては，目的や制度，児童生徒の発達や学習の系統性を考えた内容や方法，評価など，様々な条件の中で体系的・計画的に取り組む必要があり，それがあることで義務教育において全国の全ての学習者の学びの機会が保証されている。しかし，それは一方で内容や方法の硬直化やマニュアル化による弊害も生みやすいため，種々の条件を問い直しながら授業実践の考え方や方法を検証し発展させていくことが美術科教育の研究の役割となる。美術科教育は学校教育という固有の条件の上で行われている美術教育の実践であり研究だが，その条件や前提をより広い美術と教育の領域に広げてみれば，おそらく現在の美術（科）教育の実践と研究には，未だ見いだせていない多くの可能性があるはずである。目下の「アート」の活況は，その可能性を示唆しているようにも見える。美術教育の研究においては，実践のフィールドごとに今現在求められている知識や技術の研究や開発が必要であることはもちろんだが，そうした条件自体も問い直してみる中で，未だ具体化されていない美術教育の可能性の探究にも取り組んでいく必要があるのではないだろうか。

アートベース・リサーチ（Arts-based Research：ABR）

　本書が扱う「アートベース・リサーチ」（Arts-based Research（以下，ABR）はそうした未だ具体化されていない美術教育の可能性を開拓する注目すべき試みの一つである。ABR は直訳すると「芸術（アート）に基づく研究」となる。通常，アートといえば自己表現のように表したい感情や考えなどを絵や彫刻（美術），音楽や映像，最近であれば様々なデジタル表現等によって形に表す活動であり作品と理解されている。確かに今もアートはそうした側面を持っているが，ABR が着目するのは，アートが様々な表現の材料や技法を用いながら何かを形にしていく過程で，素材や状況との対話と省察を通して何らかの発見や気づきを生み出したり，新たな理解や価値を提起するような，ある種の知的創造を伴う側面である。この「知」とは自然科学や社会科学の学術研究の知とは異なるタイプの知であり，異なる表現形式で表される芸術的な知

性である。他の研究のように数や言葉で表し難い物事の「質」を捉え，そこに
アートの表現形式によって形を与えていくことで，他の方法では見出すこと
のできない物事の別の側面を浮かび上がらせ，新たな意味と価値を生み出し
ていくような研究（探究）となる。ABR は表現・制作活動であると同時にそれ
が研究にもなっていく。ABR は特に 1990 年代に議論が活発化し，2000 年代
に入ると美術教育，芸術療法，社会学など，様々な分野に広がり始めた。近年
では日本でも実践と研究が各地で活発になってきている。

　アートが他の方法とは異なる何かを生み出すとしても，それを学術研究と
同様に「知」と呼ぶべきかなど，たしかに今でも議論が続いている問題では
ある。しかしこの四半世紀を振り返ってみると，私たちにとってアートは教
養や生き甲斐だけでなく，ケアや社会包摂の実践，格差や差別などの社会課
題へのアプローチといった，新たな視点からの現実の問題への関与可能性の
創出などへ，その役割や意義を大きく拡張させてきている。もはや私たちは
アートで何かを表現するだけでなく，アートすることを通して何かを知り，
自己との，物事との，そして社会（世界）との新たな関係を創り出してさえい
るのだ。こうしたアートのあり方とは，その問いかけや試みが始まった当初
にはなかった可能性を，表現や制作の過程を通して探りながら具体化してい
くと言う点で，まさに研究（リサーチ）のようなものである。アートは個人を
支える「生きる探究／探求（Living inquiry）」の技法でもあると同時に，現実社
会への関与というアクション・リサーチのようなものになってきているとも
言えるだろう。

　そうした意味で，ABR は今日的なアートのあり様や議論，その背景にある
個人や社会の状況，様々な教育の機会やその変革，他の学術研究の分野も含
めた知の創出，これらが交差する場所に多視点的に立ち上がってくる，アー
トをベースにした探究の技法と位置付けることができると考える。ABR は今
もなお発展的に研究や実践が生み出されており，その定義やあり方自体も変
化し続けている。先ほど述べたように，未だ具体化されていない美術教育の
可能性を開拓していくとすれば，それぞれの現場で ABR を試みながら，理論
を問い深め，実践を具体化し，理論と実践，そしてアートと研究（リサーチ）

のダイナミックな循環と生成を賦活させることが重要になるだろう。本書は
まさに，そうした試みに挑戦した研究者たちの論考や実践の数々を開示する
ものである。執筆者は教員養成系大学や美術大学に勤務する者や学校で教壇
に立つ者，大学院生まで様々である。美術教育に携わっている点は共通する
が，ワークショップ研究，特別支援教育，インクルーシブ教育，学習環境デザ
イン，工芸教育，さらに教育哲学，彫刻制作，絵画制作など専門も様々で，国
内だけでなくカナダや中国で研究に取り組む者も参画しており，こうした多
彩な参画が ABR の寛容さと可能性の一端を示してもいる。

本研究および本書刊行の経緯

　本書に収録した研究は科学研究費による共同研究「Arts-Based Research
による芸術を基盤とした探究型学習理論の構築」(基盤研究 (B) 課題番号
18H01010, 2018 年度〜 2020 年度) を中心に複数の研究プロジェクトが連携
して取り組んできた成果に基づいている (p. 265 参照)。いずれのプロジェク
トメンバーも ABR に関心を持ち，とりわけ本科研では ABR の探究的な特性
に着目しながら，各々が大学などの高等教育機関や初等教育の現場で実践と
研究に取り組んできた。その中で本書は「ABR から始まる探究 (1) 高等教育
編」として主に大学や大学院での実践を紹介するとともに ABR の理論面での
論考を収録している。「ABR から始まる探究 (2) 初等教育編」では，近年関
心が高まり取り組みが進んでいる探究的な学習と ABR の接点を考え，幼稚園
や小学校でのアートベースの探究の実践と研究の試みを紹介している。その
際，ABR を学校教育に応用するというよりも，実践者や研究者が ABR を学ぶ
ことで自分たちの実践や研究にどのような変化が起こるのかに着目し，子ど
もの表現と ABR がどのように出会うかを考察した実践研究を収録しており，
そちらも本書とあわせてご覧いただきたい。

　ABR のような新たな実践や研究は高等教育に限った話と思われがちだが，
ABR の議論の背景には大学や学校の教育，そして学術研究を支える共通の
認識基盤にまつわる問題提起がある。それは私たちが世界をどのように認識
し，いかなる表現形式でそれを表しているのか，その上にいかなる研究や学

習理論が展開され，どのような教育のビジョンが描かれ，ガイドラインやカリキュラムが形づくられ，どのように実践されるのかということに通底している問題なのだ。それらは教育と学術研究が共有する基盤的な問題認識でもあり，ABR は新しい知識創造の可能性を拓こうとする試みでもある。まさにそうした試みをどのように具体化していくことができるのかという問いが，本研究が ABR を論じる重要な問題基盤ともなっている。

　すでに本研究の期間中に共同研究者の小松佳代子による『美術教育の可能性　作品制作と芸術的省察』(2018, 勁草書房) や研究代表者の笠原広一とリタ・L・アーウィンによる『アートグラフィー　芸術家／研究者／教育者として生きる探求の技法』(2019, 学術研究出版) も刊行され，ABR に関連した議論を眼にすることも少しずつ増えてきている。今後も共同研究者らと取り組んだ研究が国内外から順次発刊される予定で，日本の ABR が海外に発信される状況も生まれている。日本も含め世界中で起こっている自然災害，政治・経済あるいは文化的なコンフリクト，そして戦争や国際紛争を伝えるニュースや投稿が手元のスマートフォンに流れてこない日はないように，私たちの日々の暮らしや人生は，好むと好まざるとにかかわらず国境を超えた問題状況に絶えず影響を受けている。私たちは内と外の両方に意識を開き，アート，教育，リサーチとともに，それらの複雑な条件と状況のあいだで可能性を模索していく必要がある。新型コロナウィルスの感染拡大は多くの困難をもたらしているが，一方で地域や国を超えたオンラインのコラボレーションも活性化させた。こうした新たな状況の中でアートと教育とリサーチの可能性を国内外の人々と連携しながら探究していくことは今後ますます重要になるだろう。「アート」をめぐる，そして美術教育の可能性をめぐる ABR の取り組みは，私たちが新たな時代を生きていくために必要な，アートと教育とリサーチの，そして知の共創の新たな技法と理論を生み出していく道に通じていると信じている。

本書の構成

　ではここで，本書が収録した ABR の理論研究 (第 1 部：理論編) と高等教

育での実践（第2部：実践編）の概略を示す。

第1部：理論編

第1章「アートベース・リサーチによる芸術教育研究の可能性——成立の背景と歴史および国内外の研究動向の概況から（Ver. 2）」では，ABR成立の背景を論じ，拡張し続けるABRの研究動向を概説する。（笠原広一）

第2章「Arts-Based Researchの由来」では，「芸術に基づく（arts-based）」とは何を意味するのかをエリオット・W・アイスナーの思想に立ち戻って捉え直し，ABRとは，その可能性とは何かを理論的に考察する。（小松佳代子）

第3章「「現代社会」における美術教育の位置付けとABR（ABR, ABER, a/r/t含む）の可能性—理論／実践のあわいを考える—」では，日本の美術教育を方法論と目的論から振り返り，実践主義の弊害，芸術と精神性の分離を指摘し，ABRを通してカオスと教育をつなぐ可能性を考察する。（茂木一司）

第4章「美術制作と哲学とABRの交差する地点から美術教育を考える」では，作品制作の中で現象の意味を超えて物自体へ至るABRの探究とは，いかなる経験を生きることになるのかを哲学的に考察する。（生井亮司）

第5章「美術教育における知識創造と探究—エリオット・W・アイスナーの二つの論文を中心に—」では，昨今の教育界の知識創造モデルや「探究」の動向を踏まえ，アイスナーの研究を手掛かりに，芸術固有の認識方法とは何か，教育はそれをどのように活かすことができるのかを考察する。（池田吏志）

第6章「芸術に基づく探究型学習試論——学習科学の射程から」では，学習理論の動向からABRの学習／活動として位置付けを思考のプロセスに着目し，ABRの学習モデルの成立可能性を検討する。（手塚千尋）

第7章「方法論としての発展と屈折そして継続——海外でのABRに関する理論化と現状と今後の方向性」では，海外でどのようにABRが正当化されているかを質的研究と美術的基準の視点から考え今後の方向性を示す。（森本　謙）

第2部：実践編

第8章「歩き，語り，表し，考え，そしてまた歩く―東京学芸大学・教員養成におけるアートベースの探究／探求の実践―」では，東京学芸大学の大学院と学部で行なった，東京都内を歩くアートグラフィーの実践と，コロナ禍の中でオンラインを併用して行なったABRの実践と都内ギャラリーでの展示等の取り組みを紹介する。

第9章「美術系大学院におけるABRの実践」では，長岡造形大学大学院でのABR実践を中心として，美術家を目指す者たちと共同して行ってきた探究の事例を考察する。（小松佳代子）

第10章「広島大学での取り組み―小学校教員養成課程におけるABRの可能性と課題―」では，大学院カリキュラムでのABRの実施事例を示し，教員養成カリキュラムでの実践の可能性と課題を論じる。（池田吏志・会田憧夢）

第11章「美術科教員養成課程におけるABR―ウォーキング・アートグラフィーによる学びの生成の探求―」では，千葉大学の大学院修士課程での実践から，参加者らの探求と教員の支援のあり方，その相互性を論じる。（佐藤真帆）

第12章「視覚障害児の美術教育とABR・ABER・A/r/tographyの可能性―杭州師範大学と中国美術学院との実践と東京学芸大学でのワークショップから―」では，ABRがリサーチとしてどのように位置付けられるかを論じ，中国の教員養成系大学と美術大学で取り組まれた視覚障害児と大学院生らのABERおよびA/r/tographyの実践，そして東京学芸大学でのワークショップを紹介する。（胡　俊・丁　佳楠・笠原広一）

第13章「武蔵野大学でのABRの実践―世界と向き合う態度の涵養―」では，保育内容（表現）の授業から，アートによる探究と身体性，アートの立ち現れと不確定性・偶然性，目的からの解放など，ABRを通して教育実践を捉え直すことで，高等教育でのABRの教育的可能性を考察する。（生井亮司）

第14章「保育者養成におけるアートベースの探究実践の学習」では，保育者養成課程で取り組んだ戸外を散策する自然体験からのアートベースの探究実

はじめに　9

践の事例を報告する。(笠原広一)

往復書簡

第15章「まとめにかえて—編者による往復書簡—」では，ここまでの共同研究
と本書の内容を踏まえ，「何のため，誰のためのABRか？」「美術教育と教
員養成の問題」「研究としての制作(作品)の質」，「私たちはどこに踏み出せ
ばいいか」についてABRの可能性とともに，編者3人が往復書簡形式で議
論を展開する。(小松佳代子・生井亮司・笠原広一)

さいごに

　以上が本書の内容であるが，共同研究の途中でコロナ禍が始まったことで
大学等の業務もかなり負担が増え，互いの研究を十分に相互反映させるだけ
の吟味ができたかといえば課題も多い。即時性をもって研究成果を公開する
ことで広く議論や実践の試みを喚起できることが重要と考えて本書を刊行す
るが，この点は今後の課題である。読者からもご意見を頂戴しながら深めて
いきたい。

　ぜひここから，アート，研究(リサーチ)，教育(実践)のあいだの新たな議
論の創造に，読者の皆様にもご参加いただきたい。

2022年3月
笠 原 広 一

本書の用語について

　近年，日本で広がり始めた Arts-based Research（ABR）の研究を概観すると，その表記や呼称は論者によって様々である。直訳すると「芸術に基づく研究（探究）」「芸術を基盤とする探究（探求）」となる。それに加えて本文中では「アートベースの探究（研究）」など文脈に応じて用いている。ABR の呼称としては現時点で広く用いられている「アートベース・リサーチ」としている。「探究」については学校教育での「総合的な探究の時間」や教科学習，学術研究の文脈では基本的に「探究」を用いるが，著者によってはそれとは異なる意味を表すために適宜「探求」を用いる場合もある。他の研究分野での用語の使用や訳書からの引用の場合は原著を踏襲しているが，同じ意味でも分野や訳者によって異なる訳語が選択されている場合もある。それ以外は著者内で可能な限り統一に努めたが，各著者の判断によるところもあることをご了承いただきたい。

科研費研究メンバー

　笠原　広一　　東京学芸大学　准教授（研究代表者・本書編者）

　小松佳代子　　長岡造形大学　教授（本書編者）

　生井　亮司　　武蔵野大学　教授（本書編者）

　池田　吏志　　広島大学大学院　准教授

　手塚　千尋　　明治学院大学　准教授

　茂木　一司　　跡見学園女子大学　教授

　佐藤　真帆　　千葉大学　准教授

　吉川　暢子　　香川大学　准教授

　岩永　啓司　　北海道教育大学　准教授

　栗山　由加　　東京学芸大学　個人研究員

　小室　明久　　中部学院大学短期大学部　助教

本書執筆協力者

森本　謙　　ブリティッシュ・コロンビア大学大学院博士課程

会田　憧夢　　今治市立清水小学校　教諭

胡　　俊　　杭州師範大学美術学院美術学科　学科長　准教授

丁　　佳楠　　東京学芸大学大学院修士課程

目 次

はじめに　*3*

〈第1部　理論編〉

第1章　アートベース・リサーチによる芸術教育研究の可能性
成立の背景と歴史および国内外の研究動向の概況から（Ver. 2）

笠原広一………*17*

第2章　Arts-Based Research の由来

小松佳代子………*53*

第3章　「現代社会」における美術教育の位置付けと ABR（ABR, ABER, a/r/t 含む）の可能性
―理論／実践のあわいを考える―

茂木一司………*67*

第4章　美術制作と哲学とABRの交差する地点から美術教育を考える

生井亮司………*83*

第5章　美術教育における知識創造と探究
―エリオット・W・アイスナーの二つの論文を中心に―

池田吏志………*99*

第6章　芸術に基づく探究型学習試論
学習科学の射程から

手塚千尋……　*115*

第7章　方法論としての発展と屈折そして継続
海外でのABRに関する理論化と現状と今後の方向性

森本　謙……　*127*

〈第2部　実践編〉

第8章　歩き，語り，表し，考え，そしてまた歩く
―東京学芸大学・教員養成における アートベースの探究／探求の実践―

笠原広一……　*137*

第9章　美術系大学院における ABR の実践

小松佳代子……157

第10章　広島大学での取り組み
　　　　─小学校教員養成課程における ABR の可能性と課題─

池田吏志・会田憧夢……169

第11章　美術科教員養成課程における ABR
　　　　─ウォーキング・アートグラフィーによる学びの生成の探求─

佐藤真帆……183

第12章　視覚障害児の美術教育と ABR・ABER・A/r/tography の可能性
　　　　─杭州師範大学と中国美術学院との実践と
　　　　　東京学芸大学でのワークショップから─

胡　　俊・丁　佳楠・笠原広一……195

第13章　武蔵野大学での ABR の実践
　　　　─世界と向き合う態度の涵養─

生井亮司……213

第14章　保育者養成における
　　　　アートベースの探究実践の学習

笠原広一……225

〈往復書簡〉

第15章　まとめにかえて
　　　　─編者による往復書簡─

笠原広一・小松佳代子・生井亮司……243

おわりに　263

著者紹介（執筆章順）　266

第1部

理論編

第1章

アートベース・リサーチによる芸術教育研究の可能性
成立の背景と歴史および国内外の研究動向の概況から（Ver. 2）

笠原広一

1. はじめに

　本章では近年の芸術教育の国際的な研究動向の中で広がりを見せているアートベース・リサーチ（Arts-Based Research）（以下，ABR）について，その理論と成立の背景，研究及び実践の特徴，国際的な動向と国内での研究を紹介し，その可能性と課題について考察する[1]。

　それに先立ち，本章の「芸術」「美術」「アート」の用語の使用について述べる。様々なジャンルの芸術制作活動を広く一般的に意味する際に，また，ABR の訳や説明として「芸術に基づく探究」等の記載には「芸術」を用いる。「芸術」の中でも視覚芸術や日本の美術教育に関連して述べる際は元々の文脈に基づいて「美術」を使用する。西洋の「Art」が明治期に日本に入ってきた際に芸術と同時に「美術」という言葉も生まれたが，特に 20 世紀以降，「Art」は近代的な意味での「Art ＝美術」の枠を大きく超えて広がってきた。このことを踏まえ，近代的な「Art」＝「美術」に含まれない現代的な表現やプロジェクト，現時点で分類が難しい実践や試みなども含めて表す際には「アート」を用いる（神野，2018 を参照）。また，「研究」は文脈に応じて「リサーチ」や「探究（探求）」と表現している。

2. 私たちを取り巻くアートの拡張

　今日，私たちがアートに触れる機会は日常生活の中で様々な機会がある。美術館やギャラリーはもちろん，全国各地で芸術祭が開催され，地域ではアーティストが展覧会やワークショップを開き，各地で様々な社会問題に関する芸術的実践なども取り組まれている。学校教育でも幼児期の表現活動から高校の美術の授業に至るまで誰もがアートの活動に携わる機会を持っている。また，インターネットやSNSで発信されるアートは今では一番身近な手のひらで観ることができるアート鑑賞の体験だろう。コロナ禍の中で急速に普及したオンラインによる世界の美術館のヴァーチャル・ツアーや名画鑑賞など，私たちはアートの網目の中に暮らしていると言ってもよいかもしれない。

　そうしたアート体験の多くは，観る，触れる，体験するといった「鑑賞」の活動と，作る，表現する，展示し，発信する，といった「表現」の活動に分けられるが，昨今は体験しながら観ることを深める活動もあり，鑑賞であれ表現であれ様々な工夫を凝らした活動が行われている。一般的にアートは「自己表現」と理解されることが多い。アートは表現物や表現行為を指すことから，そこに何らかの制作者の自己が表現されるのは確かである。また，デザインはアートの技術や思考を用いて問題解決のアプローチを生み出す活動である。近年はソーシャリー・エンゲイジド・アート（Socially Engaged Art: SEA）のように，現実社会に積極的に関わることで新たな価値観の創出や変革を生み出そうとする活動も行われている。このようにアートのあり方は自己表現だけでなく，社会問題の提起や実際的な関与を生み出す取り組みにも拡張し続けている。さらに近年ではNFT（Non-Fungible Token：非代替性トークン）のようにブロックチェーンの技術によって記録される代替不可能なデジタル・アートもあり，複製時代のアウラの喪失を超えた先に，新たな代替不可能性をもったアートが登場している。

3. ABRが拓くリサーチとアートの新しい関係

　端的に言えば，20世紀のアートは思考（様式）の拡張という道筋を辿った

が，それは人類の新たな知の創出の道のりでもあり，アートはそうした実験的な企てそのものだったと言える。とりわけ20世紀後半の現代アートは様々な社会的状況や問題についてリサーチに基づいた物事の文化的，社会的，歴史的，政治的，そして倫理的なコンテクストの編み物として形作られる複雑な意味の形成物（織物）となっている。現代アートは何らかのリサーチに基づいた作品制作という側面がより強くなっている（Research-based Art）。もはや目に見える情報のみから素朴にアート作品を感受することは，アートの可能性のごく一部分にしかアクセスしていないことを意味し，体験としても限定的にならざるを得ない。アート作品には多くの意味が重層的に折り畳まれているのである。

　昨今，探究的で創造的なアートの特性に着目し，アートの表現活動や作品制作を通して物事の新たな理解や意味を生み出していく新しい知の創出やリサーチの考え方であり方法として，Arts-based Research（アートベース・リサーチ）（以下，ABR）の議論が活発になっている。ABRは創造的アートセラピーや美術教育学研究の文脈から生まれた（Leavy, 2018），アートの表現・制作過程での省察や気づきをセラピーや教育および研究に活かしていこうとする考え方で，特に1990年代以降，エリオット・W・アイスナー（Elliot W. Eisner）らを中心に理論化が進められてきた，アートとリサーチ（研究・探究）のハイブリッドな理論であり方法論である。

「アート」と「リサーチ」というと，芸術と科学，芸術制作と学術研究のように別々の原理に基づいた真逆のものと思われるかもしれない。そして現実社会の中では後者（科学，学術研究）に重きが置かれることが多い。科学的な学術研究の成果から新たな技術が生み出され，経済的な発展がもたらされたことは確かである。しかし，私たちが生きていく上で感じている日々の様々な異和感や直面している現実の問題の数々は，必ずしも自然科学や社会科学の考え方や方法で扱うことが適しているとは限らない。特に人々の身体感覚や情動が絡み合う感性的な出来事や体験，複雑な社会の歴史や文化が人々の心や身体と分かち難く絡み合った問題などは，当事者の主観性や相互の間主観的な感じ方や思いを排除して考えるわけにはいかない。私たちが何かを知ろう

としたとき，科学だけが唯一の方法ではない。「私たちがその一部分である，自分たちの生活や社会，そして自然環境について探索し，光を当て，表象するという点では科学も芸術も本質的には似た者同士」(Leavy, 2018, pp. 4-5) であり，ABR は芸術的営みと科学的営みの創造的な貢献を拡張し混ぜ合わせる (Leavy, 2018, p. 5) 取り組みとなる。人間存在の美的・感性的な側面を捨象することなく，感性的な認識にまつわる技術として，アートを物事の理解や意味の創出に生かしていこうとする，アートであり，かつリサーチでもあるような考え方であり実践と研究のアプローチなのである。

　近年では日本でも ABR の研究が活発化している。社会学では岡原 (2020) が ABR に取り組み，パフォーマンスやアート・プロジェクトによる研究を展開し，その成果を『アート・ライフ・社会学──エンパワーするアートベース・リサーチ』で発信している。アートセラピーでは伊東 (2018) が，映像制作による ABR の研究を原 (2016) が発信している。美術教育および教育哲学では小松 (2018) が美術大学をフィールドに芸術制作が持つ研究としての可能性を探究し，ABR を芸術的省察による研究と位置づけ，その実践や論考を『美術教育の可能性──作品制作と芸術的省察』(2018) に著し，臨床教育学においても教育哲学と ABR の接点について考察している (小松, 2017)。教員養成では笠原 (2019) が ABR を概観しつつ，ABR を自己と社会をつなぐ探究的な芸術制作であり研究と位置づけ，大学院や学部教育で実践を行ない，国内外の執筆者と『アートグラフィー──芸術家／研究者／教育者として生きる探求の技法』(笠原・アーウィン, 2019) を刊行している。池田吏志ら (2020) は大学院生と広島をフィールドに探究的な実践に取り組み，吉川暢子ら (2020) は幼稚園で土を使った遊びと表現の実践の捉え直しを試み，岩永啓司・手塚千尋 (2020) は小学校での土を使った探求実践の研究に取り組むなど，学校教育現場での実践可能性の研究も進み始めている。このように，日本の ABR の理論研究と実践は，美術教育，社会学，アートセラピー等を中心に広がりを見せている。

4. ABRの背景

　では，なぜ ABR のような取り組みが生まれたのだろうか。ABR の 'arts-based'（芸術に基づく）の意味とは何か，ABR の背景的理論とはいかなるものかについては，第 2 章（小松佳代子）で詳しく述べているため，ここでは学術研究全体の動向と合わせて ABR の背景を素描する。

⑴　ABRの背景を辿るにあたって

　ABR の概念や特徴の詳細に立ち入る前に，ABR 成立の歴史的過程を確認する。それを辿ることで特に 1970 年代以降の日本の教育学・心理学・社会学などの人文・社会科学の展開と，昨今の ABR とのつながりを捉えることができ，同時に北米やヨーロッパを中心とする ABR の動きと今日までの研究の流れを把握することができる。歴史と背景を理解することで ABR とは何かをより明確に浮かび上がらせることができるため，ABR とは何かという定義については，差し当たっては「芸術制作の特性を物事の探究や調査，意味や価値の創出に用いていこうとする，探究的で省察的な芸術制作の用い方であり，同時に研究の方法論」（笠原，2019）、そしてアプローチ（Leavy, 2019）であると述べておく。

　ABR が立ち上がる歴史と背景の整理では以下の文献を参考にした。エリオット・W・アイスナー（Eisner, W. Elliot）とトム・バロン（Barone, Tom）の *Arts Based Research*（2012），スーザン・フィンリー（Finley, Susan）による *Handbook of the Arts in Qualitative Research*（2008），メリッサ・カーンマン・テイラー（Cahnmann-Taylor, Melisa）とリチャード・ジーゲスムント（Siegesmund, Richard）による *Arts-based Research in Education: Foundations for Practice*（2008），グレアム・サリヴァン（Sullivan, Graeme）の Art Practice as Research（2010），ジェームズ・H・ロリング Jr（Rolling, James Haywood, Jr.）の *Arts-based Research Primer*（2013），パトリシア・リーヴィー（Leavy, Patricia）の *Hnadbook of Arts-Based Research*（2018）と *Method Meets Art, 3ʳᵈ edition*（2020）である。国内の研究では小松（2018）による『美術教育の可能性──作品制作と芸術的省察』，関連する質的研究の動向についてはノーマン・

K・デンジン（Denzin, K. Norman）とイヴォンナ・S・リンカン（Lincolon, S. Yvonna）による質的研究と演劇教育研究の歴史的展開を論じた高尾（2010）の「演劇教育研究の方法論の現在：演劇教育研究の質的方法化と質的研究のパフォーマンス化の接点で」を参照した。同論文では心理学，社会学，教育学などの社会科学研究に共通する背景と上記の著書らの ABR 成立の流れに共通する背景を描き出している。同じく岡原（2020）の ABR 社会学の研究でも同様の背景が述べられており，これらを踏まえて以下に ABR の歴史と背景を概観する。

(2) ABB 研究の始まり

　リーヴィーによれば，ABR に先立った取り組みとして，クリエイティブ・アートセラピーが芸術表現の効果をセラピーに用いた考え方がそのベースにあるとするが（Leavy, 2018），それがより明確に ABR として具体化されていったのはアイスナーとバロンが 1993 年にスタンフォード大学で開催した研究会に端を発する取り組みとされる（Barone & Eisner, 2012）。アイスナーはカリキュラム研究や DBAE など米国をはじめ世界の美術教育研究を牽引したことで知られる[2]。そして 1990 年代初頭に ABR が生まれた経緯と理由を理解するには，当時の教育学や心理学，社会学を始めとする人文・社会科学が直面した，実証主義に基づく人間科学研究に対抗した認識論的転回（渡辺, 2003）による質的研究法の構築の取り組みが背景にある。

(3) 質的研究の興隆が芸術の制作・研究とつながるまで

　そうした 1980 年代後半に起こった質的革命では，エスノグラフィーを手法とする人類学が植民地を効率的に支配することに加担してきたという負の歴史や，戦後も文化的，経済的な支配構図に寄与してきているのではないかというポストコロニアリズムからの批判を経て，それまで問われることのなかった研究者が優位となる調査対象者との関係性や，研究成果が調査対象者にもたらされず，その成果で研究者が恩恵を受けるという研究における搾取的な状況に対して異議申し立てが起こった。従来の実証主義的なパラダイム

に依拠して客観的に対象を記述するために外部の視点に立つ立場からの研究そのものの限界が明るみに出ることによって，研究者は無色透明な存在ではなく，研究者自身と対象との関係性も自覚的に捉えながら，現場に関与しつつ調査対象者と継続的な往還を行い，調査対象者からの意見を繰り返し取り入れながら，研究成果を演劇や映像や詩などで具体化することで，それまで学術論文が暗に対象としていた受け手（自分たちと同じ学術コミュニティの人々）以外の人たちに対しても理解可能な形で広く成果を共有できるようにしていくこと，つまり，実践と研究と公開が一体となった研究方法の模索の潮流がその背景にあった（高尾，2010）。

　こうした潮流の背景にあったのは，エスノメソドロジー，現象学，批判理論，フェミニズムなど，被抑圧者や社会の下層階級を描き出すポスト実証主義の研究理論や，エッセイやフィクションなどの芸術的で解釈的なテキストによる研究方法が生み出されるなかで社会科学と人文科学の隔たりが次第に曖昧になり，研究の政治性と倫理性への関心の高まりや，「新しい心理や方法，表象モデルが模索され，客観主義，植民地主義の問題を乗り越えようと，自分を記述の中に取り込み，内省的記述を含んでいく」(p. 64) 研究へのパラダイムシフトがあった。それは同時にポストモダン思想における大きな物語から小さな物語への移行，行動的で参加型で実践指向研究の出現，1990年代後半からは「フィクションのエスノグラフィーやエスノグラフィックな詩，マルチメディア・テクストが当たり前となり，質的研究と芸術のクロスオーバーが本格的に進んで」(p. 64) きた流れがある。こうした質的革命はナラティヴ・ターンという形をとり，人々が主観的・間主観的に体験した出来事やその実感を重視し，当事者にとっての真実性を明らかにするような質的研究の発展と隆盛につながっていった。

⑷　質的研究とアートのメソドロジーの融合

　こうした 1980 年代の質的研究による実証主義研究に対する新たな研究パラダイムの問題提起と方法論の構築の中で，従来の研究の視点と方法では対象化されることのなかったもの，とりこぼされてしまったもの，言葉や厳密

な論理では言い切れないものを捉え，考察し，表現する方法として，人文・社会科学において芸術に大きな関心が寄せられ始めた。そうした状況の中で芸術と人文・社会科学，とりわけ芸術と教育学研究との接近が 1980 年代以降にエスノグラフィーなどの記述に基づく様々な Arts-based Methodology を生み出してきた（Cahnmann-Taylor & Siegesmund, 2008）。同じく 1980 年代からショウン・マクニフ（McNiff Shaun）が芸術家の制作プロセスを考察し，記述的手法と合わせた実践と研究の考え方をアートセラピーで展開し，その考え方を Arts-based Research（McNiff, 1998）に著している。

　こうした中で，アイスナーの大学院の教え子で，教育批評を学び，詩や芸術による社会現象の探究に取り組んでいたトム・バロン（Barone Tom）と共に，アイスナーが 1993 年にスタートしたスタンフォード大学での研究会は，教育学を始めとする人文・社会科学研究と芸術との融合や架橋を考える重要な場となった（2005 年まで継続）。

　また，この時期，1990 年代後半にはエリス・キャロリン（Carolyn Ellis）らによるオートバイオグラフィー（Ellis & Bochner, 1996）など，研究者自身とその取り組みの自伝的記述に基づいた研究も提起されるようになり，それまで研究の場に居ながらも対象化されてこなかった研究主体（研究者）とその眼差しが，研究を通して自覚・省察され，記述的に描き出されることで社会性を帯びるものとなる研究のあり方も提起されるようになった。

　こうしたエスノグラフィーを発展させた研究として，2000 年代になると美術教育学研究の分野でリタ・L・アーウィン（Irwin, L. Rita）による A/r/tography（アートグラフィー）が姿を現してくる（Irwin, 2004; Irwin & Springgay, 2008; Sppringgay, Irwin, Leggo & Gouzouasis, 2007）。A/r/tography とは「a/r/t」が意味する A（artist：芸術家），R（researcher：研究者），T（teacher：教育者）と，「graphy」（記述）の頭文字が合わさった造語であり，芸術制作（A），研究（R），教育（T）の間にいる表現者や研究者や実践者の，複雑で多面的なアイデンティティ，それらの分かち難い関係性の中で取り組まれる自己探究的な芸術制作であり（／）研究・探究であり（／）教育実践による取り組みが統合された探究のアプローチである。アートグラフィーでは芸術表現を行う自己

への包括的な省察によって芸術制作と研究と教育の「あいだ：In Between」に新たな自己理解と知の創出を試みる方法論となる。そして 2005 年にはニールソン（Nielsen, L）による "scholarTistry" といった学術研究と芸術制作・上演がハイブリッドに融合した実践を教育者や他の社会科学研究者に提起する取り組み（Cahnmann-Taylor & Siegesmund, 2008, p. 9）も生まれた。そしてグレアム・サリヴァン（Sullivan Graeme）による Art Practice as Research（Sullivan, 2005）は，芸術制作による探究，芸術に基づく研究（ABR）が，他の学問とは異なる形式ではあるが一つの固有な研究と言い得るものだという主張が芸術制作の側から明確に社会科学など他の学問領域を意識した形で打ち出されるようになる（山木, 2018）。

⑸　Arts-Based の様々な実践とリサーチメソッドへの展開

　このように学術研究の世界，そして研究や教育の共通基盤となる認識論全体に関わる 20 世紀後半の質的パラダイムへの転回の流れの中で，新たな人間科学を可能にする人文・社会科学研究の模索が芸術と融合し，そこに ABR へとつながる流れが生まれた。そして 1990 年代の取り組みを経て 2000 年代に入り，Arts-based の様々なスタイルやバリエーション，実践や研究の対象領域の広がりが生まれた。

　特に 2000 年代以降は教育に重心を置いた Arts-based Educational Research（ABER）や A/r/tography などの美術教育を中心とした取り組みも活発化していった。また，2000 年代の初頭までは高尾や岡原らにあるように，特に社会学での質的研究に関連して，デンジンやリンカンが演劇や身体表現などのパフォーマティブな研究に取り込んでいったことで，ABR や Arts-based Inquiry（ABI）が人文・社会科学の新たな質的研究法として認知されていった。

　芸術分野でも Handbook of the Arts in Qualitative Research（2nd Edition）（Knowles & Cole, 2008）ではマクニフとフィンリーが ABR について，アーウィンが A/r/tography について執筆するようになる。マクニフは上述のとおりアートセラピーをベースにするが，フィンリーは Arts-based Inquiry, 特に Social Justice（社会正義）やフェミニズムでのアートを用いた実践例を示して

第 1 章　アートベース・リサーチによる芸術教育研究の可能性　　25

おり，具体的な社会的事象と関連させたアートベースの方法論の可能性を提起している。それは新保守主義による政治に対する対抗手段的な意味合いを持つなど，研究の手法であると同時に芸術の社会的実践としての側面を持つ（Finley, 2008）。*Handbook of the Arts in Qualitative Research*（質的芸術研究ハンドブック）（Knowles & Cole, 2008）はデンジンとリンカンによる *Handbook of Qualitative Research*（質的研究ハンドブック）（Denzin & Lincolon）と執筆者がオーバーラップするなど，ABR が人文・社会科学研究（の質的研究）と芸術研究の間に橋をかけた形となった。さらに小説などのフィクションに基づくフェミニズム研究や社会学研究として芸術研究を手がけ，リサーチメソッドの研究に取り組むパトリシア・リーヴィー（Leavy, Patricia）は，*Method Meets Art*（Leavy, 2015; 2020）と *Research Design*（Leavy, 2017）を著し，アートベースの研究方法の整備を進めた。特に *Handbook of Arts-Based Research*（Leavy, 2018）ではマクニフやアーウィンなどの主要な ABR 研究者による論文を収録してハンドブックを編纂し，研究のオルタナティブなパラダイムを提起するものとして ABR を打ち出し，物語，音楽，ダンス，演劇，映画，美術での実践例を多数示しながら，ABR が芸術と科学の分断をつなぐものだとして，積極的に ABR の理論化を進めている。

　このように芸術制作を研究・探究の方法と捉え，芸術制作や芸術教育研究のみならず，人文・社会科学などの学術研究の根本的なあり方に対して，ABR への取り組みを通して様々な挑戦がこの四半世紀の間に試みられてきたことは驚くべきことである。私たちが生きていく上で感じている日々の感受認識や生きられている経験，そして自己の人生や社会生活上で遭遇する様々な出来事や問題は，問うべき研究（探究）のテーマとして問題化され難いものもあれば，一般的な科学的研究のアプローチによっては上手く表したり，その意味を捉えきれないものもある。だとすれば，これまで当たり前とみなしてきた知の創出方法や表現形式だけでなく，もし，アートによる探究を試みたとすれば，それがどのように捉えられ，具体化され，そこにどのような新たな理解と関与の可能性が立ち現れるのか，そしていかなる知が拓かれるのか，実際に試してみることには意味があるだろう。ABR はまさにこうした問題意

識と挑戦の精神の上に生み出された，芸術と科学，芸術制作と研究，そして
ABER や A/r/tography においてはさらに「教育」が加えられた実践的な探究の
考え方でありアプローチなのだ。

5. リサーチとアートの新しい関係

　では，ABR は実際にどの様に定義されているのだろうか。現在，広義の
ABR は 29 種類ほどあり（Leavy, 2015），一口に定義することは難しい。ここ
からはABRの源流とも言えるアイスナーやバロンの定義や考え方，アーウィ
ンの A/r/tography に見る教育研究上の展開，サリヴァンの Art Practice as
Research が示す研究としての美術制作の要件，そしてリーヴィーらのABRの
考え方を見ていこう。

(1)　アイスナーとバロンによる ABR の定義

　アイスナーは研究とは人間の経験を拡大し理解を促すものであり，そこに
知識の創造や物事を知るプロセスがあるとするならば，科学であろうと芸術
であろうと形式は異なるとしても同様に研究と言えるという。アイスナーは
自身のそれまでの研究から，教育の中に科学的知見が不可欠であることは認
めつつも，人間の固有な知覚体験に基づいた省察が生み出す知が教育におい
ては重要であると考え，*Arts Based Research*（Barone & Eisner, 2012）の中で
次のように述べている。

> ABR とは，芸術が手段として用いている思考の形式と表現の形式を活用す
> る活動であり，それによって世界はよりよく理解され，そうした理解は知
> 性の拡大をもたらす。(p. xi. 筆者訳出)

　このように ABR とはアートが用いる表現形式を使って行う活動であり，美
術であれば様々なモノとの関わりを通して，音楽であれば音と，ダンスや演
劇であれば身体や物語などを通して作品が具体化されていく過程の中で生起
し浸透する，作品制作の中での気づきや発見，それに対する応答的で生成的

な創造活動といった，芸術制作にかかる様々な質的特性を用いる探究活動だということである。また，ここでいうアートは作品だけを指すわけではない。人間の日常の無意識な知覚体験が反省によって芸術的営みへと位相を変えるデューイの美的経験の質的特性を生かした探究プロセスの考え方も含んでおり，そこに他の科学研究とは異なるアートを基盤とする探究の可能性があるとする[3]。そうした一連の研究であり探究の活動がABRなのである[4]。また，アイスナーらは統計が対象とするような多数の事例からランダムに抽出して一般化できるものではないものや，定量化できない単一のケースとなる人間の経験，そして人生の固有性に関する探究を扱うとすれば，美術だけでなく詩や小説のような様々な芸術制作の特性に基づく実践が必要になるとし，アートの表現形式を用いる可能性について次の様に述べている。

　ABRは研究（論文）を読む者が執筆者の経験に参与することを可能にするために，（芸術の）表現形式が持つ表現力豊かな質を活用する。より端的に言えばABRは意味を伝えるために（芸術の）表現形式が持つ表現力豊かな質を利用したプロセスのことなのである。（括弧弧：筆者追加）（Barone & Eisner, 2012, p. xi. 筆者訳出）

　言葉では言い表せない意味を表現するために論証的なコミュニケーションの限定的な制約の先へとABRは拡張しようとする。（p. 1. 筆者訳出）

　つまりABRが芸術の具体的な表現形式の形態を採ることで，読者やオーディエンスは探究者の表現や制作過程での経験をなぞり，その経験や過程に参与することで理解をより深めることができるのだ。それによって経験やプロセスに内包された意味をより豊かに伝えることができ，研究は芸術制作という具体的な活動や作品という表現形式によって身体化され具体化された知（embodied knowing）として提示されることになる[5]。例えば映画なども私たちが他者の人生に参与し経験を理解することを可能にする芸術の表現形式の一つであることはイメージしやすい。その場合も研究の成果を単に映画とし

て示すという意味ではなく，映画制作を通して，また，映画という形式によって研究（リサーチ・探究）が行われるとするならば，それは研究の成果をアートで挿絵のように提示することとは全く異なる知的な内容と質を内包した研究であり芸術表現になるはずである。

　ABR は芸術の表現形式を用いて表現（再現的に提示する）のみならず様々な探究活動を行うが，その際に何をテーマにするかが重要になる。先に見たように探究者の個人的な体験や視点を出発点にした探究が，ABR のプロセスを通して私たちをその背景的な文脈へと導き，例えばマイノリティやジェンダー[6]，社会正義（Finley, 2008）[7] といった，社会的問題への多面的な理解と関与へと私たちを誘う。ABR はその探究過程を進んでいくための乗り物であり，ABR は芸術の多様な表現方法を用いることで，そうした拡張的探究を可能にするのだ（Barone & Eisner, 2012, p. 4）。

　このように ABR は芸術表現が持つ固有の特性を用いて何かを発見したり，物事をよりよく理解するために探究を行う実践のことであり，それが制作であると同時に研究としての側面も持ち，その研究（探究）が生み出した知が芸術作品という形態だけでなく，テキストによっても表現され，多様な受け手に受容される研究となる。こうした ABR の特性は，ABR の実践者が位置する文脈や取り組む問題によって ABR の形やそのあり方，用いられ方に様々な違いを生み出す。より教育学研究に軸足を置くアーウィンの A/r/tography（アートグラフィー），高等教育での社会科学研究に対して芸術制作を研究と位置付ける方向性を Art Practice as Research として提起したサリバン，近年，ABR のハンドブックを編集したリーヴィー他の ABR の説明を以下に外観しよう。

(2)　教育学研究における ABER と A/r/tography への広がり

　アイスナーらが進めてきた ABR は美術教育などの教育学研究を基盤として発展してきた。ABR は他の芸術制作や研究以上に探究者の間主観性や視座の変容など，教育的な意味合いを含んだ実践理論である。現在，ABR は教育学研究の中で Arts-based Educational Research（ABER）として特に高等教

育で広がりを見せている。その中でも A/r/tography（アートグラフィー）は自伝的で自己探求的な特徴を持ち，教育分野で関心を集めている。アートグラフィーを牽引するリタ・L・アーウィンはカナダの美術教育学研究者で，教師や教師志望の学生・院生らとのアクションリサーチからこの概念や実践理論を生み出してきた。先に述べたように A/r/tography とは a/r/t（アート）と graphy（記述）のハイブリッドな造語である。A/r/t が意味するのは，A（artist：芸術家・表現者），R（researcher：研究者），T（teacher：教育者あるいは実践者）という複数的の立ち位置であり，それらがスラッシュ「／」でつながれることで，曖昧に混在し，容易に切り分け難い探究者の多面的な立ち位置やアイデンティティを表している。同時にそれは多面的で曖昧な生（人生）のあり様を包摂し肯定もしており，表現活動や研究や教育実践が入り混じった混淆的な探究／探求となることを示唆している。

　その際，graphy（記述）は探究の過程を編み上げていく重要な方法となる。特に様々な状況を生きる主体の流動的で生成的な探究を生み出していく上で，自らの芸術制作や教育実践とともに記述を通した省察を深め，探究者が「アートグラファーになっていく（becoming）」過程が教育的（pedagogical）な自己の生成変容の意味合いを持つ（Irwin, Beer, Springgay, Grauer, Xiong & Bickel, 2006）。そうした探究によって自己の外部の問題に対する理解を生み出すことを目的とした研究（の考え方や方法）だけでは行い難く，探究が自分の生（人生）と分かち難く結びつき，その探究を生きることを通して自分自身が生成変容していくという自らの生と共にある「生きる探究／探求」(living inquiry）になっていくことがアートグラフィーの特徴である。それはまた「探究／探求を生きること」でもある。ABR は探究者の感覚や情動，間主観性を重視した研究となるわけだが，その中でもアートグラフィーは教育の実践と研究において，その特性を発揮した一つの形だと言える。

(3)　Art Practice as Research が示す研究としての美術制作の要件

　次に，高等教育での社会科学研究に対して芸術制作を研究として位置付ける方向性を提起したグレアム・サリバンだが，彼は芸術制作の実践が個人や

公的なものを対象とした研究の一つの形態として，どのように概念化が可能かを *Art Practice as Research: Inquiry in Visual Arts* (Sullivan, 2009) で考察している。芸術制作の特性に基づく探究が社会科学などの研究と同じように「研究」と呼べるものとなることを目指した点はアイスナーに共通する。一方，アイスナーはバロンと詩やフィクションなども取り入れた人文科学的なアプローチも念頭に置いて ABR を考えたが，サリヴァンはより社会科学との境界領域や重なりを意識して議論を展開している。特にその問題意識の背景にあるのが，高等教育の中の美術制作が置かれた厳しい環境であり，美術制作の実践が他分野の研究と同様に「研究」と見做される要件を考察している (Sullivan, 2006, pp. 19-35)。例えば美術制作における「形成」「解釈」「批評」は理論化のプロセスを形づくる行為であり，美術制作における重層的で生成的なプロセスは文章による理論化を通して研究として信頼性を持つことができるとする。こうした美術制作の実践による研究は「批判的な創造性」を生み出す行為であり，教育が従来の知の枠組みを超えて何かを生み出そうとする際に不可欠なものだとする。

⑷　新たなパラダイムと方法としての ABR の理解と展開

　では，近年，ABR のハンドブックを刊行したパトリシア・リーヴィーの ABR の定義や考え方を見てみよう。リーヴィーによって Handbook of Arts-Based Research (Leavy, 2018) が刊行されたことで ABR が一望できるようになった。リーヴィーは端的に「ABR とは創造的諸芸術の原理を研究の文脈に組み合わせた，知識構築の学際的アプローチである」(Leavy, 2018, p. 4)（筆者訳）と述べている。ABR は質的研究の一つの方法だという主張もあるが，これに対してはニールソン（Lorri Neilson）を引きながら，質的研究はグラウンデッド・セオリー（データに密着した分析からの理論創出）アプローチを取ることが多いが，ABR は「グラウンドレス・セオリー」（データを用いない理論化）であり，それは方法というよりも新たなパラダイム (Leavy, 2018) だという。そして ABR は，芸術によって感覚的，身体的，イメージなどの前言語的な理解を可能にするものであり，物事の多面的な真実を伝え，自分や他

者についての理解を生み出し，相互的・間主観的に知識の共有を可能にするものだという。その方法として視覚芸術や音楽，詩や映像，身体表現や演劇，デジタル表現など様々な表現方法を用いることができるとする。それはアートが質的研究を支える解釈のためのデータになるという意味ではなく，むしろアートを通して探っていくもの，見いだすことができるものこそがABRによって生み出される知であり，それゆえに既存の形のデータに基づく（グランデッド）研究ではなく，基づくもの（敢えて言えば「データ」）そのものが発見的・生成的にアートの制作過程の中で生み出されていく研究だと考えるのである。ABRにおけるアートとは研究のプロセスと生み出された知を具体化・身体化した生成物・混成物である。この点はアートをどう研究に「用いるか」を考える他の学問領域からは異なる意見があるかもしれない。しかし，よりアートの特性に基づいて考えるならば，アートはリサーチのための素材の提供やプレゼンテーションの形式にその役割をとどめるものではないのである。

また，リーヴィーは詩や物語に表現されるナイーブで抑圧された自己の表現をABRが支えるとしつつ，ABRの可能性はその中にどどまるものではなく，表現を通して他者の眼差しに敏感になり，ABRに取り組むことを通して自己認識が社会的な位相へと展開していくことや，具体的な社会的関与を生み出していくこともABRの特徴として重視している。ABRは単に知るための方法ではなく，それを通して実際的な問題への関与を刺激するような実践を含んだ，科学と芸術，研究と実践が広く交差する地平を提供しているのだ。こうしたABRの実践的な方向性は，社会正義とABRが交差する実践を研究する先のスーザン・フィンリーにも共通する。

⑸　広義のABRの主な展開と指向性

このように，ABRには人文科学的あるいは社会科学的なアプローチなど様々な研究上の目的や方法のグラデーションがあり，自己探求性を指向する研究もあれば社会的な問題解決や変革を指向するものもあるなど，研究としても実践としても多彩な方向性があることがわかる。それらの境界は明確に

分けられるものではないが，これら論者が提起するABRの研究と実践の方向性を俯瞰してみると，次のような配置と特徴を見いだすことができる（図１）。

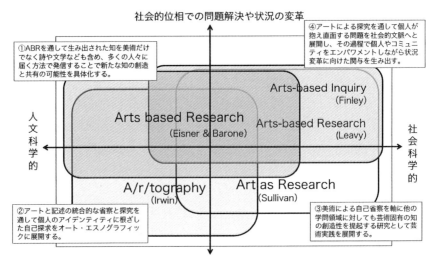

図１　広義のABRの主な展開と指向性及

① Arts-based Besearch：アイスナー・E・Wとバロン・T
ABRを通して生み出された知を美術だけでなく詩や文学なども含め多くの人々に届く方法で発信することで新たな知の創造と共有の可能性を具体化する。

② A/r/tography：アーウィン・R・L
アートと記述の統合的な省察と探究を通して個人のアイデンティティに根ざした自己探求をオート・エスノグラフィックに展開する。

③Art as Research：サリヴァン・G

美術による自己省察を軸に，他の学問領域に対しても芸術固有の知の創造性を提起する，研究として芸術実践を展開する。

④Arts-based Besearch：リーヴィー・P＆フィンリー・S（Arts-based Inquiry）

アートによる探究を通して個人が抱え直面する問題を社会的文脈へと展開し，その過程で個人やコミュニティをエンパワーしながら状況変革に向けた関与を生み出す。

⑹　研究方法の違いと扱う可能性の違い

　図1はそれぞれの論者がABRでのリサーチをどのような学問分野と近い指向性で行なっているかを例示したものが，それは今日の研究パラダイムの中にABRの議論が何を呼び込むかという点にも関係してくる。科学研究は何を明らかにするかによって適した研究方法が選択される。つまり，自然科学で用いられてきた量的研究（定量的研究）や社会科学で発展してきた質的研究（定性的研究）によって，あるいはそれらを組み合わせながら行われてきた。ABRを研究する胡俊（本書12章）によれば両者の違いは，その研究が探究する「物事の起こる可能性」の違いにあるという。一般的に量的研究は「必然の可能性」（probability）を対象にし，物事が起こる確率を明らかにする（地震が起きる確率など）。質的研究は「蓋然の可能性」（plausibility）を対象にし，起こるかもしれないが起こらないかもしれないといった，ある程度，個別の事例に即して変わる「もっともらしさ」について明らかにする研究となる。つまり，量的研究は因果関係の度合いを明らかにし，質的研究はその理由や真実らしさとそのプロセスを明らかにする。それに対してABRは「未曾有の可能性」（possibility）を対象にし，ある物事が無から有に発生する可能性を研究の対象にする。そしてリーヴィー（2019）は，量的，質的，ABRのアプローチの主な考え方の違いについて次のように整理している（表1）。

　このようにABRをアートに基づく知の創出と位置付けるならば，各々の研究方法（研究対象，目的，方法の特性，生み出される知の形式等）の違いを理

解しておく必要がある。私たちは普段, 自分たちが所属する実践や研究のコミュニティ内で一般的で支配的な研究方法を前提にして考えがちだが, ABRをアートに基づく知の創出と捉えるためには, 今まで私たちが依拠してきた研究の枠組みをもう一段メタレベルで捉え直しながら, 研究と知に対する理解の枠組みを広げる必要がある。

表1　量的, 質的, ABR アプローチの主な考え方

量的	質的	アートベース
数字	言葉	ストーリー, イメージ, 音, 情景, 感覚的なもの
データの発見	データの収集	データまたはコンテンツの生成
測定	意味	喚起
集計	筆記	表現
価値中立	価値を伴う	政治的, 意識改革, 解放
信頼性	プロセス	真正性
妥当性	解釈	真実性
証明／納得	説得力	促す, 感動, 美的な力
一般化可能性	転移可能性	共鳴
分野別	学際的	超越的

出典：Leavy, Patricia, 2020, *Method Meets Arts* (3rd Edition), Guilford Press, p. 306を和久井 (2022) が訳出したものを転載。

6.　ABR のクライテリア（判断規準）

　ここまで ABR の定義や考え方と指向性の広がり, 歴史と背景, 他の研究方法やパラダイムとの関係を見てきた。ABR が芸術制作と学術研究, 様々な表現と探究が入り混じった統合的な探究活動であることが見えてきた。しかし, 純粋な芸術制作とは異なりつつも芸術制作の特性を用い, 人文・社会科学の学問分野や質的研究とも重なるところがありながらも芸術制作における経験的・表現的な質的特性を重視するとすれば, 一体いかなる要件や判断でABR に取り組んでいけばよいのだろうか。安易に方法化しマニュアル化する

ことが「アートベース」の本質を変えてしまうことは十分予想できる。とはいえ，何か ABR の特徴となるものがあるならば，その理解は ABR に取り組む助けになるはずである。自然科学などの考え方や研究方法とは異なるアートならではの探究とはいかなる要件を持ち，どのような特性・強みを持つ取り組みとなるのだろうか。

アイスナーとバロンは ABR が非定量的な質を捉えることに適しているとしながらも，ABR ならではの以下 6 つのクライテリア（質的判断基準）があるとする（Barone & Eisner, 2012, p. 148）。それは社会問題の核心に迫る鋭さであり（incisiveness），表現としても研究としても簡明であること（concision），表現力をもった形態的な一貫性（coherence）を持ち，作品を通して現象を見たり理解したり，実際に行動として関わることができる生成性（generativity）を有すること。そして私たちの生活に影響する社会的問題に焦点を当てるといった社会的意義（social significance）を持ち，オーディエンスの感情を呼び起こし，美的経験と共に意味を感じさせる喚起性（evocation）があり，作品が新たな視点で物事を照らし出す照明効果（illumination）を発揮することである。

これらのクライテリアを見れば，アートの表現力と問題提起力を通して人々が物事の重要性をより実感を伴って体験し理解することができるようにすることや，理解から行動へと私たちを促すような迫真性を持つ芸術表現となり実践であり研究となることが重要であることがわかる。それがアートであると同時に研究でもある二つの特性が十全に発揮された ABR の状態であり，これらのクライテリアはそれを示す一つの判断規準である。これらのことから，ABR が何を目指した取り組みであるかが窺えるであろう。

7. ABR の強み

では，ABR の特徴とは何であろうか。リーヴィーは ABR の強みについて述べているが，それを要約すると以下のようになる（Leavy, 2018）。

ABR は「新しい洞察力と学習」を提供し，「記述・探索・発見・問題解決」を促すため，問題中心あるいは課題中心のプロジェクトに採用できるという。

36

そして「ミクロとマクロのつながりを構築」することで個人的な生活と社会的な文脈を結びつけ、「探究・記述・説明・理論化」を促す。ABR は「ホリスティック」で様々な学問分野を、超え、統合し、拡張することができ、そこにシナジー効果を生み出す。そして「喚起的で挑発的」であることで人々の注意を強力に引きつけることができ、社会生活の感情的・政治的側面に私たちを結びつける。また、ABR は「批判的で意識改革的で共感的」であり、ABR を通して私たちは新しいアイディアや物語、イメージに触れることができる。それは私たちの社会意識を高め、権力関係を可視化する。こうした ABR の強みは、支配的なイデオロギーに異議を唱えるような社会正義や社会関与を志向する研究にとって重要だという。また、「ステレオタイプを解消し、支配的イデオロギーに挑戦し、疎外された声や視点を包摂する」とし、ABR は「参加型」の実践かつ研究であり、「意味の複数性」を持つことで参加と意味づけの民主化を促す。それは研究者が意味を示すということではなく、むしろどのように参加者が作品に関与していくプロセスをつくることができるのか、その中でどのように意味を喚起していくかという研究のデザインに関連している。そして最後に、アートによって一般の人々にもアクセスと理解がより開かれるようになる「学問の公共性と有用性」に貢献できることが ABR の強みだという。

　こうしたリーヴィーが述べる ABR の強みやアイスナーらの規準から見えてくるのは、ABR はある出来事や問題について個人の体験と社会的な文脈を接続し、表現や記述などの探究過程を通して問題を提起し、様々な学問分野の知見や取り組み、アートの表現方法をホリスティックに統合しながら、出来事や問題への社会的関与を生み出し、自己と社会の間を架橋する探究的な取り組みを活性化する方法論的な特性（強み）を持っているということである。この点は両者の掲げる ABR の役割として共通している点（可能性）である。

8.　ABR に取り組む上での技術と態度

　このように ABR の規準と強みを参照したが、ABR はアーティストが自ら

の表現を創り出すように，研究の方法や道具そのものを自ら発明したりしながら新たな知の道筋を切り拓き，その取り組みがなければ生み出し得ないような研究（探究）の成果（知）を生み出し，その成果を広くオーディエンスと共有しようとする取り組みとなる。では，ABR に取り組む際に私たちに求められる技術や態度とは何だろうか。以下にリーヴィー（Leavy, 2018, p. 11）が示す技術と態度を見てみよう。

　まず ABR の実践者には「柔軟性・開放性・直観力」が必要だという。ABR は発見のプロセスでもあるため，その過程で試行錯誤を通じて柔軟に探究を進めて行く中で実践者自身も変化に開かれていくことが必要になる。定説的な方法や解釈を超えて直観を働かせることも必要になる。次に「観念的・象徴的・隠喩的・テーマ的」に考えることである。これらが出来事，モノ，行為，思考と省察を媒介しながら探究と新たな意味の創出を可能にする。そして全ての研究に共通するように「倫理的実践と価値体系」への厳格な注意が求められる。ABR はその過程で様々な人々が民主的に関与し，共に芸術制作／研究／実践を行う可能性も高いため，倫理的な関わりが重要になる。また，ABR は広く一般に公開されることで人々の理解や感情を喚起できるため，実践や研究が位置し可視化する価値体系を意識する必要がある。ABR が生み出す「学問の公共性と有用性」とはこうした意識に貫かれた研究であり，芸術制作であり，教育や社会的実践であることが基盤となる。そしてこうした取り組みは「アーティストのように思考する」ことで具体化される。言い換えれば，自らが取り組んでいる（研究としての）作品制作の芸術性や技術，そして美学に注意を払うということだ。確かに ABR は芸術性そのものの追求ではないが，優れた芸術作品がオーディエンスに大きな影響を与えるように，芸術的な能力は ABR の研究の質に影響する。研究者が文献調査などの研究方法を学ぶと同様に，芸術的な経験を豊かにするための広汎な学習の機会が奨励される。そして最後に「公共の知識人のように考える」ことである。研究をいかに自分たちと関連のある問題だと人々に受け止めてもらい，そこにアクセスできるような道を拓くかが重要である。それは同時にアイディアを世に出すことで自分の意見に反対する人や良くない評価，公的な批評をする人から

様々なリアクションが返ってくる可能性を意味している。それは自分でコントロールできるものではないが，むしろそのコストを引き受けることで公共性の高い研究となることを理解する必要がある。それが「公共の知識」を生み出すことであり，アートとリサーチで「公共性」に創造的に関与していく態度となる。もちろんそれは元来，研究者やアーディストには不可欠のものだが，ABR を通して自己と社会の文脈が接続されていく探究を経験するということは，ABR に取り組む人々に私的な視点から社会的な，そして公的な視点への開かれを経験させ，そうした市民的態度を形成していくことを助ける。その点は ABR が持つ，芸術と研究由来の教育的で人間形成的な側面でもある。

9. ABR の訳について

　ここまで ABR の考え方について概観してきたが，ここでいくつか検討を要する点がある。まず ABR の日本語訳である。ABR はより広義には様々なスタイルの「Arts-based」の「Inquiry/Enquiry, Research」（探究・研究）を指し，近年では教育を明確に意識した ABER などを含む幅広い概念になってきている。ABR をどう捉えるか，また，実践や研究の立ち位置によってそのニュアンスは変わってくる。

　小松（2018）は直訳すると「芸術に基礎づけられた研究」となるがこれでは意味がよくわからないとし，文献や複数の学会への参加を通して ABR を「芸術的省察による研究」「芸術的省察研究」（小松, 2018, pp. 85-96）と訳している。小松によれば，あえて「芸術的省察」と「誤訳」することで，美術系大学において美術制作の深みから見えてくるものがあるとし，本書第 2 章では「芸術に基づく」とはいかなる意味かを詳細に検討している。また，ヘルシンキで行われた国際学会（4th Conference on Arts-Based Research and Artistic Research）で ABR と併置された AR（Artistic research）については，「芸術制作による研究」または「芸術制作研究」とし，AR は芸術制作がより目的となるのに対し ABR は芸術制作あるいは芸術の特性を通した省察による研究であるところに注目している（同様に Research-based Art：RBA との違いについても論じている）。しかし，ABR とは何なのか，まだ十分な答えが出ていると

は言えない段階であり，さしあたり ABR と記し，文脈に応じて「芸術的省察」「芸術に基づく研究」としている。

　また，近年の『国際美術教育学会誌』（*International Journal of Education Through Art*）の研究動向を調査した直江（2017）もこうした海外での研究用語の訳について論じている。直江は「研究としての芸術表現行為」に対して用いられる昨今の用語の混乱に言及した同学会誌掲載のフランチェスカ・シュレーダー（Schroeder, Franziska）の論文（Schroeder, 2015）を取り上げ，「practice（制作行為）と research（研究）の間に based（に基づいた），led（に導かれた），as（としての）というような研究を上位において制作がそれに従属するような言い訳めいた表現をやめて practice research（制作研究）というように堂々と主張しようではないか」とするシュレーダーの主張を紹介している（直江, p. 218）。その際，従来の言葉による研究で積み上げられてきた学問研究の水準に対してどういった質の確保のシステムを提示できるかが今後検討される必要があるとする。また，直江（Naoe, 2019）は，西洋からの様々な影響とそれに対する「応戦」を通じて日本の美術教育が形づくられてきた歴史的ダイナミズムを論じながら，国内外の美術教育の実践や研究との間で形作られた日本の美術教育の文化的並行主義と多層構造の理解の上に，今後，海外の様々な美術教育研究との応戦（挑戦）を通して，私たちが美術教育学研究においても文化的アイデンティティを探求していくことが重要だとする。その点では Art を Research とどのように対峙させて考えていくことができるのか，私たち日本の美術教育学研究者の挑戦が問われているとも言える。

　高尾（2010）は「Arts-based and Arts-informed Enquiry」を「芸術による探究」としている。Research は学術研究の意味合いが強く，Enquiry（Inquiry）は「探究」とされている。特に演劇の上演やワークショップという参加者と深く関与しながら取り組む活動においては，実践者（でもある研究者）が学術的関心と目的だけでそこに関与しているわけではなく，参加者と共に何かしらの課題や目的に向けた芸術表現を通した対話的な創造活動に取り組んでいくならば，それは「探求」が適する。その点で ABR において学術的に実践を捉えていくと「Research ＝ 研究」，または「Research ＝ 探究」となり，実践を共にする人々

との，あるいは芸術制作に取り組む自分自身のあり様，そして主体（当事者）の生きられる経験に着目するならば，「探求」をより意味するものになると考える。その点では，探究と探求は状況に応じて互いに包摂的な関係にもあり，ABR の過程でも何に焦点を当てるかによって探究とすべきか，それとも探求なのか意味が変わってくるだろう。

　また，「リサーチ」についても，自己の外部にある何らかの事象や目的から問題解明（科学研究としては一般的だが）に取り組む際には「研究」であり「リサーチ」であることは一般的だが，とりわけ芸術活動を通した取り組みは，そのリサーチがリサーチャーの固有性と切り離せないものや，オートエスノグラフィーのように一つ（一人，n=1）の事例などの場合，それは客観的で一般性を持った知の創造としてのリサーチというよりも，自己の探求や，生きられた経験としての自己のあり方など，決してすぐに答えが得られないような，継続的な（自己）探求の全体過程を意味する場合が出てくる。それを一般的な「リサーチ・研究」という言葉で表すことは少し違和感がある。自己とある程度切り離れた（客観的な）「研究」や，何か自己の外部にある問題の解明，それに対するアプローチについては「探究」として考え，それが自分とつながったもの，その過程を通して自己の（相互の）生成変容さえも生み出すペダゴジカルな探索については「探求」が近いのではないかと考える。ただそれも，芸術制作，研究，教育実践の営みの中で，どの観点から何を問題にするかによるところもあり，引き続き検討が必要であろう。

　小松が言う直訳の問題や，直江が紹介したシュレーダー論文での芸術と研究をつなぐ様々な based, led, as をどうするかという問題があるが，岡原らは呼称として「アートベース・リサーチ」を用いている。日本にこうした概念が新たに入ってくる際にはカタカナによる直接的な表記がなされることは多い。プロジェクトベース，デザインベースなど既に多くの似た言葉もあるため，カタカナ表記は馴染み易いものではある。しかし，導入初期に訳語を考えることで理解を深めていくこともまた重要である（「芸術的省察」はそうした考察から生まれた言葉である）。

　日本では「Arts」が「芸術」と訳されるが，同時に芸術全般を（アーツではな

く）「アート」と呼ぶことも多い。ただ，「視覚芸術 =Visual Arts」と「アート（美術）=Art」が使い分けられていることで言えば，呼称として「アーツ・ベイスト・リサーチ」は海外での使用の実態には近いだろう[8]。しかし，アイスナーとバロンなどの ABR の論者の問題意識からすれば，従来のアカデミアの議論に閉じてしまわずに，今までであれば届くことのない人々に芸術という探究の形式を用いることで届き易くなるものがあるとすれば，学術的議論だけでなく，より多くの人々（オーディエンス）に用いてもらえる言葉を考えることは ABR では重要になるだろう。その点で本書では「芸術に基づく研究（探究）」「芸術を基盤とする研究（探究）」「ABR」「アートベース・リサーチ」を適宜用いている。

10. ABR から考える芸術教育と研究の新しいあり方

⑴ ABR と博士研究

こうした小松や直江の「芸術（制作）に基づく研究」についての取り組みや考え方は，大学院の博士研究における制作博士のあり方や，学位審査の際に他の学問分野に対してその基準と内容をどう主張できるかといった，学術研究において芸術制作研究と芸術教育研究をどのように位置付けていくことができるかという問題提起でもある[9]。それは直江がシュレーダー論文で取り上げた言葉による研究に従属する芸術制作という，学術研究と芸術制作の関係や，社会における芸術の価値付けの問題にもつながってくる話である。

この点についてアーウィンら（Sinner, Irwin, & Adams, 2019）は制作を含む芸術の固有性を活かした美術教育の博士研究のあり方を拡張する挑戦的な取り組みを国際的に進めており，*Provoking the field: international perspectives on visula arts PhDs in Education*（Sinner, Irwin, & Adams, 2019）は各国の美術教育の博士研究の動向を紹介しており[10]，ABR が博士研究でも広がりつつあることが窺える。また，美術教育では *The International Encyclopedia of Art and Design Education*（国際美術デザイン教育百科事典）(Hickman et al., 2019)，教育学研究では *The Oxford Encyclopedia of Qualitative Research Methods in Education*（教育学研究における質的研究事典）(Noblit, 2020)[11] で

もアートグラフィーや ABR の項目（紹介ページや章）が執筆されており，国際的な教育学研究の中で不可欠な研究のトピックとなってきている。

　こうした ABR の国際的な研究の動向を知るために 2017 年 4 月には東京学芸大学で美術教育国際セミナーが開催され，来日したアーウィンやアニタ・シナー（Sinner, Anita）により，ABR・ABER の理論と実践，特に教師の自己省察のオート・エスノグラフィー（自叙伝的省察記述）とビジュアル・エスノグラフィー（美術制作／作品による記録と記述）を融合したアートグラフィーの論文や美術作品，研究プロジェクトの成果展の様子，それに基づく学術研究や博士研究が紹介され，芸術と研究の新しい形の模索と挑戦が少しずつ成果を生み出し始めていることが紹介された。日本においても直江の「アートライティング」のように，美術に関する記述と自己省察によるテキストによる探究の実践や，本学大学院でも様々な作品や資料と探求過程での自己省察を基にした論文による大学院修了研究が取り組まれており，芸術制作と記述による研究は日本でも少しずつ始まっている。

　さらに近年では家﨑（2020）の日本と海外の学校との交流実践によるアートグラフィー研究，廖（2021）の ABR やアートグラフィーによるワークショップの実践者育成，橋本（2020）による作品制作と美術教育の理論研究による博士論文など，博士研究の中でも ABR やアートグラフィーが広がり始めている。その他，市川（2020）による地域のアートプロジェクトと ABR の接続を試みる考察などもあり，ABR をキーワードに新たな美術教育の実践と学術研究の可能性の開拓が進みはじめている。

(2)　芸術からの人文・社会科学研究の可能性

　このように，ABR が活発化してきたことは，ABR だけでなく美術教育，芸術と教育と学術研究の領域においても意義ある展開だと考えるが，一方で芸術の固有性が持つ可能性に ABR という形で光が当てられた時に注意しなければならないのは，ABR を知った以前の実践にも遡って ABR と解釈する（位置付ける）ことである。ここまでの説明から，もしかすると今まで自分たちが行なっていた芸術制作と同じに見えたり，あるいは「自分たちが今まで行

なっていたのは ABR だったのだ！」と思うことがあるかもしれない。確かに芸術制作の活動を伴うこと，その過程で生まれる気づきと表現の間の省察的な深まりが重要であることは ABR だけでなく通常の芸術制作にも共通する。しかし重要なのは，それをここまで述べてきたような認識論や研究パラダイムの様々な「問題」の自覚の上に，芸術でありつつも研究（リサーチ）という認識をもって行なってきたかどうかである。それなしに内容や形式の類似性をもって事後的に遡って ABR だと述べてしまうことは，ABR の本質的理解を捉え損ねる危険性が大きい。ABR は芸術活動であると同時に研究でもあり，なぜ芸術を科学やリサーチの議論に展開していく必要があるのか，その難しさと可能性をどう引き受けるのかという理解と態度を切り離して考えるべきではないだろう。ABR は単にアートによる探究活動なのではなく，そうした問題意識として（とともに）営まれる挑戦（試み）でもあるからである。

　先に述べた認識論に関する議論や科学研究のパラダイムの問題，質的転回を経た人文・社会科学の挑戦的な成果を踏まえた上で，自覚的に芸術固有の特性を活かした探究（リサーチ）を展開していったとき，ABR が主張する芸術固有の視点を生かした新たな形での問題提起が可能になる。岡原らの社会学における ABR への着目などは，従来とは異なる「アートに対する新たな一つのリテラシーの獲得を意味する」（岡原, 2017, pp. 3-4）ものであり，岡原らの取り組みはその点で意図的に芸術制作（発表）を社会科学に統合させた挑戦的な取り組みだと言える。こうした ABR の位置付けと展開可能性は今後ますます広がっていくと考えるが，それが「芸術」をベースにするだけに，汎用化と一般化を超える創造性をどう発揮するかが「絶えず」問われねばならないだろう。今日あらゆるものが，芸術，アート，と呼ばれているが，全てが芸術でもなければアートでもない。むしろ，その違いに意識的になることが，物事が，芸術，アート，になっていく（becoming）上では不可欠であろう。

(3)　ABR の課題点

　しかし，こうした可能性と同時に課題点も指摘されている。アイスナーは第一に ABR について研究組織内やコミュニティ内で理解を形づくっていく

必要性を述べている。芸術の固有性に根ざした取り組みである点では関心を引くが、それが実際にどんな成果を生み出すのかは未知数な点が多い。その取り組みを加速するためにも、学術組織やコミュニティ内での発信の強化が必要だという。また、サリヴァンやバロンも指摘するように ABR は知覚体験といった個人の経験や主観性に根ざした領域が多分に含まれ、探究においては多様な領域の知が引用されることになる。そして ABR における作品制作の目的は必ずしもその完成度の洗練にあるわけではない。これらの点は質的研究に向けられた批判と重なる点も多く、研究と名乗るだけの信頼性がどのように担保できるのか、(2006 年当時では) 米国のアカデミックなコミュニティでは十分に認められてはいなかった。しかし、この 10 年ほどの質的研究による知見の蓄積や、Conference on Arts-based Research and Artistic Research 等での実践や研究の積み重ね、全米教育学会専門部会 Arts-Based Educational Research (ABER) Special Interest Group (SIG) の設置など大きな進展も見られた。その点では現段階でこれまでの課題点がどのように解決されてきているのかを再整理する必要があるだろう。

Conference on Arts-based Research and Artistic Research の第 4 回 (小松, 2017) と第 5 回の報告 (笠原, 2018) からは、ABR による研究や実践が広がるにつれてその概念理解や解釈もさらに広がり、実践の多様化や学校教育への展開なども少しずつ始まっている状況が見えてくる。しかし同時に、これまでの ABR の議論と関連が見出せない研究や、他の社会科学研究と区別がつかないような研究、通常の美術制作や音楽や身体表現との相違が見えない研究 (実践) も複数見られた。ABR が表現者の取り組みが持つ固有の原理を内包するものであることが、ABR に取り組んでみようという関心の広がりを生み出していると考えるが、芸術を基盤とする研究が要請される背景や歴史、その現在的な意味への理解や何らかの応答が含まれなければ、ABR は単に自身の芸術制作を同時に「研究でもある」と語るための便利なラベルとして安易に用いられることになってしまうだろう。そうなれば日本での ABR の可能性の発展の芽は摘まれてしまうかもしれない。もちろん受容した場所の文脈上での発展は不可欠ではあるが、それが同時に共通の文脈との関係付けの上に

議論されていく発展的展開がなければ，ABR は何か別物になってガラパゴス化して終わることになる。日本も含め各国で ABR への関心が高まる中で，その理解や援用，実践化に際してはその点に留意する必要がある。そして ABR の安易な受容や導入がコロニアルな問題を別の形で再生産するとすれば（とりわけ欧米の研究者が懸念している点であるが），先にも述べたような，ABR が本来見据えた問題に再び足元をすくわれることにもなる。これまでの ABR の歴史と取り組みを丁寧に検証しながら，日本の文脈における展開可能性を探るとともに，国際的な議論への参画可能性を並行して考えていく必要があるだろう。

11. これからの日本における ABR 研究に向けて

　以上のことから ABR を通して見えてくる芸術固有の特性や表現形式，人間の固有な知覚体験や美的経験と省察が，美術教育実践や人文・社会科学などの学術研究において今後いかなる貢献や可能性を生み出すことができるのかという問いは，芸術や美術教育が教育のみならず，同時に人類の知のあり様にいかなる可能性を提起することができるかという問いだとも言えるだろう。こうした問いかけは科学や親学問だけの仕事ではない。ABR についての理解はこうした芸術の可能性を社会の中で今後どのように具体化していけるのか，その展開にかかっている。

　私たちは目の前の美術教育等の実践に，そして研究に携わる中で，同時にこうした知の創造にも関わっていることを意識していく必要がある。確かにABR が生まれてきた元々の土壌は日本ではない。しかし，情報が瞬時に世界を駆け巡り，国境や言葉の壁を超えたコラボレーションによって様々な問題解決への取り組みを進めていくことが求められる現代社会において，芸術教育の実践と研究が拓く可能性についても，そうした壁を超えて考えていくことが不可欠であろう。もちろん筆者も含め，日々，目の前の一人ひとりの学生や子どもたち，学習者と向き合いながら教育実践は営まれているわけだが，その営みの重層的な奥行きを絶えず意識する必要がある。そうした見えるものと背後にある意味や価値の多層的な関係性は，20 世紀以降のアートの基本

構造でもあったはずである。芸術，教育，研究が切り拓いてきた知の蓄積をもう一度ひも解きながら，次なる可能性を構想し具体化していく試みに向かって私たちはどのように踏み出していくことができるのだろうか。それは，この時代を生きる私たちが担う，芸術と教育と研究に対する，応答責任であるように思う。

さいごに

本章ではABRが成立してきた背景と歴史を概観し，国内外における研究動向の概況を論じた。ABR理論の詳細に十分踏み込めてはいないが，後続の章がそれを深める理論的考察を展開しており（第2章・第3章），今日の教育や学習論との関連性（第4〜6章），海外の最新動向（第7章），高等教育での実践（第8以降）など，ユニークな論考がこの後に続いている。筆者としては今後もこの四半世紀のABRの流れを学びつつ，理論と実践のさらなる研究，そして実際的な取り組みを通しての実装と「応答」を進めていきたいと思う。

文献

Barone, T., Eisner, E. W. (2012). *Arts based research*. Thousand Oaks, CA: Sage.

Denzin, K. N., Lincoln, S. Y. eds. (1994). *The SAGE Handbook of Qualitative Research* (3rd ed). London: Sage Publications. （ノーマン・K・デンジン，イヴォンナ・S・リンカン編，平田満義，岡野一郎，古賀正義編訳 (2006).『質的研究ハンドブック』(1〜3巻) 北大路書房.)

Finley, S. (2008). Arts-based research (pp. 71-81). In J. G. Knowles, A. L. Cole eds., *Handbook of the Arts in Qualitative Research*. London: Sage Publications.

Sullivan, G. (2010). *Art Practice as Research*. Thousand Oaks, CA: Sage.

原紘子 (2016).「アートベース・リサーチの実践——調和と不調和が交差する新たな表現に向けて」育英短期大学『育英短期大学研究紀要』33, 1-11.

橋本大輔 (2020).「美術教育における記号と不在」東京藝術大学博士論文.

Hickman, R., Baldacchino, J., Freedman, K., Hall, E., and Meager, N. eds. (2019). *The International Encyclopedia of Art and Design Education*. Johon Wiley & Sons.

市川寛也 (2021).「アートベース・リサーチの手法としてのアートプロジェクトの有効性」『群馬大学共同教育学部紀要　芸術・技術・体育・生活科学編』56, 59-68.

家﨑萌 (2020).「他者との出会いと「居場所の造形」――A/r/tography の視点によるプラハ公立小学校での共同授業研究を中心に」大学美術教育学会『美術教育学研究』52, 9-16.

池田吏志, 森本謙, マルジェ・モサバルザデ, 新井馨, 会田憧夢, 生井亮司 (2020).「多様な価値を包摂する A/r/tography の試み――Narrative by three pictures project in Hiroshima を通して」広島大学大学院人間社会科学研究科紀要『教育学研究』1, 275-284.

Irwin, R. L., de Cosson, A. (2004). *A/r/tography: Rendering self through arts-based living inquiry*. Vancouver, Canada: Pacific Educational Press.

Irwin, R. L., Springgay, S. (2008). A/r/tography as practice based research (pp.103-124). In M. Cahnmann-Taylor, R. Siegesmund eds., *Arts-based research in education: Foundations for practice*. NY: Routledge.

伊東留美 (2018).「アートベース・リサーチの展開と可能性についての一考察」南山大学短期大学部『南山大学短期大学部紀要』, 203-213.

岩永啓司, 手塚千尋 (2021).「図画工作科における芸術に基づく探求の学習環境デザイン――「土」を用いた実践の A/r/tography 試行」『北海道教育大学紀要　教育科学編』71(2), 221-232.

神野真吾 (2018).「美術教育と美術／アート」神林恒道, ふじえみつる編『美術教育ハンドブック』三元社, 166-175.

笠原広一 (2018).「5th Conference on Arts-Based Research and Artistic Research にみる Arts-Based Research の国際的な研究動向」『東京学芸大学紀要　芸術・スポーツ科学系』70, 45-64.

笠原広一, リタ・L・アーウィン編 (2019).『アートグラフィー――芸術家／研究者／教育者として生きる探求の技法』学術研究出版 Bookway.

笠原広一 (2019).「アートベース・リサーチによる芸術教育研究の可能性――成立の背景と歴史および国内外の研究動向の概況から」美術科教育学会誌『美術教育学』40, 113-128.

Knowles, G. L., Cole, A. L. eds. (2008). *Handbook of the Arts in Qualitative Research*. Thousand Oaks, CA: Sage.

小松佳代子 (2017).「芸術体験と臨床教育学——ABR（芸術的省察による研究）の可能性」『臨床教育学（教職教養講座　第3巻）』協同出版, 139-160.

小松佳代子 (2018).『美術教育の可能性——作品制作と芸術的省察』勁草書房.

Kridel, C. ed. (2010). *Encyclopedia of Curriculum Studies*. Thousand Oaks, CA: Sage.

Leavy, P. (2015). *Method Meets Art: Arts-Based Research Practice* (2nd ed). NY: The Guilford Press.

Leavy, P. (2017). *Research Design*. NY: The Guilford Press.

Leavy, P. ed. (2018). *Handbook of Arts-Based Research*. NY: The Guilford Press.

Leavy, P. (2020). *Method Meets Art: Arts-Based Research Practice* (3rd ed). NY: The Guilford Press.

廖曦彤 (2021).「美術のワークショップ実践者の支援に関する研究——Arts-Based Researchの考え方を取り入れたワークショップ実践を踏まえて」美術科教育学会『美術科教育学』42, 345-359.

直江俊雄 (2017).「国際美術教育学会誌にみる研究動向——制作に基づく研究に着目して」公益社団法人日本美術教育連合『日本美術教育研究論集』50, 215-222.

Noblit, G. W. ed. (2020). *The Oxford Encyclopedia of Qualitative Research Methods in Education*. NY: Oxford University Press.

岡原正幸 (2020).『アート・ライフ・社会学——エンパワーするアートベース・リサーチ』晃洋書房.

Rolling, J. H. Jr. (2013). *Arts-based Research Primer*. NY: Peter Lang.

Sinner, A., Irwin, R. L., & Adams, J. (2019). *Provoking the field: international perspectives on visula arts PhDs in Education*. Bristol: Intellect.

Springgay, S., Irwin, R. L., Leggo, C., & Gouzouasis, P. eds. (2008). *Being with A/r/tography*. Rotterdam: Sense Publishers.

Schroeder, F. (2015). Bringing practice closer to research: seeking integrity, sincerity, and authenticity. *International Journal of Education through Art*, 11(3), 343-354.

高尾隆 (2010).「演劇教育研究の方法論の現在——演劇教育研究の質的方法化と質的研究のパフォーマンス化の接点で」日本演劇学会紀要『演劇学論集』50, 61-77.

和久井智洋 (2022).「美術教育におけるABRの可能性」笠原広一, 池田吏志, 手塚千尋編『子どもの表現とアートベース・リサーチの出会い：ABRから始まる探究（2）初等教育編』学術研究出版, 43-58.

渡辺恒夫 (2003).「質的研究の認識論」やまだようこ, 麻生武, サトウタツヤ, 能智正博, 秋田喜代美, 矢守克也編『質的心理学ハンドブック』新曜社, 54-70.

山木朝彦 (2018).「巻頭言　いま, Art Education を読む意義とは」美術科教育学会通信, 97, (2018年2月24日), 1-2.

吉川暢子, 手塚千尋, 森本謙, 笠原広一 (2020).「幼児の土を使った遊びと探究I──Arts-Based Research の視点から実践を描き出す」香川大学『香川大学教育実践総合研究』41, 57-69.

註

1　本章は以下の論文に加筆修正を加えたもの (Ver. 2) である。笠原広一 (2019).「アートベース・リサーチによる芸術教育研究の可能性──成立の背景と歴史および国内外の研究動向の概況から」美術科教育学会『美術教育学』40, 113-128.

2　日本でのアイスナーの訳書は次の通り。アイスナー・E・W著, 木原健太郎他訳 (1974).『カリキュラム改革の争点──ウッズホール会議以後の10年の発展』黎明書房. アイスナー・E・W著, 仲瀬律久訳 (1986).『美術教育と子どもの知的発達』黎明書房. アイスナー・E・W著, 岡崎昭夫, 福本謹一他訳 (1990).『教育課程と教育評価──個性化対応へのアプローチ』建帛社. これ以降も ABR及び質的研究, バロンとの詩や芸術教育研究などの ABR につながる研究の紹介は少ない。1990年代以前のアイスナーのカリキュラム研究や DBAE から芸術の質的知性へ, そして ABR へと至る繋がりが見えてくる研究としては以下がある。Eisner, E. W. (1997). *Enlightened Eye, The: Qualitative Inquiry and the Enhancement of Educational Practice.* Prentice Hall.

3　ジョン・デューイ著, 栗田修訳 (2010).『経験としての芸術』晃洋書房を参照。とりわけ, 第三章の「経験するということ」に日常の経験が美的経験になる論理と, 知性と感性の相互作用的な探究プロセスが多くの例で考察されており, デューイが芸術的 (artistic) と美的 (esthetic) の両面において経験の美的特性を考察していたことは, アイスナーやバロンらの ABR の考え方が日常経験へ広く浸透するものと捉えている点につながっている。

4　芸術制作による作品が最終的なアウトプットとなる場合も, そこに至る創造や探究のプロセスの行為 (paformance) の遂行活動全体が ABR のプロセスとなるため, 岡原らが社会学の実践や研究として芸術表現そのものを提示する ABR 社会学を

パフォーマティブな社会学と呼ぶことが理解できる。

5　この点は岡原ら社会学者にとって人文・社会科学のテキストによる研究だけでは成し得なかった「生きられる経験」の表現となりうる点として重要なところである。

6　フェミニズムについては Leavy, P. (2011). *Low-Fat Love.* Rotterdam: Sense Publishers. による ABR 研究がある。日本でも上記研究を受けて中村香住 (2017)「フェミニスト ABR というパフォーマティブな協働：その系譜と展開」三田哲学会『哲学』, 193-216. がある。

7　フィンリー (Finley, 2008) は ABR をより広い社会的問題に向けた発見的な探究の術と捉え，社会正義 (Social Justice) に関連する ABR の可能性について考察している。

8　「ソーシャリー・エンゲイジド・アート (SEA)」の呼称の例のように，どのように日本語に表すのか，どのように受け入れやすい言葉にしていくかは悩みどころである。

9　特にこの点は，美術教育学研究の博士論文の指導と審査に関わる研究者にとっては共通する大きな関心事（避け難い問題）となる。他分野の審査委員に対して美術教育固有の評価の難しさ，学問としての成り立ちにくさをどのように研究として乗り越えて提起していくかは，まさに ABR が取り組んできた学術研究と芸術（教育）の問題であり，学校教育における図画工作科や美術科の評価の問題とも通底する問題である。それは美術教育の研究者が社会の中でどのようにその知を発信し社会に貢献していけるか，どのように芸術と社会をつないでいくかという可能性に向けた議論にもつながると考える。

10　同書では各国の博士研究での ABR の動向も見えてくる。日本の状況については直江俊雄が以下で報告している。Naoe, T. (2019). Japanese Arts and Crafts Pedagogy: Past and Present (pp. 1261-1274). In R. Hickman, J. Baldacchino, K. Freedman, E. Hall, and N. Meager eds., *The International Encyclopedia of Art and Design Education.* Johon Wiley & Sons.

11　アートグラフィーについては以下のページに収録。Le Blanc, Natalie., Irwin, L. Rita. (2020). A/r/tography. (pp. 1-15) In G. W. Noblit. (Ed.). (2020). *The Oxford Encyclopedia of Qualitative Research Methods in Education.* NY: Oxford University Press.

第2章

Arts-Based Research の由来

小松佳代子

1. はじめに

Arts-Based Research（以下 ABR と略記する）の出発点は，よく知られているように，バロンとアイスナーの共著本 *arts based research* 冒頭の以下の叙述に求められている。

> arts based research という語は，1993年にスタンフォード大学で開催された教育イベントに端を発している。芸術と教育の接続について叙述してきたエリオット・アイスナーは，大学生や学校実践家に対して，美的な特徴（aesthetic features）によって導かれた研究がどのようなものであるかを彼女たちが理解する助けとなるような研修会を用意することが有益だと考えたのである。（Barone & Eisner, 2012, p. ix）

1993年から2005年にわたって8回開かれたそうした研修会の受講者がABRの実践者になっていくとともに，バロンとアイスナー自身の予想を超える形で，2010年前後からABRが各地で急速に発展してくる。ABRを標榜する学会が始まり，多くの研究論文や論文集が発刊されるとともに，ABRの成果が博士論文として提出されて学位が授与されるという状況が生まれている。研究の広がりとともにさまざまな呼称を伴う分肢が生じ，そこからまた新たな研究スタイルが分出するということも起きている[1]。

しかし，外延のこのような広がりは，ABRとは何かをむしろわかりにくくしている面もある。ABRにおける芸術の位置づけはさまざまである。データ収集に写真やドローイングなどの芸術活動を用いるもの，自他の芸術活動を探究のメディアとして位置づけるもの，芸術活動によるコミュニティ形成を目指すもの，研究成果を芸術作品として形象化するもの，探究の方法を芸術制作と同じように芸術的な思考によって行うものなどが，ABRとして行われている[2]。

　本稿は，このような拡張しつづける研究動向を追うのではなく，そもそも「芸術に基づく（arts-based）」とはどういうことを意味していたのかを，芸術と教育の接続について研究してきたアイスナーの思想に立ち戻って捉え直すことを目的とする。ABRの依って立つ基盤を明らかにすることで，ABRの内包をゆたかにすることを目指したい。

2. 質的知性から批評へ

　戦後アメリカの美術教育研究において最も大きな影響力を持っていたのは，周知のようにヴィクター・ローウェンフェルドである。1947年ローウェンフェルドがペンシルバニア州立大学に招かれ，1960年代になるとその教え子たちが「美術教育研究の方法に心理学的な研究すなわち科学的リサーチを取り入れ，強力に推進」するようになる（宮﨑, 1994, 293頁）。美術教育の学問的基礎づけは心理学に求められ，この観点から子どもの創造性の自然な発達が論じられる。

　アイスナーも，質問紙アンケートや評定尺度法など心理学のテスト法を用いて，美術の知識や態度，描画の空間認識発達などについて研究を行っているが，「彼の科学的リサーチは，ある刺激（指導）を被験者に与えて何らかの教育的効果を確かめるという実験的リサーチとしてではなく，ある事象を説明するという記述的リサーチとして用いられている」という（宮﨑, 1994, 297頁）。

　1960年代はまた，スプートニク・ショックを受けたアカデミック・リフォーム運動のさなかにあり，芸術教育においても，従来の創作・制作中心の進歩主

義的カリキュラムからの転換が図られ, 受容・鑑賞能力の育成を目指した「芸術に関する概念的学習をカリキュラム内に大幅に取り入れる」, いわゆる認識論的なカリキュラムが開発される時期にあたる[3]（西村, 1993, 69-70 頁）。アイスナーもケタリング・プロジェクトの構築に携わっている。

　アイスナーは『美術教育と子どもの知的発達』（原著 *Educating Artistic Vision,* 1972）において, ルドルフ・アルンハイムのゲシュタルト心理学に依拠して, 子どもの美的能力の発達の自然性を主張するローウェンフェルドを批判し,「知覚分化（perceptual differentiation）」によって子どもたちの「ものの特性を知覚する能力を発達させうる」ことを論じている[4]。「知覚分化」とは, 例えばワインに精通している人が微妙なワインの特色を識別できるように, 専門家（experts）や目利き（connoisseur）に見られる能力であり, 視覚芸術においては, 評論家や芸術家が備えているような「高度に洗練された知覚力」のことである[5]（Eisner, 1972, p. 66: 87 頁）。「知覚分化」によって,「視覚的な質（visual qualities）」（Eisner, 1972, p. 67: 87 頁）や「複雑な視覚上の相互関係」（Eisner, 1972, p. 70: 92 頁）などが理解できるようになる。視覚的な質の知覚は, そうした形態や構成上の関係だけでなく, 視覚形態がもつ「表現的性格（expressive character）」, すなわち「相貌的質（physiognomic qualities）」を理解することも含む（Eisner, 1972, pp. 72-74: 94-95 頁）。アイスナーにとって美術教育はこのように形態的あるいは表現的な質に関わる判断力を涵養するものである。そのような判断力をアイスナーはデューイの「質的思考」論に依拠しつつ,「質的知性（qualitative intelligence）」と呼ぶ[6]。

　ここで注目したいのは, アイスナーがこのような質に関する理解を, 視覚形態の創造に関してだけでなく,「批評的領域」の学習にも深く結びつけている点である。

　　カリキュラムの批評的領域に関する学習には二つのタイプの能力が含まれる。一つは, 美術教育のプログラムを通じて, 子どもたちが質と, その質の美的・表現的性格に関する関係性を見て取ることができるようになるまで, 視覚的感受性を発達させることである。……批評的領域が含む

第 2 章　Arts-Based Research の由来　　55

第二のタイプの能力は，視覚的形態を構成している質を的確に叙述することである。この能力はおそらく美術批評家によって最もよく示されている（Eisner, 1972, p. 134: 162頁）。

アイスナーは，「批評的領域」の学習に関するこの議論において，デューイの『経験としての芸術』を参照指示している。デューイは，「批評の働きは，芸術作品の知覚を再教育し，見たり聴いたりすることを学ぶという難しい過程を容易にすることである」としている（Dewey, 2005, p. 338: 栗田訳, 2010, 406頁）。批評は，判断（judgement）であるが，そこに材料を提供するのは知覚であり，それゆえその判断は「つねに直接的な知覚の質」によって決定される（Dewey, 2005, p. 310: 372頁）。芸術作品に関する判断は，個々の作品に即して直接知覚された内容に関わるものであり，所与の一般的規則を適用して判決を下す「裁判官の判断」と異なる。そこには批評家自身の感受性や知性や経験も介在する。

　　あらゆる判断がそうであるように，批評は冒険を，つまり仮定的な要素を含んでいる。また，批評は質に，しかもある一つの対象（object）の質に向けられる。また批評は個々の作品を問題にするのであって，すでに決められた外的ルールによってそれぞれ異なる作品を比較するのではない。批評家は，その冒険という要素ゆえに，批評において自分自身を開示するのである（Dewey, 2005, p. 321: 385頁）。

　批評することは単なる価値判断ではない。対象のもつ諸価値を「質的関係における質（qualities-in-qualitative-relations）」（Dewey, 2005, p. 321: 385頁）として感じることであり，知覚した内容と自らのこれまでの経験との相互作用によって，経験を深め，拡張するものである。
　デューイのこのような批評概念に深く影響を受けてアイスナーは，美術教育のカリキュラムに批評的領域を組み込むことを構想し（ケタリング・プロジェクト），美術批評を学習領域の一つとして掲げるDBAEにも関わってい

くことになる[7]。しかし，本稿の関心から重要なのは，アイスナーがその後，本節で見てきた質の理解や批評という概念を，教育実践に拡張し，「教育的鑑識眼（educational connoisseurship）」と「教育批評（educational criticism）」として展開している点である。

3. 教育的鑑識眼と教育批評

　見てきたように，アイスナーは芸術作品のような，形態と表現とが複雑に絡み合ったものを経験するには，その形態の質的関係を見て取り，その表現的性格を表現し直す（render），批評的能力が必要だと考えていた（Eisner, 1972, p. 132: 164頁）。岡崎昭夫によれば，アイスナーは，教育実践そのものを芸術と見て，「美術教育のみではなく，あらゆる教育の「teaching」そのものを，芸術批評的言語で取り出そうとする」（岡崎，1983, 27頁）。教師と複数の子どもの関係行為が複雑に絡み合い，日々の実践の中でそれぞれの生成変容が不断に生じる，稠密な教育実践を捉えるには，芸術作品の理解と同じように質的な探究が必要だと考えたからであろう。岡崎によれば，このような着想は1963年には表明されており，1969年に「教授の芸術的局面を評価するための目標」として，提出された「表現目標」を経て，アイスナーは「1976年以降，教育研究方法として，教授場面の現象に対する「教育的鑑識眼」とそれに基づいて記述される「教育批評」の2つの方式を提起する」という（岡崎，1983, 28頁）。1976年という画期が何によっているのか示されていないが[8]，ちょうどこの年に出された「教育的鑑識眼と批評——教育評価におけるその形式と機能」（Eisner, 1976）という論文に従って，アイスナーの議論を追っておきたい。

　この論文でアイスナーは，教育科学を創出しようとした心理学者たちには，学校教育の過程と結果を統制することによって予測可能な知を教育実践家に提供するという強い意向があったことを指摘する。教育における効率性運動と結びついたこうした研究は，「教育実践を，個別の状況の固有の性格によって導かれるような表意的（ideographic）活動というよりも，法則によって統制できるような法則定立的な活動として扱うものであった」（Eisner, 1976, p. 136）。

第2章　Arts-Based Researchの由来　　57

それは以下のような有害な結果をもたらす。第一に，法則や一般化を求めることで，個別事例の特殊性はノイズと考えられ，個々の状況における質は，点数などの量へと単純化されてしまうこと。第二に，将来における達成に焦点化されることで現在の意味が切り下げられること。第三に，表現から情緒的なものを分離し（de-emotionalizing expression），暗示的な言語を禁止することで，共感的な理解や人間の経験の質を伝えることが縮減されること。第四に，標準化が求められることで個人性は量（rate）の差によって定義されるようになることである（Eisner, 1976, pp. 136-139）。

　これに対してアイスナーは，「教えることは芸術的手腕（artistry）を必要とする活動であり，学校教育それ自体は文化的制作物であって，教育はその特徴が一人一人，文脈ごとに異なるような過程である」として，そうした教育を評価するには教師の「教育的な鑑識眼」が重要な役割を果たすとする（Eisner, 1976, p. 140）。「鑑識眼」は教室に浸透している質（qualities that pervade classrooms）の理解に関わり，そのような言葉にならない質を言語で分節化あるいは再表現する（articulate or render）のが「批評」である。本来言語化できないものを言語によって示すために，批評においては「メタファー，アナロジー，暗示，含意などが主たる道具」となる（Eisner, 1976, p. 141）。

　「教育的鑑識眼」については，評価論の文脈で注目されてきたが[9]，近年は質的研究の観点から着目されている[10]。桂直美によれば，アイスナーが繰り返し論じる「教育的鑑識眼と教育批評」の「基本的な主張には変更はないものの」，1991年の *The Enlightened Eye* 以降，「「質的研究」の一様式としての説明がより強調されるような輪郭の変化がある」という（桂, 2006, 58頁）。評価論の文脈では，教師の「教育的鑑識眼と批評」の能力に焦点が当てられるが，質的研究の一環としてそれが取り上げられると，研究者の質的な探究にまで話が広がってくる。

　アイスナー自身1976年の論文でも，「研究の一領域としての教育には―文学，音楽，視覚芸術，演劇，映画にはあるような―教育批評と呼ばれる一分野がない」こと，「大学において教育批評家を育てるようなプログラムがない」ことを指摘し，「スタンフォードでの私の仕事は，まさにこれらの目的に

向けられている」とまで述べている "(Eisner, 1976, p. 141)。このような問題意識からアイスナーは博士課程の学生とともに「教育的鑑識眼と教育批評の課題，概念，規準，技術，そしてプロトタイプを具体化することを目指して」研究を進め，その結果，教育批評を主たる概念的道具とした博士論文が1973年，1974年に提出されたと述べている（Eisner, 1976, p. 141）。ここにおいて，教育的鑑識眼に基づく教育批評は，研究方法論として位置づけられることになる。

4.　芸術に基づく教育研究（Arts-Based Educational Research）へ

1997年にアメリカ教育学会が出した *Complementary Methods for Research in Education* の第2版において，1988年の第1版にはなかった「全く新しいセクション」（Jaeger, 1997, p. ii）として，バロンとアイスナーによる Arts-Based Educational Research（以下 ABER と略記する）のセクションが設けられている。冒頭で見た1993年のスタンフォードの研修会もあり，ABRという考え方が1990年代の後半には教育研究の中で一つの方法論として位置づけられ始めたことが見てとれる。ここで，バロンとアイスナーは「教育批評」に言及している。「教育批評はアイスナーの独創的な考え（brainchild）」であり，それは「探究する者（inquirer）が教育的な題材や環境や事象の捉えがたいものやニュアンス（subtleties and nuances）に注目することを求める」。「教育批評家は，こうした教育的事物の重要な質を知覚し理解して（perceives and appreciates），それらを美術批評家が用いるような喚起的で表現的な（evocative and expressive）言語を通して開示する」（Barone & Eisner, 1997, p. 80）。論じられているのは「教育批評」についてだが，捉えがたいものやニュアンスへの注目，質の知覚や理解への言及からも，また前節で見た「教育的鑑識眼と教育的批評」という1976年論文が参照指示されていることから見ても，「教育的鑑識眼」も含んだ議論と見ることができる。

2006年に同じくアメリカ教育学会が出した教育研究の方法論に関するハンドブック *Handbook of Complementary Methods in Education Research* にも，バロンとアイスナーは「芸術に基づく教育研究」という同じタイトルの論文を

書いている（Barone & Eisner, 2006）。ここでバロンとアイスナーは，ABER は様々な方法でなされ得ると論じつつ，3種類のアプローチを示している。一つは物語の構築で，これは民族学や社会学で生じた「文学的転回」が教育研究に導入されたものである。教育研究においてこうした物語の特徴の重要性を押し出したのがアイスナーであり，1980年代に彼の博士課程の学生に影響を与え実践されてきたという（Barone & Eisner, 2006, p. 99）。もう一つが「教育的鑑識眼と教育批評」である。芸術作品の批評と同じように，複雑で捉えがたい教育的な現象を教育的鑑識眼によって知覚し，状況や物事の「性質，意味，意義」を可視化するというここでの議論は，1976年論文で論じられていたことと同様である。三つ目が「教育研究の非言語的形態」で，最近試みられていることであるとされている（Barone & Eisner, 2006, pp. 100-101）。

このように，「教育的鑑識眼と教育批評」がABERの一種とされていることは，ABRの由来を考えるうえで非常に重要である。第一の物語構築という文学的な形式による教育研究は，参照指示されている文献から見てもバロンが中心になっている。第三の「非言語的形態」は，より新しいものとされている。これらに対して「教育的鑑識眼と教育批評」は，前節までで論じてきたように1970年代からアイスナーが美術教育とその研究のために必要な要素として繰り返し論じてきたものである。そうだとすると，ABRの出発点は，現実的には本稿冒頭で言及したスタンフォードの研修会にあるにせよ，思想的には「教育的鑑識眼と教育批評」にこそ求められるべきだと言えよう。

このような観点からABRを見直してみると，まず，これはあくまでも教育研究からスタートしているのであって，それが他の領域の研究にも適用されていくようになり，ABERのEducationalが抜け落ちてABRが総称として用いられるようになっていたことがわかる。また，「芸術に基づく」ということは，もともとは「鑑識眼と批評」という芸術作品に浸透している質を理解するために用いられる方法を援用して，教育について研究することを意味していたことがわかる。「鑑識眼」が個々の経験に即した知覚や判断に基づくものであり，また「批評」における言語への再表現（render）が，アナロジーやメタファーなど芸術的な活動であることから，これらが含む多様な要素がそれぞ

れ展開して，ABR の特徴が複雑化してきたのだと考えられる。

5. おわりに

　本稿では，ABR の「芸術に基づく」ということの出発点を「鑑識眼と批評」に見た。アイスナーは，「教育的鑑識眼」については 1976 年頃から主張するようになるが，「批評」についてはデューイの批評論を受けて早い段階から美術教育にとって重要な要素と位置づけ，『美術教育と子どもの知的発達』（原題は『芸術的な見方を教育する』）でも論じている。同書では「鑑識眼」という項目は立てられていないが，視覚的な質を理解するためには目利き（connoisseur）に見られる「知覚分化」が必要であるということは述べられていた。この時点でも「鑑識眼と批評」は芸術理解にとって重要なものと位置づけられていたと見ることができる。

　子どもの美術教育を中心に論じている同書において，「鑑識眼と批評」の能力を発達させるべきは子どもである。それが教育評価の文脈で「教育的鑑識眼と教育批評」について論じられる時には，教育実践における浸透的な質を理解するために教師にとって必要な能力だと見なされている。さらに ABER の一種として論じられるときには研究者に「鑑識眼と批評」が求められる。つまり，「鑑識眼と批評」は一貫して重要だとされながら，その担い手は子どもから教師，そして研究者へと変遷しているのである。このことは，アイスナーが子どもの教育から教育研究までを分断することなく一連のものとして考えていたことを意味している。これによって，ABR を学校現場に接続する可能性が見えてくる。これまで ABR は「研究」であるゆえに，学校教育に「適用」するのは難しいと見る向きもあった。しかし，「芸術に基づく」ことの一貫性からすれば，むしろそれは当然学校教育においてもなされるべき活動であり，その内実は「鑑識眼と批評」の能力の涵養ということになる。ABR はこのように，学校の教育実践と教育研究とを一つの枠組みで捉えることを可能にする。特に美術教育に即して見た場合，子どもが学習するべき事柄と，教師が教育評価を行う際に働かせる作用と，そして研究者の方法論とを同じ概念で考えることの重要性は計り知れない。この意味において，ABR は言葉の本来の

意味においてラディカルな（根源的・過激な）ものである。

文献

秋田喜代美 (2007).「教育・学習研究における質的研究」秋田喜代美・能知正博監修, 秋田喜代美・藤江康彦編『はじめての質的研究法 教育・学習編』東京図書

Barone, T. & Eisner, E.W. (1997). Arts-Based Educational Research in: Jager, R.M. eds., *Complementary Methods for Research in Education,* 2nd ed. Washington D.C.: American Educational Research Association.

Barone, T. & Eisner, E.W. (2006). Arts-Based Educational Research, in: Green, J.L. et.al eds., *Handbook of Complementary Methods in Education Research,* American Educational Research Association, Mahwah, N. J.: Lawrence Erlbaum Associates.

Barone, T. & Eisner, E.W. (2012). *arts based research,* Los Angeles: Sage.

Dewey, J. (2005). *Art as Experience,* New York: Perigee. (栗田修訳 (2010).『経験としての芸術』晃洋書房)

Eisner, E.W. (1972). *Educating Artistic Vision,* New York, London: Macmillan. (仲瀬律久ほか訳 (1986).『美術教育と子どもの知的発達』黎明書房)

Eisner, E.W. (1976).Educational Connoisseurship and Criticism: Their Form and Functions in Educational Evaluation, *The Journal of Aesthetic Education,* vol. 10, No. 3/4, 135-150.

Jaeger, R.M. ed. (1997). *Complementary Methods for Research in Education,* 2nd ed., Washington D.C.: American Educational Research Association.

笠原広一・リタ・L・アーウィン編著 (2019).『アートグラフィー――芸術家／研究者／教育者として生きる探求の技法』学術研究出版／ブックウェイ

桂直美 (2006).「E・アイスナーの「教育的鑑識眼と教育批評」の方法論――質的研究法としての特徴」『教育方法学研究』15, 57-72.

桂直美 (2012).「教育実践研究における「批評と鑑識眼」の意義――デューイの芸術論に基づくアイスナーの「鑑識眼」概念の批判的検討」『日本デューイ学会』53, 111-122.

小松佳代子編著 (2018).『美術教育の可能性――作品制作と芸術的省察』勁草書房

Leavy, P. (2018). *Handbook of Arts-Based Research,* New York: Guilford.

眞壁宏幹 (2020).『ヴァイマル文化の芸術と教育――バウハウス・シンボル生成・陶冶』慶應義塾大学出版会

松下良平 (2002).「教育的鑑識眼研究序説——自律的な学びのために」天野正輝編『教育評価論の歴史と現代的課題』晃洋書房

宮﨑藤吉 (1994).「1960年代におけるエリオット・アイスナー研究——アメリカ美術教育研究の立役者」『美術教育学：美術科教育学会誌』15, 293-303.

中村和世 (2002).「DBAE論にみられる2つの教育観の検討」『美術教育学：美術科教育学会誌』23, 171-182.

西村拓生 (1993).「現代米国「美的認識」論による芸術教育の基礎づけについて——成立の背景と基礎理論の素描」『仁愛女子短期大学研究紀要』25

岡原正幸編著 (2020).『アート・ライフ・社会学——エンパワーするアートベース・リサーチ』晃洋書房

岡崎昭夫 (1983).「デューイの質的思考と戦後アメリカの美術教育研究」大阪教育大学『美術科研究』1, 15-33.

佐藤絵里子 (2018).「1960〜70年代におけるエリオット・W・アイスナーの教育評価論の展開に関する一考察」大学美術教育学会『美術教育研究』50, 185-192.

Sinner, A., Irwin, R.L. & Adams, J., eds. (2019). *Provoking the Field: International Perspectives on Visual Arts PhDs in Education,* Bristol, Chicago: Intellect.

Stephanie Springgay, Rita L. Irwin, Carl Leggo & Peter Gouzouasis eds., (2007). *Being with A/r/tography,* Rotterdam: Sense.

田中耕治 (1982).「教育目標とカリキュラム構成の課題——ブルームとアイスナーの諸説を中心にして」『京都大学教育学部紀要』28, 101-113.

Viadel, R.M. and Roldán, J. (2012). Visual A/r/tography Photo Essays: European Perspectives After Daumier's Graphic Ideas, *Visual Arts Research,* Vol. 38, No. 2, 13-25.

山木朝彦 (2019).「米国芸術教育界におけるルドルフ・アルンハイムの貢献」『鳴門教育大学研究紀要』34, 73-84.

註

1　例えば，アーティストであり研究者であり教育者という三つの役割を同時に生きるa/r/tographerの実践を通した生成変容に焦点を当てたa/r/tographyがカナダの研究者を中心に発展しており (Springgay et. al, 2007)，そこからさらに研究成果を視覚化するvisual a/r/tographyがスペインの研究者を中心に発展するといった動きがある (Viadel & Roldán, 2012)。

2 Sinner et. al,eds. (2019) には，視覚芸術分野で最近出された各国の ABR による博士論文が紹介されている。芸術の位置づけの多様さゆえに，本書を通読しても ABR として一つの像を結ぶのは難しい。さらに，ABR は演劇，文学，映像など様々なジャンルにまたがっている (Cf. Leavy, 2018)。日本において先駆的にアートベース社会学を推し進めている岡原正幸を中心とする Keio ABR は，「学術的な研究作業のプロセス全体で，とくに最終的なアウトプットにおいて」，テクストだけでなくアートを媒体として公開される研究スタイルを ABR と見ている。そのことによって，「多層的でパフォーマティヴな相互行為」として社会学を組みかえようとしている (岡原編著, 2020)。また，アーティストの思考や探究をそのまま研究とみなして芸術的な省察を重視する筆者を中心とする研究グループでは，ABR を「芸術的省察による研究」と敢えて誤訳して研究を進めてきた (小松編著, 2018)。さらに笠原広一は，美術教育の現場とそこに関わる研究者の生きる探求 (living inquiry＝探究を生きること，生きることの探究) に注目している (笠原・アーウィン編著, 2019)。数少ない日本の研究においてもこれだけ多様なアプローチが生じている。

3 こうした「美的認識論」に基づく芸術教育論の「哲学的源泉」となっていたのが，エルンスト・カッシーラーとスーザン・ランガーである (西村, 1993, 70頁)。カッシーラーのシンボル論は，またハインツ・ヴェルナーの心理学に影響を受けていた (眞壁, 2020 参照)。

4 アメリカの芸術教育におけるアルンハイムの影響について，アイスナーの美術教育論に対する寄与も含めて論じたものとして，(山木, 2019)。

5 訳文はそのままではない。以下の邦訳文献についても同様。

6 岡崎 (1983)，また，小松 (2018) 第3章第2節「芸術的省察による質的知性の形成」参照。

7 中村和世によると，「DBAE には2つの質の異なる教育観がある」。一つは，「「ディシプリン」概念を中軸とした教育論」であり，もう一つが「アイスナーに影響を与えたデューイの教育思想」であるが，後者に基づく DBAE は，「米国でも日本でもあまり認知されていない」という。アイスナーの立場は，学問的な知を学校教育に適用するのではなく，学習者個人の経験の質と，そのような経験の質を向上させる教師の評価的判断を重視するものであると指摘されている (中村, 2002)。

8 岡崎がここで参照指示しているのは，なぜか1972年のアイスナーの教育評価論に

関する論文である。

9 田中 (1982)，松下 (2002)。松下は，実践共同体への参加や自律的な学びにとって教育的鑑識眼の形成が重要であることを論じているが，アイスナーの議論に対しては，「合理主義のカウンター・パートとしてのロマンティシズムの変奏の域を出ていない」と酷評している (松下, 2002, 226頁)。しかしこれは，本稿で見てきたような，デューイの批評論から教育的鑑識眼へ，さらには次節で見るようにその後，「芸術に基づく教育研究」へと議論を展開しているアイスナーの思想的な変遷も含めて吟味した結果だとは思われない。

10 桂 (2006)，秋田 (2007) など。ただし，評価論の文脈でも，「2000年以降のアメリカにおける新自由主義的教育改革に対する批判を背景として」，そして「パフォーマンス評価」「ポートフォリオ評価」，あるいは「真正の評価」などの新しい動向のなかで，アイスナーの評価論が再び注目されていることも指摘されている (佐藤, 2018参照)。

11 桂直美は，アイスナーの「教育的鑑識眼と教育批評」が「芸術を基礎とした教育研究」(Arts-Based Educational Research) の「源流のひとつになった」ものとして重要であることを指摘しつつ，アイスナーが鑑識眼を「私的な行為」としたことで，デューイにはあった「鑑識眼の教育可能性」を看過したことに批判的に言及している (桂, 2012)。しかしここでの記述から，アイスナーは，教育研究の一分野として教育批評を入れることで，教育的鑑識眼と教育批評の教育可能性を探ろうとしていたと見ることができる。

第3章

「現代社会」における美術教育の位置付けと ABR（ABR, ABER, a/r/t 含む）の可能性
—理論／実践のあわいを考える—

茂木一司

1. はじめに

2019年に出版された『国際美術デザイン教育事典』（Hickman, R. 他編）に，"New Directions of Art Pedagogy in Japan: Present and Future"（Mogi, K., 2019）と題して，日本の広義の美術（科）教育の現状とこれからに関する文章を寄稿した。最初にそこで考えた広義の美術教育に関する現状分析と方向性を ABR（Art based research），すなわち科学ではなく芸術が研究の方法や理念になったときに美術／教育が拓く世界で何が起きるのかについて感じたことや考えたことを述べたい。

拙文は「これからの日本の美術教育はどこへ向かっていったらいいのか？」を示すために，まず創造主義（児童中心主義）美術教育が無批判に継承されていること，それは子どもの表現をすべて創造的とみる考え方や制作に偏った美術教育を進め，そのため図工美術科教育ではよい授業を研究する授業研究が美術教育研究として定番化し，全体として教育美術化を進めてきた日本の美術教育を批判した。その改善のための提案として，美術／教育の用語の2つの単語の関係性とパワーバランス，すなわち社会の問題のリアルを対象にしようと試みる現代美術（アート）とすでに価値づけられた知識・技能を文化遺産として学習内容に据える図工美術科教育には溝があり，そのズレを埋め

なければならないこと，さらに他教科・領域から疎外されずに（学校）教育の中にきちんと位置づけるために，美術教育を通して養われる汎用的能力の問題を（2019年当時盛んに主張されていた）「21世紀スキル」等の「新しい能力観」概念とすり合わせ，美術教育をモノからコト，つまり作品づくりから思考やプロセス重視の学習観（ワークショップ型・プロジェクト型）に変更すること，これからの社会に必要なICT教育を考慮したデジタル美術教育の可能性を検討すること，及び子どもたちが日常的にさらされているヴィジュアル・カルチャー美術教育を考慮することなどを指摘した。たった2年前に考えたことであるが，読み返すとひどく古くさく感じるのは，社会がスピードを増したことやパンデミック（新型コロナウィルス）で社会が一変し不透明感が増したことと無関係ではないだろう。

　2021年9月の現在，コロナ禍で余儀なくされたICT活用が2年前は目的論として語られていたが，現在は完全に技能や方法論としてリアルな必要性を皆が感じ，同時に日本の教育現場における遅延／欠落で混乱している現状がある。

2.　日本の美術教育の問題はどこにあるのか？

　現代日本の学校美術教育の特徴（理念・内容・方法）は戦前の遺産を引き継ぎながらも，第2次世界大戦以後のいわゆる創造主義美術教育の影響を色濃く残して，現在に至っている。H．リードの「Education through art」やV．ローウェンフェルドの「Creative and mental growth」（日本語訳では「美術による人間形成」）は欧米ではすでに歴史的検証を終え，その上に次の理論の構築を経て，現在の形をなしているが，現代日本の美術教育，特に学校の図工美術科教育は，子どもの創造性に頼った，いわゆる児童中心主義美術教育に依存し，悪くいうとその呪縛から抜けられないでもがいているようにもみえる。「Education through art」はその魅力的な響きで一時期世界中の美術教育を席巻したことは周知である。それは子どもたちの無垢な表現の芸術性をアピールし，美術教育によって，ルソー的な自然主義な子ども観（子ども時代の独自性，子どもという存在そのものの価値）を主張し，世界的な「Child art」運動

として展開された。産業振興のための技術教育＝臨画や作業教育としてはじまった近代美術教育（制度）を「子どもの自由な表現世界を認め，なおかつそれによって子ども独自の世界の価値付け」を行ったことに大きな意義はあったが，「美術科教育で美術を教える＝「Education of/in art」」という美術教育の世界的動向の中で，現代日本美術教育の「Education through art」の過度な重視は高度な美術教育研究を遅らせる要因にもなってきた。

　そういう意味で「（日本の美術教育は）実践がいいが（背景の）理論がない」とは自壊を込めて使う言葉だ。日本の美術教育は学校で「よい授業をつくる」，つまり教師の指導法を改善することによって教育の質を上げようとしてきた。教師が授業を開示する共同研究は「授業研究」と呼ばれ，国際比較研究（Stigler, J. W., Hiebert, J, 2009）をきっかけに日本の高学力の背景となる教師の力量が着目され，世界的に高く評価され，Lesson Study の名で輸出され，その研究／実践が急速に普及した経緯がある。授業研究は一般的に「学校現場で実践者が行う実践の改善や開発といった実践的研究」（川野，2020, p. 45）といわれ，校内研修を中心とした「教員としての専門性を磨く」こととその結果として「児童生徒の成長を根本的に支える」方法として定着してきた（京都府総合教育センター，2007, p. 21）。

　授業研究からみえる日本の学校（教師）文化の最大の問題点は方法論重視である。米国で日本の Lesson Study を研究する Lewis（2002）はカリキュラム開発重視の米国と教師間で相互に授業批評し合う文化を持つ日本は対照的だと指摘する。カリキュラムそのものをゼロからつくり「学習する価値や意味」を問う授業づくりを主軸に置く欧米の教育（実践）研究と，発話や個別指導，材料の選択などのやり方が話題の中心の日本の授業研究の違いは「なぜその題材なのか」を根本的に問う議論は少ない。多様な制度や環境をもつ日本と外国の学校文化を１つの視点で比較することには無理があり，個人主義が強く，協働に価値を置かない欧米と学校という組織の一員として振る舞う日本の教師論を比較はできない。しかしながら，明治以降中央集権制が強く，法的拘束力をもつ学習指導要領によって理念の統一を図り，検定教科書で周知する日本の教育実践＝授業研究が文科省の決めたことを黙々とこなす方法優先主義

の拡張の根源であれば問題ではないだろうか。教師の指導力をあげ，よい授業をつくり，子どもの学力をあげることはいったい誰のためなのか？

　美術教育でも方法優先主義が批判されるのは〇〇式などにみられるように結果（作品）主義に陥りやすい欠点があるからである。つまり，方法論は理念の具体化であり，それだけが単独で存在することは普通なく，結局効率とスピードや生産性というモダニズムをドグマティックに教育に当てはめてしまっているのではないか。すなわち，方法論と目的論は切り離せないはずなのに，目的論はいつの間にか方法論にすり替えられてしまっている。こういう傾向が継続・固定化された事例が（中学校）美術科教育などに残っているパターン化された題材である。手や頭をつくる彫刻，ピーマンのモチーフや透視図法を使った平面構成，辛抱強さを養うレタリングや篆刻……等々。学校の中だけで通用する美術，つまり教育美術に疑問を持たない美術教師はとても多い。

　さらに方法優先主義の欠点は，美術（アート）とは何かを「考える」観点が欠落していることだ。ここに現代日本の美術教育が抱える最大の問題点がある。それは，現代のリアルアートと（特に学校）美術教育の「美術（アート）」とは何かに関する解釈や向き合い方に大きな違い＝溝があることだ。現代のアートを「アートとは何かを問い続けること」にしたのはマルセル・デュシャンであったが，既製品の便器＝「泉」(1917)が明確にしたことはアートとコンセプト（考えること）であって，色や形ではないという明確なメッセージであった。それ以降，アートは色や形のスキルにだけ頼らない在り方，つまりモノからコトへと意味を変えていった。さらにアートは近年社会性を強め，同時に人やモノの間で起こっている関係性（＝コミュニケーション）を可視化する表現に移行しており，政治，宗教，民族，福祉，ジェンダーなどあらゆる差異や差別を遡上にあげて告発を試みる。政治や性などの過激な表現を扱い，日本の学校美術教育では題材として直接扱いにくいものも多く，そのままの形では導入しにくいが，そのリアルを覆い隠す形式的な教育だけを優先させてしまえば，美術教育は単なる技能教育になってしまう。

　日本の学校を中心とした美術教育にはまだまだ多くの問題点がある。現代

70

のアートと美術教育の溝は美術教員養成制度の中で再生産され続ける問題だ。コロナ禍でオンラインでの実技の教育／学習が問題になったが，それは今急に起きたものではなく，メディア時代に相応しいアートの学習内容・方法が欠落していただけに過ぎない。さらに，（また稿をあらためて考察しなければならない課題と考える）学習指導要領の強化（周知徹底）による創造性の欠如の拡大，それを追撃する文字の少ない図工美術教科書とセット教材などの教育のパッケージ化，さらに美術教師の採用数の激減による高齢化や年齢層の偏り，リーダーの不在による美術教育（実践）研究組織の弱体化……などなど，数えあげれば切りがなく，総じて明るい話ではない。しかしながら，現代における創造性教育としてのアートの学び（美術教育）に希望を捨てているわけでは決してない。

3. 芸術／教育における精神的なもの

芸術を「精神的なもの」といったのはカンディンスキー（Kandinsky, V., 1866-1944）であった。自然の模倣から芸術を開放した 20 世紀の抽象美術の誕生は色と形の純粋性に生命の力が宿ることを科学的で客観的観察に基づいたものではなく，芸術家自身の内面的で主観的な表現として提案されたものだった。拙論がめざす現代美術教育に ABR すなわち「芸術に固有な表現形式・方法による探求的活動（リサーチ）」を位置づけるためには，芸術（家）／教育（者）／研究（者）のゆるやかな統合体がつくられる必要があるが，とりわけ教育／研究をつなぐための芸術（アート）の捉え方にそのポイントがあると思う。つまり芸術とは何かについて表面的でなく深く洞察したとき，芸術とは単なる個人的な想いの表現（表出）ではなく，精神世界との関係性を持つことによってのみ成立する営みと捉えることができる。

芸術がより高次な精神的な体験になることを感じた出来事が 2018 年にあった。ABR の実験として熊野古道で実施した A/r/tography としてのウォーキングアートである。この旅ではアートとは個人の内面への探求であると同時に，自我にとらわれないで，社会に自我を拓く探求であり，日常生活では隠されている見えない世界への扉をたたく練習であった。わたしたちは見え

るもの・実証できるものしか実存できない唯物的な世界をつくってしまったが，祝祭としてのアートの本質を想起できたとき，見えるものだけでつくられるアートの不自然さに気づき，個人や社会を超えた「精神的な（客観）世界」によってのみ真の協働の可能性が拓かれるのではないかと感じた出来事だった。参加者の6人は

図1　個人／社会の芸術をつなぐ精神世界（イメージ図）

旅（ウォーキングアート）を通して，ひとり一人孤独な内的作業と同時に必ず（自分たちが抱える社会の無意識的な）問題の共有があって，さらに熊野という精神的な空間がより高次な無意識（界）からの直感を与え，「他者において目覚める」という体験＝共同体づくりがなされていた（図1）。

　もうひとつ，「見えないこと」の豊かさを復権する最近の自分の視覚障害のためのインクルーシブアート教育研究を紹介する。共生社会構築のためにアートに何かできるのかを探求する目的で，視覚障害のためのインクルーシブ教材開発をめざして始めた研究から，もともと芸術／教育とは「見えないものを見えるようにする」ことや「見えているその背後にある広大な無意識の（内面）世界を耕す」ことのためにあったのであり，芸術体験とは見えている色や形の奥にある精神世界との交換によって成り立っていることを強く感じ取ってきた。視覚障害児者は近代が生んだピードや効率優先主義から外れているだけで，逆に見えない人の世界から現代を照射すれば，環境問題（地球温暖化等）ひとつとっても障害が何によって起因するのかは明白なはずで，私たちがいかに物事が見えていないかについて教示し，逆に物事をゆっくり確実に進める障害という身体性がいかに豊かとアンラーニングさせる。

　「かつて芸術は独立した領域とは考えられていなかった……芸術は全く宗教であり同時に科学であった」（高橋巌，1981，p. 12）。19世紀末から20世紀初頭に活躍したシュタイナー（Rudlf Steiner, 1861-1925）は科学によって断片

化される世界に警鐘を鳴らし，疎外され冷え切った近代的な人間・社会を暖め，再びつなぎ直すことができるのは感情（愛）による方法論をもつ芸術しかないことを主張した。科学や宗教がそれぞれ別々の真理を求める一方，芸術はひたすらフォルムの世界を探求し，独立した世界を形成していく。シュタイナーは現代という時代の特徴を人類のひとり一人が外部からの指示ではなく，内面にある「自由」の衝動にしたがって「自分自身で判断する時代」，すなわち「アート／教育の時代」だという。つまり外的な環境に自分を適応させることに生きがいを感じるのではなく，内側から必然的にうまれてくるものにしたがって生きようとする魂の時代である。だから均質な平等を基盤とする学校教育制度でリアルな現代アートのもつ生き生きとした力を活かすことは難しい。芸術の根源にある「精神的なもの」が失われ，美術教育は残った美術の知識理解か造形感覚練習の痕跡が精々になる。わたしたちが今心がけなければならないのは，アート（芸術）を人間の生（活）の全体の営みから切り離さないことである。このような芸術活動の意味を考えれば，見えない人のアート／教育が（方法論の多少の違いはあれど）特別ということはない。ここで言いたいのは，アート（美術）は色や形の造形技能ではなく，いわば「生（きるため）の身体技法」ということだ。芸術活動は感覚的なものと超感覚的なものの融合した世界であり，見えないわからないことを最初から否定しないことが重要だ。芸術的態度，すなわち芸術の持つ自由だけが私たち人間に見えない世界との接点を作り出し，世界を総合的に認識させる。

4. 美術／教育における理論と実践のあわいを考える

前節で指摘した溝の問題は，理論と実践の乖離としても語ることができる。拙論はその理論と実践の様々な関係性＝あわいの問題を手がかりに，今後の芸術・美術／教育の在り方（レゾンデートル）について，（大げさに言えば）社会改革としての美術／教育について考えることを目指している。

理論，つまり自然／科学＝西洋的な思考様式が行き詰まりを認知してから久しい。アートはそのイメージやコミュニケーションなどが科学の理性・悟性に対抗する感性や創造性という特色を反映し，イノベーションを強く求め

る現代社会の実践知や身的知として注目されはじめている。しかしこのことは，最近のビジネス界でもてはやされるアート（思考）の利便的で表層的な利点に着目しているのではなく，自由を基礎とする芸術が効率とスピードや生産性を優先するモダニズムに対抗し，正解／不正解ではないアートのオルタナティブな価値観をフォーカスするからである。芸術を科学の代わりに使うABR（芸術を基礎とする研究）はいわばそのひとつの鍵（方向）であり，近代が依拠してきた科学万能主義（論理・テキスト主義）をイメージ等の非言語的で身体的思考と混交・カオス化し両者の壁を再構築する実験として，芸術／教育の存在価値を再定義する可能性を持つ提案と感じる。

　繰り返しになるが，日本の美術／教育のよさは優れた実践にあり，これ自体を否定しているわけではない。美術／教育における理論と実践を考える上で，芸術活動が実技，つまり実践を基礎にしていることはこの問題を考えるポイントになる。端的に言えば，これは「やったことがすべて」という芸術領域全般が抱える「実践ありき主義」の問題でもある。美学者の吉岡洋はアーティストが福祉施設でワークをしたときに起こる有益性（文化芸術による社会包摂／アートで元気になる？）の意味を問うシンポジウムの場で，これを次のように批判する（吉岡, 2018）。

　　　芸術領域における「実践ありき」主義を再考するというこのシンポジウムの趣旨に強く共感した。実践から距離を取ることは，何よりも，将来のより良き実践のために必要不可欠である，というよりむしろ，そのことはそもそも実践それ自体と不可分であると，常に思ってきたからだ。
　　　実践から距離を取るとは，つまり理論というのは，実践と対立する活動ではない。言い換えれば，それ自体が何らかの実践でないような理論はない。それに対して実践「主義」というのは，「やってみれば分かる」「やらないで何が分かるのか？」といった考え方を一般化する，同語反復的な，とても貧しい理論である。実践「主義」は，自分自身がそうした貧困な理論でありながら（あるいはそうであるがゆえに）理論を恐れている。理論一般を軽蔑し，理論など不必要だと宣言したがる。そもそも実践主義の何がいけないのか？

「実践ありき」によって見えなくなってしまうのは,「自分はやってる」という自負によって覆い隠されてしまう認識があるということだ。

　実はこのことは,芸術領域に限られたことではない。現代の私たちが生きている,合理性と効率に支配された世界の中では,どんな活動でも基本的に「実践ありき」になってしまうのである。科学も,政策も,経済も,日常生活に至るまで,「効率」と「成果」(それも短期間に明示できるような成果,「エビデンス」などと言われる)だけが指標となっている。だからこそ,「実践ありき」とは,ひとつの貧しい,しかも閉じた理論に他ならず,それはやがて実践そのものを損なうということである。私たちが必要としているのは,即効性によって人目をひく「実践」ではなくて,耐久性のある,真に優れた「理論」です。その意味で,こうした機会は大きな意義のあるものだと考える。

　この「福祉×アート」のシンポジウムはアーティストが高齢者や障害者の福祉施設に行ってワークショップをする意義を示すために医療・福祉とアートの対話をもくろんだ企画だったが,アート側の一方的なラブコールに対してそもそもアートの基盤がない前者には必要性を担保する根拠を自ら示せず,結局実践によって認知症の高齢者が元気になったりするエビデンスを持ち出すしかないというジレンマが実践主義として露呈してしまった。理論家(美学者)が日頃感じている(と思われる)実践との距離感はよくわかる。美術/理論/教育は実技のできない人がするものであったり,美術は理屈じゃないという実践者の強い思い込みであったり,理論(家)と実践(者)の対立は潜在的顕在的に根深く,美術/教育という弱小コミュニティ(構造)において暗黙知になっているかもしれない。

　理論と実践は教育においても古くて新しい永遠の根本問題といってもいい。実践の場では理論を簡単に越境する出来事が起こることが普通にある。しかし,実践主義の危険性はできたからいいという結果主義を招き,(今回のコロナ禍の感染の増減の根拠なき説明と同様)その真実を無視することだ。理論と実践の乖離の問題は,むろん教育(学)だけの問題ではなく,社会/世界に存在するすべての事象もしくは学問全体が持つ根本的で二律背反的な問

題でもある。特に，言語化できない／しにくいという芸術・美術は実践の優位性を他領域との差別化の根拠としてきたことは前に述べた通りである。実践主義を批判的に捉え直してきた意味はそれでもやはり現代社会の理論（テキスト）優先主義に異議申し立てが必要と思うからである。頭でっかちになってしまっている私たち人間には理論と実践という二元論ではなく，新しい実践知としてのABRの場づくりが必須であり，それは美術／教育の可能性を従来の越境とか往還とかいう方法論ではない探究に求める必要があるはずだ。

5.　美術／教育の持つ可能性とABR（ABR, ABER, a/r/t 含む）

　最後にこの場でABRが拓く美術／教育の可能性のすべてを論証することはできないので，まとめにかえて芸術がアカデミックな場で不当に低く見られてきたことを批判するEisner W. E（1933-2014）に強く共感する者として，また美術／教育の価値や革新性を信じる者として今後私たちはどうすべきかを主観的に考えてみたい。

　最初にABR(Arts-Based Research) の大まかな定義を示すが，「芸術に基づく研究（探究）」（直訳）とは「芸術制作とその過程についての自己や他者との省察や対話を通して，自己や他者，出来事や社会などの新たな側面に気づき，意味や価値を創出していく，創造的な探究の方法（実践）として芸術を捉え，積極的に気づきや知の創出に用いていこうとする考え方で，それに基づく実践と研究の方法を意味する」（笠原, 2019, p. 114）という。ABER (art based educational research) はEisner (2006) が教育学におけるABRに美的要素（aesthetic）を含めて使った用語だが，限定的だという批判もあるという（伊藤留美, 2018, p. 204）。ここではIrwin (Irwin, L. Rita) らのA/r/tography を中心に芸術もしくは美術／教育が自然／人文科学研究あるいは人間の生全体に関わる貢献／可能性について考えてみたい。

　まず，第1の論点は「生きているもの動くものをありのままに捉えようとする」学ということである。（おおざっぱな説明になるが）二元論等の西洋の伝統的思考が批判され，実証主義の限界が明らかになり，現象学以降の哲学は死んだモノからではなく現実の生をありのままに捉えようとして，客観では

なく主観に，量ではなく質に研究の方向性を変え，静的なものから参加型等の動的な指向性を探究しようとしてきた。芸術が研究に参加する意味はまさに「生きる探求 Living Inquiry」の行為そのものだからであろう。A/r/tography とは「自己と出来事，自己と世界との『あいだ in-between』に生成（becoming）する探求的な取り組み」（笠原, 2019, p. 8）であり，そのキー概念である Living Inquiry とは，目的を限定した学的探究ではなく，人間の生そのものの中でモノコトから想起される「主観や間主観的な認識や内省を含め，その人の生きた体験や生と深く結びついた探究となるところに意味」（笠原, 2019, p. 8）がある。すなわち，a／r／t という表記が示すごとく「そのあいだ」にこそ意味があるという（笠原, 2019, p. 9）。探究的な授業（教育）は現在日本でも少しずつ進められている。しかしプロジェクト型学習（PBL）などは主体的な学びは方法論としての側面が強く，ABR が理念／内容／方法を「分けない」という点で異なっている。この「分けない」という視点は自分の「インクルーシブアート教育」のキーワードであり，アートがインターフェイス（接面）やメディアとなって断片化（D. ボーム）した要素をつなぎ直し全体性を恢復することが重要で，その時部分は全体と照応したコスモスがつくられる。ABR の西欧的人間中心主義的な部分には共感できないが，常に生の全体性に戻るところには強く共感する。

　第 2 のポイントはすでに前項で指摘した「動くこと＝動的」という特色である。開発者 Irwin によれば，A/r/tography とは「研究の方法……創造的な実践……パフィーマティブな教育学」であり「あいだ（in-between）におけるリゾーム的な実践の中に生きている」（アーウイン, 2019, p. 15）という。彼女は A/r/tography を「アートグラフィーへと生成（becoming a/r/tography）すること」と表現し，「生成—強度（強度になる）（becoming-intensoty），生成—出来事（出来事になる）（bocoming-event），生成—動き（動きになる）（becoming-movement）という 3 つの（時間性と場所性が絡みつく）ライン（線）によって表示される地図づくりに例えている。この比喩には探求を探求する A/r/tography が生成し／され続ける旅であって，最初に意義や目的を持って探求されるのではなく，実際にやってみてどうなるかを重視するデューイの経験

主義（learning by doing）のような学びである。つまり，「芸術教育実践が何を意味するかではなく，それを行ったときどのような芸術教育の実践になるかという問い」（アーウイン，2019，p. 17）なのである。これはアート制度を支えてきた作者や作品という固定（モノ）化の否定であり，そのことへの芸術教育からの実践的な対抗と捉えられる。対抗は他にも様々なモノコトに向けられ，芸術の外側だけでなく内側にも向けられ，物質／非物質，主観／客観……すべてを肯定も否定もしないで包み込む現代的できわめてフラットな思考である。その理由は，A/r/tography が Deleuze（Deleuze, G., 1925-95）＝Guattari（Guattari, P. F., 1930-92）の「リゾーム（rhizome）」概念の実践であり，「新しい理解を生みだす強力なうねりとなるダイナミックスの中で動く，モノと思考と構造のアッサンブラージュ」（アーウイン，2019，p. 16）に動機付けされるからである。リゾームは固定的な幹（中心）を持つ階層的なものを象徴する樹木（tree）構造を批判し，中心を持たず異質な線が交錯し合う「生成する異質性」モデルなので，今までのような思考の枠同士の衝突や上意下達的な階層を持たず，A（芸術家）/r（研究者）/t（教育者）が試みる「理論（テオリア）と実践（プラクシス）と制作（ポイエーシス）の統合を共有」（アーウィン，2019，p. 42）できれば，「あいだ（in-between）」を弁証法的に捉え直す可能性を拓き，「弁証法的な視点から見える思考の枠組みは相互に対等な関係にあり，それによって固有の概念が活発なエネルギーによって絶えず揺れ動くものになる」（アーウィン，2019，p. 42）という。

　ABR を締めくくるために，最後に曖昧さや混沌（カオス），混淆の受容について考えたい。前述のように生きて動くものを捉え，実践しながら理論として収容することはとても難しい。ABR もしくは A/r/tography はモノコトを関係論的に混ぜ合わせ続け，意図的にカオスを作り出す活動＝実践ではないのか。なぜアート／教育はカオスをつくるのだろう，もしくはカオスになってしまうのか。アートがつくる仕掛け（問い）からはたくさんの答えが生まれ，どれも不正解ではないこと。また，人間は整いすぎたきれいな場にいるよりもお祭りのような雑踏の方が心安らぐのが普通であること。窮屈な日本の中学校教育をアートによってカオスな場に変えた「とがびアートプロジェクト

(通称とがび)」は参考になる好例だ。中平千尋・紀子は長野県戸倉上山田中学校で10年間 (2004-2013) 学校を美術館にして地域に開放し，今学習指導要領が推進しようとしている生徒による生徒のためのアクティブラーニングをすでに実現していた。とがびは生徒がキッズ学芸員になり，アーティストと協働し企画から展示まで主体的に運営し，当初こそ教師が生徒に課題を出してキューレターの仕事を学習させていたが，最後はアーティストさえ不要になるほどの自主独立した活動に発展させた。とがびとは「中学生に本当に必要な自由をアートの学びがつくりだした実践」であった。本書で紹介される住中浩史の「カオスギャラリー（1畳ほどの箱形の移動式展示ギャラリー）」は中平千尋のとがびの経験をミニマム化し，学校の日常を小さく揺さぶろうとした実験であった。中平は「学校にはコスモス(秩序)だけではなく，カオス(混沌)も必要」(住中, 2021, p. 206) と考え，生徒に運営まで任せて実践した。カオスギャラリーのメリットは小さいという仕掛けである。しかし，カオスはカオスなのであり，固定化しそうになる教育／現実をアートである／になる場はビジュアル化し批判的に照射する (茂木, 2021 を参照)。

　Irwin も (生きる探求としての) A/r/tography を「混淆としての a/r/t」と特色づける。「概念，活動，そして感情の織物を相互に，そして内部で織り込んでいくことが研究であり教授であり芸術制作であると考えるならば，私たちは相違点と類似点の生地をつくっていることになる」(アーウィン, 2019, p. 43)。混淆とは異種を混ぜ合わせることであるが，ここでは「境界」という用語を用い，「A/r/t の境界にあるそれら (芸術家／研究者／教育者) の生は，あいだの空間を生きる生命力を認識する」(アーウィン, 2019, p. 48)。芸術／研究／教育の3つの総合体はそれ自体がすでにカオス以外の何物でもないと思うが，Irwin は「行動と省察」の円環という動きながら全体を捉えさせようと問題解決を図る。

　教育には時としてカオスが必要である。教育という営みが本質的に抱える固定化やドグマ化は普通オールタナティヴな自由な教育理念が代替えするが，Irwin の定義する ABR のかたち (A/r/tography) は (美術教育のリーダーとしての彼女のイメージと同様に) 毅然として自他に厳しく，強く頼もしい。探

求には終わりはなく，永遠のプロセスである。目的や計画をもったデザイン
としての学びではなく，その都度立ち現れるアートとしての探求的な学びで
あれば，どこで区切りをつけて休んだらいいのか？　今後はゆるく弱い ABR
の可能性の強度，つまり理論／実践のあわいについて考える必要がありそ
うだ。

文献

伊藤留美，アートベース・リサーチの展開と可能性についての一考察『南山大学短期大
　　学部紀要』終刊号, 2018, pp. 203-213.

今井重孝，訳者まえがき，R. シュタイナー『社会問題としての教育問題』イザラ書房，
　　2017, pp. 10-13.

笠原広一，Arts-Based Research による美術教育研究の可能性について―その成立の背
　　景と歴史及び国内外の研究動向の概況から―『美術教育学』第40号, 2019, pp.
　　113-128.

京都府総合教育センター『校内研修ハンドブック』2007.

河野麻沙美「授業研究」を実践可能にする文化と社会―「授業研究」とは何か――『上越
　　教育大学研究紀要』第40巻第1号, 2020, pp. 45-56.

小松佳代子編著『美術教育の可能性　作品制作と芸術的省察』勁草書房, 2018.

住中浩史，中平千尋が生んだ「カオスギャラリー」,『新版増補とがびアートプロジェク
　　ト　中学生が学校を美術館に変えた』東信堂, 2021, pp. 206-215.

高橋巖「シュタイナーの人間観と芸術観」『アントロポス』Vo. 2, 1981, pp. 12-17.

茂木一司代表編集『新版増補とがびアートプロジェクト』東信堂、2021.

吉岡洋，芸術による社会包摂, TANUKINOHIRUNE, 2019. 11. 03 https://chez-nous.
　　typepad.jp/tanukinohirune/page/7/

Irwin, R., Becoming A/r/tography, *Studies in Art education*: *a Journal of issues and research*
　　2013, 54(3), 198-215.

Rita L. Irwin, Ruth Beer, Stephanie Springgay, Kit Grauer, GuXiong, Barbara Bickel, The
　　Rhizomatic Relations of A/rltography, *Studies in Art Education*, 2006, 48(1), 70-88.

Kazuji Mogi, New Directions of Art Pedagogy in Japan: Present and Future

Richard Hickman(ed.) *The International Encyclopedia of Art and Design Education*, Volume
　　3, Wiley-Blackwell, 2019

Lewis, C. (2002). *Lesson study: A handbook of teacher-led instructional change*. Philadelphia, PA: Research for Better Schools.

Stigler, J. W., Hiebert, J. The teaching gap: *Best ideas from the world's teachers for improving education in the classroom*, Simon and Schuster, 2009.

追記

　拙校はコロナ禍のまっただ中，当時実技である美術科教育が対面ではオンライン上で実践せざるをえない切羽詰まった状況の 2021 年 9 月に執筆されたものであるので，2 年を経てコロナが 5 類に移行した現在，実践知に基づく ABR の論考としては修正が必要であるが，あえて当時のリアリティを大事にして大きな修正はしなかったことを付記する。

第4章

美術制作と哲学とABRの交差する地点から美術教育を考える

生井亮司

1. 問題の所在

　近代的な価値や制度の限界，資本主義や自由経済の限界といった世界的な問題は，我々の生き方に変化を迫るようにシグナルを発し続けている。にもかかわらず，これまでと同様の経済的成長や同様の生活を維持しようとする態度はグローバル化の伸長を目指し，もうほとんど残されていないパイ（原資）の奪い合いに熱中している。他方でそれとは全く逆の方向へ，つまりナショナリズムを強化することで自国の利益を守ろうとする態度もポピュリストたちに扇動され世界中で蠢いている。こうしたナショナリズムの強化や自国中心主義への傾斜，「枠組みの強化」によって，政府による教育への監視や表現への監視はますます増大しようとしている。そうした問題も相まって学校教育における美術教育はますます周辺へと追いやられることが懸念される。本論考ではこうした問題に対する明確な批判であるとともに，芸術教育のこれまでそれほど理解されてこなかった面を明らかにすることで，真の意味での民主的な社会の構築や個人の生の充実が実現可能な社会の構築を目指すことを目的としている。

　今日，一般的に芸術は，とりわけ美術教育の分野では制作者自身の内的な問題であったり，心に浮かんでくるものであったり，あるいは見えるものや社会的な問題を外の物質によって表象することであると理解されている。そ

のため芸術作品に向き合い，それを理解しようとする際には作者の心情を読み解くことに主眼が置かれることが多いし，いわゆるアート番組では作者の人生の諸問題や苦難を取り上げることでそのドラマティックな人生を描こうとすることが散見される。もちろん，そうした制作者の内的な問題が作品制作への動機となることは決して否定されることではないし，ある種の苦悩や社会的な問題といったようなものが制作への動機となることはあるだろう。また，制作によって苦悩を乗り越えるといったようなこともあるだろう。しかし，そのような動機を有したからと言って必ずしも芸術に向かうわけではないし，あるいは芸術制作が繰り返し続けられるということを考慮するならば，芸術制作には芸術制作にしかない魅力があるはずと考えることもできるだろう。そして少し先を急ぐように言ってしまえば，その魅力は芸術制作の過程にこそ秘められているはずと考えられるのではないだろうか。そう考えてみると作品制作は何か特別な（ドラマティックな）動機はなくとも行うことは可能であるし，むしろ作品制作の過程が制作者自身の動機や問題を解きほぐし，意味や目的といった私たちを縛り付けるものからの逃走を可能にしているということも考えられる。そうした，ある種の逃走というダイナミズムが作品制作への呼び水（創発）となっているのではないだろうか。別の言い方をするならば，その逃走とは制作するものと世界との間に結ばれる個人的なやり取り，密談のようなのことでもあるし，制作の中へと深く潜る（ダイブする）ようなことでもあるし，人が生きることと深く関係しているようにも思われる。

　このように制作するものがいわば「世界そのもの」へと沈潜し，流動する世界に巻き込まれていくという制作過程のことを美術における探究の過程として考えてみるとき Arts-based Research（ABR）という概念と美術制作はどのように関係することになるのであろうか。ABR はアートによって世界を探究することであったり，Living Inquiry，探究を生きることと理解される。こうした ABR が語る Research と美術制作における探究はどういった部分が重なり，どういった部分が異なるのであろうか。もちろんこうした問題は容易に規定することは難しいかもしれないが，美術制作における探究の層と ABR に

おける層はどこかの時点で重なり合うのかもしれない。本論では美術制作における探究的な側面を取り上げることで，ABRという概念が向かおうとする先を照らしてみたいと考えている。

　また，美術制作者は意識するしないにかかわらず制作過程というあまり語られることのないところで確かに何かを掴み取っている。そこで掴みとっているものは，これまで私たちがそのようなものがあるとは知りもしなかったようなものである。否，かつては知っていたのだが忘れてしまったものかもしれない。言い換えるならば，それは子どもの頃に感じていた，言葉には表せない「語り得ぬ位相（言葉で捉えることのできぬ位相）」（アガンベン，2007年，84頁／西平，2015年，15頁）といったものかもしれない。そうした，近代科学による経験の剥奪（アガンベン，2007年，27頁）を基盤とした社会では価値や有用性を認められていなかったものとのつながりを持つこと。言ってみればそのように存在することが肯定されていくことに芸術教育の可能性を見出してみたいのである。

2.　自己概念と芸術制作の主体

　近代以降の芸術において「私」という概念は哲学のそれと並行し存在論としての重要な位置を持ち続けてきた。

「私が描く」「私が作る」といったように「私が」何かをなしているという行為者性が私たちの芸術制作の価値を担保してきたということである。またそうした個人が何かを表現するということに価値がおかれることで作品のオリジナリティといった概念はますます意味を強めてきた。つまり，近代社会において自己や自我といった個人の生や意識が尊重されると同時に「私」の意図によって作品が作られるという制作の感覚と自己感が醸成され，価値のあるものとされてきたということである。そうした自己感が，芸術は作者の内的なイメージ，あるいは作者の意図を表象するという価値観を根強いものにしてきたともいえるだろう。もちろん素朴な感覚に立てばこうした考えは間違ってはいない。しかしながら，制作における自己感はそうした作者の能動性だけでは捉えきれない。インゴルドが質量形相論モデルを批判し，「心にある形

を自らは動かない物質に型押しすることではなく，形が生成する素材の力と流れの場に没入することである」(Ingold, 2011p. 211　野中訳 191-192 頁) と述べるように，制作とは一方的に作者の意図を素材によって実現しようとするものではなく，素材からの影響を受けながら，あるいは素材の諸力に身をまかせつつ行われるものなのである。このように制作における自己感とは能動性によって捉えられるだけでなく受動性を大いにともなった自己としてもあるのである。この受動性の感覚とは「作らされている」や「見せられている」「触れられている」といった身体が受け取るようなものとして考えることができる。こうした受動性と能動性を同時的にもつ身体的ともいえる感覚が，作者の能動的な意思やオリジナリティーが重要視されるあまりに軽視され，忘却されていった。いや，むしろそうしたノイズは積極的に排除され，あたかも作者自らが制作の全てを企図していると考えるようになった。

　そして，こうした作者の意識や意思といったものを重視することを陰で支えてきたものは，近代的な自己概念であるデカルト的なコギトであろう。「我思うゆえに，我あり」という命題が自己を認識することの出発点におかれるのである。つまり意識や意思を持った自己が存在することによって自己も自己の表現も生成するということである。私が認識するということ，言い換えるならば，「私が見る」「私が作る」という意識である。

　ところが，こうした存在論やそれに基づく認識は，絶対的な真理であるとは言い難い。「我思うゆえに，我あり」とは私は存在するという意識を私の意識に帰属させることである。あるいは私の意識を私自身に回収することである。しかし，「私は存在する」という意識など持たずとも私は存在している。また私が認識しているものこそ，あるいは私が認識できるものだけが世界であるという自己意識への帰属をせずとも世界は存在している，ということが素朴な実感であるはずなのである。「私という意識」など持たずとも世界や私は存在しているのである。よく考えてみると「私」という意識は「私」が生き物としてこの世界の誕生した瞬間には全くなかったものであり，気づいたら生物として存在している私が偶然「私」になっただけなのである。だから，私が生き物なのではなくて，ある生き物が「私」になっただけなのである。制作

も同様に，私が作っているのではなくて，作っている，作らされているのがたまたま「私」である，ということなのである。主語は常に転倒しがちなのであるが，この主語の位置を適切な位置へと導くことが美術制作とも言えるだろう。

　少し話が飛躍したが，やはり純粋な自己や純粋意識などといったものは存在せず，常に諸力との関係の中を生きようとすることが美術制作に巻き込まれていくことなのである。

　しかし，美術制作が常にそうした意識の転換をもたらすわけではない。とはいえ，美術を美術たらしめる鍵はこのあたりにあるのかもしれない。

　ところで，こうした問題はメイヤスーが相関主義を批判的に捉え，相関主義の外部に，思考不可能ではない実在としての「物自体」を策定することからも理解することができるのではないだろうか。相関主義とは「思考と世界，世界と思考はいつでも互いに相関していてその外に出ることはできない」（千葉，2016, 218 頁）というカント以降の近現代哲学の基本的な態度であるが，人が存在しなくても，あるいは認識できなくても世界は実在しているのである。そのような事物それ自体が絶対的な偶然性によって存在しているということを否定でも肯定でもなくただただ存在させようとすることが美術制作の態度であるのかもしれない。

3.　芸術と探究　現象から物自体へ

　これまで述べてきたように主語（主体）としての私たちは世界の物事には意味があると思っている。そして，その全ての意味を理解することなどできないとしながらも，意味は確かに存在し，分析や経験を続けていけばその真理のようなものに辿りつけると思っている。そうであるから，美術制作は私が「現象」を読み解こうとすることを起点に始められる。つまり「私」はどう見るか，ということである。

　例えば目の前に一つの「りんご」があるとする。私たちは「りんご」の意味を知っている，と思っている。それは「食べられるもの」であったり「赤い色をしている」「どこどこで獲ることができる」などといったように。しかし，よく

考えてみると、私たちが知っているのは、りんごについてのいくつかの意味、ということでしかない（あるいは私にとっての意味）。つまり有限化された意味であるにもかかわらず意味を知っていると思っているのである。もちろん有限化を否定しているわけではないし、有限化は生きることをスマートにする。しかし、同時に私たちはりんごの意味はどこまでも多義的で終わりなく析出されてしまうということも知っている。つまり、意味は無限に増殖していくということを。とはいえ、意味は無限に増殖していくが、私たちにはいつかその意味をすべて理解することができるとも思っているのである。とても不思議でもあるが、こうした意識のあり方が先にも述べたように近代的な意識や科学的な知性を生み出してきたといえるだろう。それは、対象（物）を分解し、どこまでも細分化していくことでその意味を明らかにすることができるという態度であり、まだ意味になりえていない意味が絶えずクラインの壺のように現実界から生成してくるという近代の思考の構造である。こうした構造をコギトが支えている。

　ところが、その意味は本当に細分化することで明らかになるのか。物質を素粒子やクォークといった最小の単位にまで分解したところで、そこにほんとうの意味が書かれているわけではない。むしろ、そこにあるのは底の抜けた void（空虚）である。そして、私たちは void の先に意味の外部、あるいはもの自体を見出すことになるのであろう。しかしながら、意味の外部や「もの自体」は単に意味をどこまでも問い続けることで辿りつけるような地続きの世界ではない。そうではなくて、意味があるはずであるという意識自体を手放すという、ある種の逃走によってしか辿りつけない世界なのである。

　別の言い方をするならば、「現象」を追うという行為から、「もの自体」の世界へと逃走しなければならないのである。

　しかし注意深く考えなければならないのは、千葉雅也が「意味がある無意味」と「意味がない無意味」の違いを明らかにしながら「相対主義」と「相関主義」の違いを述べているように、「現象」から逃走し、「もの自体」の世界へと接続することは、「思考不可能」な実在の影（意味がある無意味）（千葉, 2018, 18 頁）を追うようなことではない。「思考不可能」な実在の影は思考不可能で

あるがゆえに，どんな非合理的な命題でも代入可能であるのだが，そうしたあらゆることを相対化できるポジションはあくまでも実在の影でしかないのである。

　つまり「意味が分からない」ことによって，そこにどんな意味づけもできてしまうということである。実在の影は都合よく利用可能なのである。実在の影を利用することで，あらゆる物語を作り出すことができてしまうのである。だから，意味の外部を単純に相対化された実在の影として理解してしまうとき，実用的な意味を持たない，なんであるか分からないようなもの（例えば作品）に対して「私たち」は意味を付与できるように思ってしまうのである。

　しかし，美術制作は先に述べたように，作者の意識によってなされるわけではなく，素材との諸力の関係といった相対化できない意味の外部を生きることである。

　つまり美術制作はあらゆることが未分化（カオス）で，しかも偶然的であるという世界を彷徨い，意味は分からないがただあることを作り出そうとしているのである。美術制作において何かを作り出すということは，世界から意味のないものを意味のないままに取り出してくるということなのである。

　だから作品とは「意味がない無意味」としての「もの自体」のことであり，即時的に無意味なもののことなのである。美術制作においてこうした「もの自体」へと接続することが制作者と世界との間で交わされる密談なのではないだろうか。しかし，どうしたら「現象」から思考不可能な「もの自体」へと逃走することができるのだろうか。また制作によって「もの自体」の世界へと逃走することにはどれほどの「意味」があるのだろうか。

4. 塑造という行為，かたちのかたち

　例えば，塑造という制作を参照点に考えてみる。塑造という芸術制作行為は近代の芸術を象徴するものの一つにように捉えられる。近代的であるがゆえに塑造という制作はロマン主義的であったり質量形相論モデルといったことに留まったもののように理解されやすい。つまり，先に述べたことに照らしてみれば現象する形の先にドラマティックな実在の影を追うようなものと

して理解されるということである。しかし塑造という制作，言ってみれば極めて古典的な制作方法はポストモダンのその先を思考する可能性が秘められた行為なのではないかと考えている。

　塑造においても制作の出発点では「現象」を追いかけることから始められる。徹底的に対象を見ること，あるいは自己の内的なイメージと対象との関係性を見ることである。そして，その過程の中で対象（モチーフ）や内的なイメージに対して徹底的に意識的になることがかえって，作者自身の意識を弱めていくことになる。徹底的に意識するということは，無限に析出され続ける現象を追い続けることであり，無限の多義性に溺れることである。千葉雅也が「ものごとを多面的に考えるほど，行為に躊躇するだろう。多義性は行為をストップさせる。反対に行為は身体によって実現される」（千葉，2018, 13頁）と述べているように，多義性に溺れることが気づかぬうちに思考を停止させ，身体で行為することを可能にするのである。そう考えると塑造という行為は身体による思考によって相関主義の外部へと抜け出す可能性を秘めているのである。なぜなら，徹底的に見るという行為，言い換えるなら「相関主義の徹底化」の先に事物それ自体を見つけ出そうとしているからである。（つまり形の形としての形を作ろうとしているのである。）

　しかし，先にも述べたように，単に現象を追い続け，意味から逃れようとも実在の影から逃走することは容易ではない。つまり，抜け出したつもりでいてもすぐに意味が立ち現れてしまうのである。

　しかし，そこに素材（粘土）があるということ，もっと正確にいうならば素材－身体があることが，実在の影からの逃走を手助けする。粘土という素材は，作者の意思に対してダイレクトに反応するという優れた可塑性を有している。作者の意思に対して直感的に反応するということは，素材に作者の意思がすぐさま反応すると同時に，それに対する素材からの反応（応答）が示されるということである。こうした素材の反応が同時的に示されるということは，子どもの頃に砂場で砂と戯れた経験や筆に任せるように落書きが増殖していくような経験と照らすこともできるかもしれない。いわば，現れてきたものに身体が反応していくような経験である。このような制作の主導権を

素材に譲っていくようなことは，素材が制作者の働きかけによって，自ら動き出すようなことである。ものを作ることを質量形相論的に捉えることを否定的にみる T. インゴルドは「人々が素材で何をするか，といえば……素材に随うのであって，自ら生成しつつある線を束ね，生きた世界を構成する素材の流動のテクスチュアを紡ぎだすのである」(Ingold, 2011p. 215　野中訳 197 頁) と述べたように，自らは動くことがないように思える素材に制作者がなにかを働きかけることによって，素材が自ら意思を持つかのように動き出す運動性をともなった「場」を生成させるのである。

　このような運動性の生成はドゥルーズ・ガタリが述べたように「素材と諸力の関係」(ドゥルーズ＆ガタリ, 1994, 394 頁) に従っていることを意味する。たまたま思いついてしまったこと，偶然のように現れた現象を素材との関係において形として存在させているということである。つまり，偶然性を積極的に肯定することで作者は素材との関係を生きようとしているのである。そう考えると，作られたものの背後には作られたかもしれない形が無数に存在しているということも考慮されなければならないだろう。

　ところで，素材との関係を生きるということは言い換えるならば，変化し続ける世界を彷徨い歩き回ることで，運動状態にある世界の肌理 (Ingold, 2011p. 211　野中訳 192 頁) を見つけ出そうとしていることである。このような運動状態にある世界の肌理とは，素材 (物質) の流れに従うことでもある (ドゥルーズ＆ガタリ, 1994, 465 頁)。しかしどうしたら，世界の肌理なるものを見つけることなどができるのであろうか。世界の肌理は言うならば変化し続け，振動し続ける世界のことでもある。こうした世界に触れるためにはどうしても身体が必要になる。身体にその判断を委ねること。身体が了解する (腑に落ちる) 瞬間を見定めることなのである。このように美術制作を理解した上で作品とはいったい何かということを考える時，それは「中間に存在するもの」としか言いようがないのではないだろうか。作品は，世界と作者の間に生成するものであるということである。いや「間そのもの」を生成させるということである。ドゥルーズ・ガタリが「芸術は決して一つの目的ではなく，さまざまな生の線を引くための道具でしかない。そして生の線とは，単に

第 4 章　美術制作と哲学と ABR の交差する地点から美術教育を考える　　91

芸術の中で生産されるものではなく，すべての現実的な生成変化であり，芸術の中に逃げること，避難することではなく，活動的なすべての逃走であり，芸術の中に再領土化しようとするのではなく，むしろ，非意味的もの，非主体的なもの，顔をもたないものの地帯へと芸術をさらっていく肯定的脱領土化なのだ」（ドゥルーズ＆ガタリ，1994，231頁）と述べたように，芸術制作は積極的に偶然性に巻き込まれていくような行為なのである。偶然性を絶対的に肯定していくことは意味のなさを肯定することでもあり，自由な主体として自らの身体そして感覚に従って世界を生き抜こうとする態度ともいえるのである。

　このように考えると，塑造という制作行為，ただ単に見て作るという行為，そして素材に応答しながら作るという行為によって作られる形は，作者の意識の産物でもないし，単に外にあるものを模倣するようなものでもないということが理解されるだろう。いわば，そこに現れてくる形は「かたちのかたち」とも言えるような，中間を生成する形なのである。このトートロジカルに表される「かたちのかたち」とは，何かの意味が張り付く以前のただの形なのである。このように言ってしまうと形なら何でもありであると思われるかもしれない。しかしながらこの何でもないただの形は先に身体が了解する瞬間を見定めることである，と述べたように，身体と世界が共振することで生成される形なのである。

　もちろん身体は意識から独立に存在した万能なものでもない。身体とはいえ変容可能性を秘めたものであり，ある種の訓練によって研ぎ澄まされていくものである。こうした身体を身体感受性と言い換えてみるなら，身体感受性を研ぎ澄ましていくことによって作品の質も深まっていくことになるのだろう。すなわち作品の質の深まりと世界の探究の深まりは常に同期的であると言えるのである。

　だから，美術制作によって世界を探究し，深く潜るためには美術的に訓練，美的なプラクティスによって「知覚としての身体」を生成させることが必要不可欠なのである。

5. ボーダレスと逃走

ところで，こうした制作における主体の転換という作用は「制作者からの働きかけ」だったものが，今度は「対象からの働きかけ」になるという線形的で因果性をもったものではない。そうではなくて，それらは往復，反転，循環，絡み合うという複雑系であり，単純には要素還元しえない創発性を持ち，制作の運動性というエネルギーの渦を自ずから生じさせるのである。

それゆえ制作過程における運動性は「見せられたり」「作らされたり」するわけではなくて，見るほどに「見える」ように，作るほどに「作れる」「できる」ようにといった能動でも受動でもない中動相的な意識（木村・坂部，2009 年，24 頁）を浮上させるのである。言い換えるならば，固定された「私」が「世界」と「私」の間に投げ出され「宙づり」にされることで制作者として生成変容する私を生成するのである。そしてこの「宙づり」の状態に投げ出されることで顕になると同時に私の生成を支えるものが「知覚としての身体」である。こうした「知覚としての身体」を制作というプラクティスによって生成することで宙づり状態に滞留し，溺れることなく泳ぎ続けることができるのである。

美術制作によって素材との関係を生き，変化し続ける世界を彷徨うことは制作の運動性の渦に巻き込まれること。制作過程に巻き起こる渦はメタファーとしても読めるが，完全なメタファーであるわけではない。渦は制作者と世界の間にある流体としての世界の姿である。インゴルドは流体としての世界を「ウェザーワールド」（Ingold, 2011, p. 120）と呼んだが，「ウェザー」とは「天気」や「空と空気」を意味するとともに動詞としての「変転する」や「移り変わる」といった意味も有する。つまり「ウェザーワールド」とは大気と大地が入り混じり，生成変容する世界のことなのである。そうであるから，制作過程において作者と素材の間に巻き起こる渦は，メタファーなどではなく，「ものがただのものとして」，あらゆるものの境界が崩れ去った無分節の状態の可視化なのである。こうした変容のプロセスについて西平直は東洋哲学や稽古の思想を深く読み解きながら「いわば，すべての事物が流動的になる。言語によって分節されていた区切りが解け始め，独立した実体としての境界線が消えてゆく。」といい，また「流動的な世界を回復してゆくプロセスである」

（西平，2019，156頁）と述べる。

　つまり制作の運動性に巻き込まれることで，それまで意味という図によって背景に隠されていた豊饒な世界，流動する世界が見えるようになるのである。そのことはクレーが「芸術は見えないものを見えるようにすることである」と語ったように，それまで見えていなかったものの世界，生成変容する抽象的な美の世界の探究を意味するのである。

　このように，制作過程に巻き起こる渦によって制作者は生成変容する世界に内在し，持続する私を生成しながら生の瞬間において，ものそのものがあることの美的な探究を行い続けているのである。

6. ABR と美術教育

　近代的なリサーチは量的研究と再現可能性によって支えられてきたといっても過言ではない。つまり，リサーチの開始以前に目的が設定されており，その目的を達成するために必要な手段を選択していくという目的——手段関係によって成り立つということである。だからこのような思考においては常に予測可能，想像可能な未来が先に見えていることになる。それに対して ABR は可能性（Possibility）の研究といえるようなものであるが，何が起こるか，どんな景色が見えるかはそれを行う以前には決して分からないという探究のあり方のことである。だから ABR の研究は一見すると曖昧すぎて研究とは思えないかもしれない。しかし今は見えないものだからといって存在しないわけではないし，今の「私」には見えていないだけかもしれない。例えば，抽象的な表現を「描く」ということで考えてみるならば，それが描き終わるまでは決して「何が描かれるか」は分からないということはよくあることである。ある程度の大枠で向かう方向は示されていたとしても実際に現出するまでは，「私」が何を描くかということは分からないのである。あるいは ABR から派生した A/r/tography（アートグラフィー）における「歩く」ということにおいても同様である。何のために歩くか，なぜ歩くのかといったことは分からないのだけれど「歩いてみる」のである。もちろん大体の方向は分かっているのだが，とりあえず，はじめてしまうのである。つまり主体としての「私」がその

全体を外部から把握する前にその過程に投げ込まれてしまうのである。そして投げ込まれた過程の中からあらためて新たな自己を立ち上げることができるように，あるいは現実の強度が高まっていくように注意深く，実践が設定されているのである。そうであるから，ABR的な探究を実践する者（参加者）は気づいたら投げ込まれていた過程の中で，そこで起きる偶然性に身を任せていく必要がある。リタ・アーウィンが「混淆としてのアートグラフィーの理論は，人々と概念の間にある異なる関係性を想像したり形づくったりしながら，境界領域の中にある概念や情報や制作物へと自己を投げ込んでいく必要性があることを明確にする。」（アーウィン，2019，46頁）と述べていたように，それまで自明と思われていた枠組みを拒絶する必要がある。だからABRを実践するものは，自分が何を行っているのかわからない不安に立たされることになる。

　しかしながらこのようなABRの実践に参加すれば，ABR的な探究が必ず可能になるかといえば，そうとは言い難い。なぜなら，私たちはその実践が何のために行われているかと問うことであったり，実践以前の「私」といったものを手放すことは容易にはできないのである。私たちは意味を問わずにはいられないし，意味が確定しないことは耐えがたいことでもあるのである。

　それでもなお，ABRの実践に取り組む（迷い込む）のは，デニス・アトキンソンが「非－文法性は既存の枠組みとは異なる，その外部にあるものと関わり，それゆえ倫理的であると同時に政治的な含意を持つ。非－文法的であることは，したがって実践を規定する超越的な宣言による含意やその保全に関わるものではなく，変動や内在性に関わるものなのである」（アトキンソン，2021年，195頁，小松訳）と述べたように，それまでの枠組みを拒絶することで，気づいてもいなかったものを探究し，実は同じ世界の中に，質量形相論な概念によって隠されてしまっている別の時間が流れていたということに気づいていくためでもある。

　そうした別の時間が流れているということは，それまであまりにも当たり前すぎて，疑問を持つことすらなかったさまざまな既存の価値を問い直すことである。あるいは，私たちが見ているものが実は誰かによって既に作られ

第4章　美術制作と哲学とABRの交差する地点から美術教育を考える　　95

たものであり，私たちはその作られたものによって動かされているということに気づいていくことでもある。こうした気づきを得るために，偶然性を積極的に肯定することでカオスの中へと分け入り，既存の枠組みを脱構築しようとするのである。デニス・アトキンソンが教育について「教育の仕事というのは，沈殿した質量形相的な概念（抽象概念）の権力，カテゴリー，既存の実践といったもので私たちの実践理解を要約することを許さない。それは，これらの概念や既存の実践が経験になるからで，経験の「驚き」，あるいはいわば，その不服従によって，私たちの思考を挑発し，別の可能性や機会を生み出し，思考や実践の新たな様式を創造するよう促すのである。」（アトキンソン，2021年，190頁，小松訳）と述べたようにABRを実践することや，美術制作を行うことは，偶然性を信頼し，個人の経験を拡張することで，新たな価値を見出そうとしているのである。

　そういった意味で，ABRや美術制作による探究を実践することは，現在の常識だと思われている知性や質量形相論的でもある学校というシステムへの異議申し立てでもあるし，人が人として本来的な生を生きる経験を回復しようとする試みともいえるのである。

文献

小松佳代子編著 (2018).『美術教育の可能性──作品制作と芸術的省察』勁草書房

笠原広一，リタ・L・アーウィン編著 (2019).『アートグラフィー　芸術家／研究者／教育者として生きる探求の技法』ブックウェイ

西平直 (2015).『誕生のインファンティア』みすず書房

ジョルジョ・アガンベン (2007).『幼児期と歴史－経験の破壊と歴史の起源』岩波書店

ジョルジョ・アガンベン (2009).『潜勢力と現勢力』月曜社

ティム・インゴルド (2011).「作ることのティクスティリティ」『思想』2011年4月号，岩波書店 191-206

Ingold, T. (2011). *Being Alive: Essays on movement, knowledge and description*, Abingdon and N.Y.: Roultledge.

Ingold, T. (2013). *MAKING*. Routledge.

Ingold, T. (2015). *The Life of Lines*. Routledge.

カンタン・メイヤスー（2016）.『有限性の後で　偶然性の必然性についての試論』人文書院，訳者解説，千葉雅也

千葉雅也（2018）.『意味がない無意味』河出書房新社

ジル・ドゥルーズ＆フェリックス・ガタリ（1994）.『千のプラトー──資本主義と分裂病』宇野邦一・小沢秋広・田中敏彦・豊崎光一・宮林寛・守中高明訳，河出書房新社

木村敏・坂部恵（2009）.『〈かたり〉と〈作り〉──臨床哲学の諸相』河合文化教育研究所

井筒俊彦（2001）.『意識と本質』岩波書店

西平直（2019）.『ライフサイクルの哲学』東京大学出版会

井筒俊彦（2001）.『意識と本質』岩波書店

デニス・アトキンソン「芸術の力・不服従・学び　生を構築すること」小松佳代子訳／今井康雄編著（2021）.『モノの経験の教育学　アート制作から人間形成論へ』東京大学出版会

藤田直哉編著（2016）.『地域アート　美学／制度／日本』，堀之内出版

矢野智司（2006）.『意味が躍動する生とは何か──遊ぶ子どもの人間学』世織書房

Klee, P. (1961). *Paul Klee Notebooks, volume1: The Thinking Eye*. Lund Humphries.

第5章

美術教育における知識創造と探究
―エリオット・W・アイスナーの二つの論文を中心に―

池田吏志

1. コンピテンシー・ベースのカリキュラムをめぐる動向

　近年，世界規模で教育改革が行われ，多くの国でコンピテンシーの育成を主とした教育課程にリフォームされつつある。コンピテンシーが概念化される契機となった，OECD とスイス連邦主導による DeSeCo (Definition & Selection of Competencies; Theoretical & Conceptual Foundation) プロジェクトでは，「経済的，政治的，社会的領域や家庭の領域，あるいは公的，私的な個人の人間関係，あるいは個々の人間的成長などを含め，生活の異なる領域への効果的な参加と人生の成功にとって第一に重要だと考えられる一連のコンピテンシー」（ライチェン・サルガニク, 2006, p. 26）が検討された。1997 年から 2003 年に実施された調査及び協議を経て，①相互作用的に道具を用いること，②異質な集団で交流すること，③自律的に活動することの 3 つがキー・コンピテンシーとして提示された（ライチェン・サルガニク, 2006）。

　その後，世界各国の実情に応じて，教育で育成すべきキー・コンピテンシーが検討され，国立教育政策研究所 (2016) によれば，OECD, EU, イギリス，オーストラリア，ニュージーランド，アメリカのカリキュラムを比較した結果，①言語や数，情報を扱う「基礎的リテラシー」，②思考力や学び方の学びを中心とする「認知スキル」，③社会や他者との関係やその中での自律に関わる「社会的スキル」の三種類に整理できたことが示されている (p. 24)。これら

の動向と軌を一として，我が国でも 2017 年告示の学習指導要領では「生きて働く知識・技能の習得」，「未知の状況にも対応できる思考力・判断力・表現力等の育成」，「学びを人生や社会に生かそうとする学びに向かう力・人間性等の涵養」を三つの柱とする育成すべき資質・能力が示された（文部科学省，2017）。

コンピテンシーの育成が求められる背景として，ライチェン・サルガニク（2006）は，複雑な社会状況における環境の持続性と経済成長，繁栄と社会公正のバランスを保持しつつ個人の目標を実現するためには，「ある狭く定義された技能をマスターする以上のもの」(p. 202) が必要であると述べている。同様に，文部科学省（2016）も，近年の AI に代表される第 4 次産業革命により知識・情報・技術が加速度的なスピードで変化し，旧来の知識や技術が急速に陳腐化する状況，それに加えてグローバル化の進展により異なる文化的背景を持つ人達との協同的な交流・労働の機会の増加により，新たな時代に向けた認識枠組みを探す必要性があることを挙げている。

2. 指導（ティーチング）〜学習（ラーニング）〜探究（インクワイアリ）へ

コンピテンシー育成に向けた教育実践に向け，旧来の教育実践の再検討が求められている。それは，"指導 (teaching) から学習 (learning) へ，学習 (learning) から探究 (inquiry) への移行" として捉えることができる。"教育から学習へ" の段階では教育実践の主体が教員から児童生徒に移行することが目指され，さらに，"学習から探究へ" の段階では児童生徒のより「深い学び」（文部科学省，2016）の実現が目指されている。このことは，学習者と知識との関係に関する先行研究の変遷との関連も窺える。先行研究では，学習者が知識を得る場合のモデルとして次の 4 つが挙げられる。1 点目は，フレイレ（2011）やリップマン（2014）が，「銀行型教育」や「平均的枠組み」として批判する，「教育は知っている者から知らない者へと知識が伝達されること」(p. 17) とする「伝達モデル」，2 点目は，学習者が主体となって知識を組み立てる「構成モデル」(diSessa, 1993; Egan, 2010)，3 点目は，問題解決型学習に代表される，他者，事物との関わりを通して知識を使うべき状況に参加し，知識を活用

する「参加モデル」(Lave & Wenger, 1991)，4点目は，コミュニティにとって価値のある新しい知識，人工物，アイデアの生成を中心的な課題とする「知識創造モデル」(Bereiter, 2002; Scardamalia & Bereiter, 2006) である（国立教育政策研究所，2016）。

　2017年告示の学習指導要領では，「主体的・対話的で深い学び」，そして「社会に開かれた教育課程」が標榜され，特に上述の3点目，4点目の知識の活用や新たな知識の創造がこれまで以上に求められた。元文部科学教科調査官で，総合的な学習（探究）の時間の策定に携わった田村ら (2017) は，2030年の近未来を見据えた場合には，ただ単に一方的に知識を教えるだけの教育を行なうだけでは不十分であり，状況に応じて最適な解決方法を探り出し，様々な知識や情報を活用・発揮しながら自分の考えを形成でき，新しいアイデアを創造できる力を持った人材の育成が求められると述べている。

3.　知識創造モデルと学習指導要領

　では，知識創造を伴う学習や探究とはどのようなものだろうか。Paavola, Lipponen & Hakkarainen (2004) は，知識創造モデルに含まれる7つの要素を次のようにまとめている。①既存の知識，技能，プラクティス等を超える「新しい何か」が目指される。②デカルト的な心身を二分する考え方に陥らないように，外界の物の世界と一人一人の心の世界とを媒介する「みんなで作り上げる公共的な知識の世界」が想定される。③人と人との間の建設的な相互作用によって創造される。④各個人の直観や暗黙知，疑問，努力，粘り強さが重視される。⑤命題的，概念的知識を超えている。⑥概念化や概念的人工物の重視，⑦共有物をめぐる相互作用や共有物を通した相互作用が行われる。

　このモデルの特徴について，国立教育政策研究所 (2016) は特に①と②を取り上げ，「活動全体が新しさを目指し，公共と個人の空間を行き来しながら行われる」点，そして「自分一人でなく，周りの人の力も使って，終わらない知識創造に『前向きに』挑み続ける」点が，従来の知識モデルには見られなかった点であるとしている (p. 54)。

　上記の内容を踏まえ，芸術教科はどのように新たな知識の創造に寄与でき

るだろうか。2017年告示学習指導要領の各教科の目標文には，育成を目指す資質・能力の三つの柱ごとに（1）〜（3）として下位目標が提示され，図画工作・美術では（1）知識・技能の項目に「創造的につくったり表したりする」こと，（2）思考力・判断力・表現力等の項目には，「創造的に発想や構想」をすること，（3）学びに向かう力・人間性等の項目には「楽しく豊かな生活を創造」することが掲げられた（文部科学省，2017, p. 129，下線は筆者による）。このように，資質・能力の3つの柱すべての目標文に「創造」が位置付けられ，図画工作・美術が教科として「創造性を重視」していること，そして「造形的な創造活動を目指していること」が明記された（文部科学省，2018a, p. 12）。このことは，独創的な作品を作るといった狭義の創造性の範囲にとどまらず，まさに学びに向かう力として子供達が生涯にわたって創造的に思考・判断・表現し，「文化や生活，社会そのものを作り出す態度の育成につながる」（文部科学省，2018a, p. 12）ことが目指されている。このことを踏まえると，図画工作・美術は上記の創造的知識の育成に最も貢献できる教科でなければならない。

4. アイスナーが示す芸術固有の認識方法

　では，図画工作・美術の学習において Paavola, Lipponen & Hakkarainen（2004）が示す知識創造を実現する探究的学習はどのように実現できるのだろうか。そこで，本章では次に挙げる Elliot W. Eisner（1933-2014）（以後，アイスナーと記す）の二つの論文を取り上げ，芸術固有の認識方法を用いた知識創造に向けた探究の理論枠組みを検討する。一つは，アイスナーが1996年にジョージア大学で開催された教育の質的研究に関する会議で行った基調講演を元に *Educational Researcher* 誌に掲載された，「データの代替形態の有望性と危険性」（Eisner, 1997），もう一つは，デューイ学会からの招待で実施された講演会を元に，*Journal of Curriculum and Supervision* 誌に掲載された，「教育実践について教育は芸術から何を学ぶことができるか」（Eisner, 2002）である。これらの論文を取り上げた理由は，いわゆる科学研究とは異なる芸術を通した認識方法が整理して示されているため，そして，教育研究全般を対象とした芸術に基づく研究の位置付けが示されているためである。

(1) データの代替形態の有望性と危険性（Eisner, 1997）

Eisner（1997）では，研究におけるデータ表現の代替的な形態の長所と短所が提示されている。データ表現の代替的な形態とは，具体的には，物語，絵，図，演劇，パフォーマンス，詩といった，命題的な言説や数量による表記とは異なる形式の表象形態である。論中では，これらを用いた探究のうち，何が研究としてカウントされるべきか，さらには教育における正当な探究の形態とは何かという問いが掲げられている。アイスナーは，「研究の成果物がどのようなものであるべきかという私たちの考えと研究の進め方との間には，密接な関係がある」（p. 5）とし，教育の世界について学んだことを表現するための，「通常は使われない」（p. 5）研究成果の公表形態を検討している。

伝統的な知識の概念において命題，つまり客観的に正しいか正しくないかが判断できる文章や式が中心となっている理由として，アイスナーは，我々の知識観は検証の問題と結びついており，検証は真理の問題と結びついているためであるとする。そして，このような認識論者にとって非命題は不明確で主観的なものであり，検証可能性を損ない，真実を妥協させ，曖昧さを招くものとして受け止められているとする。そして，アイスナーは，このような「検証性，真実性，正確性への懸念が，私たちを経験的な理解の概念から離れさせ，検証主義的な知識の概念へと導いてきた」（p. 7）として，伝統的な知識の概念に対する見解を述べている。

それに対して，アイスナーの問題意識は，「私たちの意識の内容を他者が理解できるような公共の形に変換する」（p. 4）ためには，どのような表象形態が最もふさわしいか，という点であり，私たちの経験がコード化される様々な方法を認めることが提案されている。アイスナーは，論中で *Dead Poets Society* と *School Colors* という二つの映画を取り上げ，分析的に論じた上で（pp. 6-8），物語，絵，図，演劇，パフォーマンス，詩といったデータの代替形態の有望性と危険性を次のように整理している（pp. 8-9 を要約）。

【データの代替形態の有望性】

①他人の人生に共感的に参加することに貢献できる。他者の経験の説明ではなく，読者に経験を呼び起こす力を持っている。

②抽象化では表現できない特殊性の感覚を提供することができる。状況と人々がそれぞれの特徴的な資質を持ち，本物であるという感覚を与える。

③「生産的曖昧性」を提供することができる。生産的な曖昧さとは，提示された形態により複数の視点が現れる可能性が高まることであり，多角的な視点は，現象との関わりをより複雑にする。

④私たちが学習する教育状況に関する問いの多様性を広げる。使用するメディアの中で考えることを学ぶと，メディアそのものが示唆する取り組むべき新しい問いの生成が期待できる。

⑤個人の適性を活かすことができる。研究の創造にさまざまなメディアを使うことで，人間の知性の多様性を活性化できる。

【データの代替形態の危険性】

①代替形態の多くは，精度を提供していない。曖昧さの危険性の一つは，ロールシャッハ症候群である。誰もがデータに独自の意味を持たせてしまい，コンセンサスは不可能である。データは，意味してほしいと思うものは何でも意味するが，何を意味しているのかは誰もわからない。これは，研究にどの程度の精度が必要なのかということとトレードオフされる。また，データやその意味の妥当性をどのように検証するのか，会話が進んでいるかどうかをどのように判断するのかといった質問に対処する必要はある。

②データ表現の代替形態の使用に内在する問題ではなく，データ表現の使用による反発の可能性がある。目新しさや巧妙さを実体の代わりにせず，研究結果がどのような文脈で提示されるべきかを記述する必要がある。

③映像の提示・鑑賞を行う場合の出版システムに関する制約がある。しかし，この問題は，コンピューター技術の発展に伴い，技術的に解消される可能性がある。

このように，アイスナーは，芸術固有の認識方法とその可能性を提示しつつ，内包される短所も示している。そして，意味を深め，意識を広げ，理解

を深めることに何が成功しているかは,「最終的には共同体が決めること」(p. 5)であると述べている。

(2) 教育実践について教育は芸術から何を学ぶことができるか(Eisner, 2002)

Eisner(2002)では,次のことが目指されている。1点目は,"科学的に根拠のある知識を基盤とする一般的な教育観"とは根本的に異なる教育観の根拠を明らかにすること,2点目は,芸術が喚起する思考の形態と,教育が達成しようとするものの概念を再定義することである。

論文の前半では,信頼性が高いとされる効果的な教育実践が,何に基づいて位置付けられ,"科学的に根拠のある知識を基盤とする一般的な教育観"とされるようになったのかという変遷が概説されている。アイスナーは,米国における19世紀の第4四半期を,教育が研究分野として独自のものになりつつあった時期とし,「教育は最初に心理学から指導を受けた」(p. 5)とする。ただし,それは厳格な科学的手法を模したものであり,完全な心理学を用いれば,「すべての人の知性と性格と行動に関する事実がわかり,人間の本性のあらゆる変化の原因がわかり,すべての教育的な力,つまり,他の人やその人自身を変えたすべての人のあらゆる行動がもたらす結果がわかるとされた」(p. 5)時代であったと評している。このパラダイムがもたらした弊害について,アイスナーは比喩的に「学校は効果的で効率的な製造工場になった」(p. 5)と述べている。続く20世紀の第1四半期でもこの傾向は続き,心理学が教育に与えたもう一つの影響として,「科学と芸術が疎遠になった」(p. 6)ことを挙げている。つまり,科学は認知的で,教えられ,有用であるのに対し芸術は感情的で才能を必要とし,装飾的であるという捉えである。この認識により,芸術は予備の位置に追いやられたとする(p. 6)。この傾向は当時だけのものではなく現代にも連なっており,私たちは結果の測定や予測能力を重視し,何を達成したいのかを明確にする必要がある時代に生きているとアイスナーは述べる。テストによる説明責任や到達目標の事前指定といった基準(スタンダード)の設定が是とされる傾向は,目的の均一性,内容の均一性,評価の均一性,期待の均一性を推進し,管理の強化,義務化,測定化の傾向を

強めるとも述べる。このような「秩序の追求，効率性への欲求，制御と予測の必要性は，当時も現在も支配的な価値観」(p. 7) であると述べている。以上が，この論文で前提とされる "科学的に根拠のある知識を基盤とした一般的な教育観" である。

その上で，アイスナーは新しいビジョンとして，教育が芸術から学ぶことができる教訓を示している。このビジョンの輪郭は，ハーバート・リードの考え，すなわち，芸術家とは，分野を問わず，プロポーションのとれた，巧みに実行された，想像力に富んだ作品を生み出すための発想力，感性，技術，想像力を身につけた人たちのことであるという考えに影響を受けたことが記されている。それゆえに，創作活動で必要とする独特の思考形態は，「学生の作品制作だけではなく，カリキュラムの設計から教育の実践，学生や教師の生活環境に至るまで，私たちが行うことの実質的にすべての側面に関連している」(p. 8) ことが主張されている。このように，アイスナーが示す教育が芸術から学ぶことができる教訓は，ある授業や題材，また学校教育実践にとどまらず，あらゆる人の全生活への波及が前提とされていることが特徴である。

では，アイスナーは一般的な教育観とは異なる教育観として，芸術が喚起する思考の形態をどのように再定義したのか。この論文では次の6種類が示されている (pp. 11-14 を要約)。

【教育が芸術から学ぶことができる教訓】

①ルールがなくても行動し，作品の中に現れる無数の質的な関係性を見取り，それを経験・判断し，自分の選択の結果を評価し，修正して別の選択をすること。

②不確実性に心を開き，活動の過程で目的をシフトする柔軟な思考を採用すること。

③表象形式と内容が表裏一体であることに注意を払うことで，特殊性への意識を高めること。

④知ることのできるすべてのことは命題として表現できるわけではなく，私たちの認知の限界は，私たちの言語の限界によって定義されるわけではないこと。

⑤作品を創作するためには，使用する媒体の制約とアフォーダンスの中で考案・実行しなければならないこと。

⑥芸術に触れたときに感じる生命力や感情の高揚が，アイデアの探究，批判的な探究への挑戦，学習意欲をエンゲージすること。

アイスナーは論中で，上述の芸術固有の認識に基づく能力が，現在ますます必要になっていると述べている。その理由として，我々が生活する世界は「質問に対する単一の正解や，問題に対する明確な解決策に従うものではない」(p. 15)ためである。その上で，「芸術が刺激し，発展させる思考の形は，私たちが生きている現実の世界にはるかに適している」(p. 15)とも述べる。これらは学校教育の文化的基盤の再検討も射程として含まれ，アイスナーは二元論を広めてしまう危険性に配慮しつつ，次のように展望している。

　強調したいのは，発見よりも探究を重視し，管理よりも驚きを重視し，標準的なものよりも個性的なものに注目し，文字通りのものよりも比喩的なものに関心を持つような学校教育の文化である。存在することよりも成ることに重点を置き，事実よりも想像力を重視し，測定することよりも大切にすることを優先し，目的地に着くまでのスピードよりも旅の質の方が教育的に重要であると考える教育文化である。(p. 16)

アイスナーの二つの論文で提案された内容は，講演会を元にしたアドヴォカシー論文であり，やや根拠に欠け，スローガン的である点は否めない。しかし，いわゆる色や形の造形とは一線を画す着眼点で図画工作や美術，広くは芸術固有の認識が描出されており，多くの美術教育者の共感と賛同を得ている。その証拠に，この論文と同時期にアイスナーによって提唱されたArts-based Research（以後，ABRと記す）は，多くの課題を抱えつつも，2000年代以降はアンブレラ・コンセプトとして急速な拡大と発展を遂げている（笠原，2019）。では，アイスナーが再概念化した美術固有の認識は，わが国の美術教育における知識創造に向けた探究にどのように転移できるのだろうか。

5. 創造を目指す知識の特質

Eisner（1997；2002）を踏まえ，探究によって求める知識の概念の再定義を試みる。やや恣意的で二元論的になるが，我々が創造を目指す知識の特質を，次のような図式で示してみる。

・1つの明確で絶対的で検証可能な解

VS

・問われている課題や問題はその都度定義・解釈されることが前提となっている。
・状況に応じた複数の可能性や解が含まれる。
・今あるリソースを駆使して導かれる。
・現状を打開し，再考させる何らかのアイデアが含まれている。ただし，アイデアにはリスクも伴う。
・成果物を検討・生成するプロセスの中には発展的な発想や他者のアイデアも含まれ，繰り返し試行錯誤される。
・解に至った経緯やストロングポイントが重視される。
・理解されること以上に他者の共感や合意を得られる。
・ある一つの解は完結したものではなく，次の問いを派生し，議論を呼び起こし，発表・生成後も継続的にブラッシュアップされる。

上記のような特質を含む知識は甚だ曖昧でつかみどころがないように感じられるかもしれない。しかし，例えば教員として直面するのは主に次のような問題である。

・どのような授業をすれば子供が主体的に学ぶようになるのか。
・どうすれば，自分達の学校のよさが地域の人たちに伝わるのか。
・どうすれば，子供と向き合う時間を今よりも確保できるのか。

これらの問いには複数の解があり，その解は置かれた状況によって異なる。なぜなら，対象とする子供や地域の実情が違えば当然有効とされる解は異なるためである。また，前提となる問いの解釈についても，例えば，主体的とは

どのような状態か，授業の中で何に着目しどこに焦点化すればより効果的なのかといった主題や問題の定義が検討されなければ，有効な解は導けない。解決や創造のために使用できるリソースは多くの場合，時間的，空間的，物的，人的，金銭的に有限であり，その範囲の中で最良のアウトカムが目指される。また，社会生活の中では，生活する人たちの多様なニーズや利害があり，それらは常に考慮されなければならない。このような状況の中で生成される知識は常に譲歩や調整を要し，絶対的な解というよりも最適解が目指され，他者との関係において理解以上に納得が求められる。さらに，最適解を具現化しようとした場合には，実行しようとしていることの背景や文脈が説明され，予想される成果が人々に何をもたらすかが説明されなければならない。つまり，解には常に相対性が含まれ，他者との関係の中で導かれる。

　ただし，このような条件的な枠組みを乗り越えるのが一人一人から創発されるアイデアである。アイデアは，その大小を問わず今ある状況を質的に転換し，問題解決以上の飛躍的効果をもたらす場合がある。さらには，現状の枠組みや慣習，進め方を再考し，根本的に変更しうる可能性も持つ。もちろんアイデアの実現にはリスクが伴い，ある一つの行動は賛否を呼び，批判的な見解にさらされる場合もある。しかし，それは議論の場として，改善や再検討の視点が生まれる豊かな土壌となる。

　このように，私達が創造を目指す知識は極めて流動的で相対的であり，明確な輪郭線を持たない。しかし，この曖昧さや複雑さは社会に対して私達を謙虚にさせる。つまり，何かある一つの特定の方法がすべてに適用できるわけではないこと，そして共に生きる人々は代替不可能な人々であり，異なる背景を持っていることに気付けるためである。このことは，教育哲学者のマキシン・グリーンが，アートを通した学びにおける想像力とは「共感的な感情によって他人の立場に身を置く力である」（Greene, 2001, p. 30）と述べたこととも通じる。曖昧さを含む知識はいい加減であったり空虚であったりするのではなく，Eisner（1997）が述べるように「生産的」（p. 8）であり，複層的に多数の構成要素が「折り畳まれた」（笠原・アーウィン，2019, p. 9）状態として捉えることができる。

第 5 章　美術教育における知識創造と探究　　109

6. 図画工作・美術における知識創造に向けた探究とは

　では，上記の課題を踏まえて，図画工作・美術でどのような探究活動が目指されるのだろうか。文部科学省(2018b)によれば，探究活動とは自身の内的な課題を出発点とし，課題設定，調査，分析，考察等を繰り返すことによって探究対象への理解を深め，さらには新たな知見の創出を目指す学習活動の総体である。また，探究はあくまでも一つの決められた枠組みの通りに進められる学習ではなく，多様なプロセスを伴って自律的に物事の本質を探る学習とされる。このことを踏まえた場合，現行の学習指導要領の学習内容では，『小学校学習指導要領』のＡ表現(1)ア，(2)アに位置付けられた「造形遊び」が探究活動に最も近いと思われる。造形遊びをする活動とは，「児童が材料などに進んで働きかけ，自分の感覚や行為を通して捉えた形や色などからイメージをもち，思いのままに発想や構想を繰り返し，技能を働かせてつくる能動的・創造的活動」であり，学習内容は，「想像したことをかく，使うものをつくるなどの主題や内容をあらかじめ決めるものではなく，児童が材料や場所，空間などと出会い，それらに関わるなどして自分で目的を見付けて発展させていく」活動である(文部科学省，2018a, p. 26)。造形遊びは子供の自由な発想に委ねた放任的な活動として誤解・批判をされる場合が多い。しかし，学習で重視されるのは，「つくり，つくりかえ，つくる」という学びの過程であり，過去と現在を行きつ戻りつし，目的や方法を変更したり再構成したりしながら自身の考えを発展・精錬させることが大切にされる。そのため，造形遊びの授業では，"何を"制作するのかが提示されない場合も多く，授業導入時には「材料を○○してみよう」といっためあてが示され，子供達が材料の特質や場所の特性を考慮しつつ○○を自分自身で考案・創出する授業展開が用いられる。そのため，いわゆる科学的な探究で用いられるように，例えば「ハスの葉はなぜ水をはじくのか？」や，「扇状地はどのように形成されるのか？」といったような，ある現象やメカニズムを科学的・収束的に追求する探究とは質的に異なる。図画工作や美術の探究は，造形遊びにみられるように，真実の追究というよりも意味形成や価値形成に適しており，例えば，見過ごされてきたことを一旦立ち止まって再考したり，Barone & Eisner (2006) がイルミ

ネーティング効果と呼ぶ，いままで気づかれなかったことに価値を与えたりすることに適している。その気づきは，最初は不安定で心許ないかもしれない。しかし，その小さな気づきをより説得的にすることが図画工作や美術における探究の主な活動になると考える。例えば，なぜその気づきを重要だ（価値がある）と考えるのか，どの文脈からその重要性（価値）を主張することが適切なのか，どの点がこれまでになかった新しさなのか，自身が発見し主張しようとしている価値は，広くは社会に対してどのようなインパクトを与えることが可能なのか，といったことを調査・考察し，プレゼンテーションすることが，図画工作や美術の探究の過程として想定される。このような探究の方法を用いれば，必然的に一つの物事に対して異なる見解が生まれ，様々な問いや議論が発生する。この議論もまた，図画工作や美術における探究の重要な過程の一つであり，他者との建設的な意見交換や討議は新たな知識を生み出す豊かな土壌ともなりえる。このように，未だ賛否の分かれる進行中の価値を児童生徒が見出し，考察や議論を通してその価値を強化，精錬，発信，修正，適合させることが，図画工作・美術が担う探究であると考える。

7. 図画工作・美術で探究活動を実施する際の課題

　最後に課題を整理する。主な課題は次の3点である。1点目は，時間的，空間的制約がある教育課程において探究はどの範囲で行われるのかという点である。2点目は，探究活動でどの程度個別対応が可能かという点である。児童生徒の興味関心や目標が一人一人異なれば，自ずと評価も異なる。探究にかかる時間や必要となる知識・技能，また，求められる施設設備や学習環境も一人一人異なる。これらにどの程度対応できるのか，吟味が必要である。3点目は，アートを用いた探究の方法論の分かりにくさである。例えばABRは，研究方法そのものも実践者が創作する場合がある。公教育で実施する際には，固定化，権威化，硬直化を避けつつ，柔軟性を残しながらある程度複数のモデルを提示したり，基本的なABRの理念や方法論を，特に先生方に対して分かりやすく伝える必要がある。

文献

Barone, T. & Eisner, E. W. (2006). Arts-based Educational Research. In Green, L. R. et.al (eds.), *Handbook of Complementary Methods in Education Research* (pp.95-109). NJ: Lawrence Erlbaum Associates.

Bereiter, C. (2002). *Education and Mind in the Knowledge Age.* NJ: Lwwrence Erlbaum Associates.

diSessa, A. A. (1993). Towards an epistemology of physics. *Cognition and instruction*, 10(2/3), 105-225.

Egan, K. (2010). *Learning in Depth: A Simple Innovation that can Transform Schooling.* IL: The University of Chicago Press. (キエラン・イーガン著, 高屋景一, 佐柳光代訳 (2016).『深い学びをつくる　子どもと学校が変わるちょっとした工夫』北大路書房)

Eisner, E. W. (1997). The promise and perils of alternative forms of data. *Educational researcher*, 26(6), 4-10.

Eisner, E. W. (2002). What can education learn from the arts about the practice of education? *Journal of curriculum and supervision*, 18(1), 4-16.

Freire, P. (1970). *Pedagogy of the Oppressed.* New York: Continuum (パウロ・フレイレ著, 三砂ちづる訳 (2011).『被抑圧者の教育学』亜紀書房)

Greene, M. (2001). *Variations on a Blue Guitar: The Lincoln Center Institute Lectures on Aesthetic Education.* VT: Teachers College Press.

Lipman, M (2003). *Thinking in Education* (2nd ed.). UK: Cambridge University Press. (マシュー・リップマン著　河野哲也・土屋陽介・村瀬智之訳 (2014).『探求の共同体』玉川大学出版部)

笠原広一 (2019).「Arts-Based Research による美術教育研究の可能性について：その成立の背景と歴史及び国内外の研究動向の概況から」『美術教育学』40, 113-128.

笠原広一・リタ・L・アーウィン編 (2019).『アートグラフィー　芸術家／研究者／教育者として生きる探求の技法』学術研究出版／ブックウェイ

国立教育政策研究所 (2016).『資質・能力［理論編］』東洋館出版社

Lave, J. & Wenger, E. (1991). *Situated learning: Legitimate peripheral participation.* UK: Cambridge University Press. (レイブ, J・ウェンガー, E 著, 佐伯胖訳 (1993).『状況に埋め込まれた学習：正統的周辺参加』産業図書)

文部科学省 (2016). 『幼稚園，小学校，中学校，高等学校及び特別支援学校の学習指導要領等の改善及び必要な方策等について（答申）』
https://www.mext.go.jp/b_menu/shingi/chukyo/chukyo0/toushin/__icsFiles/afieldfile/2017/01/10/1380902_0.pdf

文部科学省 (2017). 『小学校学習指導要領（平成29年告示）』東洋館出版社

文部科学省 (2018a). 『小学校学習指導要領（平成29年告示）解説　図画工作編』日本文教出版

文部科学省 (2018b). 『小学校学習指導要領（平成29年告示）解説　総合的な学習の時間編』東洋館出版社

Paavola, S., Lipponen, L., & Hakkarainen, K. (2004). Models of innovative knowledge communities and three metaphors of learning. *Review of Educational Research*, 74(4), 557-576.

Rychen, D. S. & Salganic, L. H. (Eds.) (2003). Key Competencies for a Successful Life and a Well-functioning Society. Göttingen: Hogref & Huber. (ライチェン，D. S.・サルガニク，L. H.著，立田慶裕（監訳），今西幸蔵・岩崎久美子・猿田祐嗣・名取一好・野村和・平沢安政訳 (2006). 『キー・コンピテンシー：国際標準の学力をめざして』産業図書)

Scardamalia, M. & Bereiter, C. (2006). Knowledge building: Theory, pedagogy, and technology. In K. Sawyer (Ed.) The Cambridge Handbook of the Learning Sciences (pp. 97-118). New York: Cambridge University Press. (スカーダマリア，M・ベレター，C著，河野麻沙美訳「知識構築：理論，教育学，そしてテクノロジー」森敏昭・秋田喜代美監訳 (2009). 『学習科学ハンドブック　第2巻』培風館)

田村学・廣瀬志保 (2017). 『「探究」を探究する　本気で取り組む高校の探究活動』学事出版

第 **6** 章

芸術に基づく探究型学習試論
学習科学の射程から

手塚千尋

1. はじめに

　美術教育実践の研究において，「学習」を対象にした研究は現象学，美学，哲学，教育学，教育心理学，発達心理学，歴史など様々な立場からアプローチされてきている。いずれも，美術の活動や学びを「個人のアイデンティティーに依存し，情動や身体性が伴う個別性の高い複雑な活動」という共通理解の上に展開されてきている。美術教育の特質上，学習者個人のバックグラウンドの違いから生成される意味や形成される学びは多様であり，むしろ多様性と差異性が担保される学習環境のデザインが望まれている。

　図画工作科の授業風景に目を向けてみると，学習者は教師によって提示された課題（題材）を，それぞれの実践知を含む既有知識やイメージの蓄積によって構築された美的価値判断に基づいて解釈し，主題を見出し，思考（ことば，色，形などによる）や造形行為を通して「こたえ」を構築する活動が展開されている。それらは，何を「こたえ（終わり）」とし，そこにたどり着くまでどのような「方法」を選択するのかということも，学習者自身が決定するという，主体的で自発的な学習活動と言える。そのため「学習」の目的は，いわゆる算数科や理科のように確立された形式知の獲得をめざすものではなく，素材や対象物に働きかけて得られる感覚や行為を通して得た気づきや，モノとの相互作用を通した思考を経て導き出された学習者の個人的な「知識」である。美術教育の学びの構造は，そもそも探究的であると言える一方で，「芸術的手

法によって自己と世界との関係の変容を促すような教育実践」(小松, 2019)
として教科教育に位置づけるためには，既存の学校教育や教科教育の枠組み
での解釈と新しい教科教育の在り方の両方の提案が必要である。

　したがって，本章では芸術に基づく探究を「学習」として位置づけ，学習活
動として展開することの可能性を学習科学的知見から考察していく。尚，本
章における「探究／探求」の使い分けは以下の通りとする。主題に対し，リ
サーチ（研究）を通して思考や表現を深めていく活動の総称を「探究」，その活
動のプロセスにおいて物事を追求する行為を「探求」とする。

2.　学習研究と美術教育

　学習科学領域における学習論や学習モデルのほとんどは理数教育の実践か
ら構築されてきている。問題解決における認知プロセスや，それに基づく効
果的な学習環境デザイン，活動の評価方法に関する研究など包括的に進めら
れてきている。一方で，芸術系教育における学習に関する研究は十分に取り
組まれてきたとは言えない状況である。その理由には，1) 単線ではなく複線
状に展開される認知プロセスと情動が伴う芸術による学びは個別性が強く，
いわゆる「学習論」や「学習科学」だけの説明になじまないため一般化されに
くい，2)「表現」のうち「みえる」部分にある表現活動は「みえない」部分の情
動や感性の延長上に展開されていることを推測しながらその探求活動を読み
解くことが求められること，3)「探求」の評価者の主観の影響から，いゆわる
客観性や一般化された到達度に依拠した評価規準とは異なるパラダイムをも
つ評価軸や評価枠を検討することが必要であると考えられる。

　Handbook of the learning science [second edition] でアート（芸術）の学習は，
他領域の科目（数学，科学，歴史，読み書きなど）とは異なる位置づけとされ
ている。Halverson & Sheridan (2015) は，その特徴を以下の 3 点にまとめて
いる

① 　アートの学習は表現領域を中心としていて，他者へ意図を伝えるために
　　表現方法を選択していることが伴うことがある。

② 　フォームと意味（意図）は作品に一体化される；表現は線の質，トーン，

抑揚，テンポなどの繊細なバリエーションで溢れており，結果として（作品は）「意味」として生じる。

③ アート制作は探求とアイデンティティーや文化を考察することの両方が結びついている。芸術的認知活動がその両方と結びついているため。

(Halverson & Sheridan, 2015, p. 626 より訳出)

　以上の主張からは，学習の質，目的や学習過程，学習環境の違いを理由に，既存の学習理論をそのままアート（芸術）教育の学習に適用することへの違和感と丁寧な理論的考察の必要性を読み取ることができる。加えて，「3つの特徴を持つアートの学習が，一般的な学習の理解に潜在的な意味をもつ」と主張されていることからも，アートの学習が多領域の学習とは異なる性質をもつものとして，目的や方法を検討する必要性が示されている。

3. ABR の学習理論検討と課題

(1) 「学習活動」としての芸術に基づく探究

　小松 (2018) は，ABR 実践の事例を，①社会的問題に対峙する芸術家の研究＝制作実践，②芸術大学における芸術家養成の教育実践，③芸術的手法によって自己と世界との関係の変容を促すような教育実践の3つに分類して説明している。アーティストの制作プロセスそのものを「研究」と位置づけるこの方法では，本人の自由な発想と思想に基づく自由で自発的な営みであることが暗黙的に前提となり成立している。探求行為自体がそもそも主体性を帯びた活動であることから，当然ながらABR実践者は自身でそのプロセスを意図的／無意識的にデザインし，その人ならではの探求のサイクルを築いていくことになる。また，そこで用いられる素材や用具，メディアやその組み合わせ，活用の方法もまた十人十色である。

　では，「芸術的手法によって自己と世界との関係の変容を促すような教育実践」を図画工作科のクラス（＝学校教育）で実施する場合，そこで起きる「探求／探究」は「学習活動」として位置づけられるのだろうか。

　デューイは「教育」の目的のひとつを「成長」とし，その特徴を「教育とは

経験を絶え間なく再組織ないし改造すること（中略），活動が教育的である限り，その目的—すなわち経験の質を直接変化すること（デューイ，1915, 2010, p. 127)」という[1]。この考え方によれば先述した造形表現活動に取り組む子どもたちは，イメージ（想像）やモノ（素材），自らの身体を媒介にしながら思考し，自己と対象との関係を絶え間なく更新しながら，自らの経験の質に変化を与えていると説明することができる。早川はこの「経験の意味の豊富化もしくは拡充」する過程を「経験の再構築（reconstruction of experience）」（早川，1994：2)[2]と定義づける。新たな経験をこれまでの経験と関連付けて意味づけることを「学び」としてとらえ，その時に働く「思考ないし熟慮（reflection）＝反省的思考（reflective thinking）」は「経験の質の変化」に寄与すると考えられている。造形表現活動において，素材や材料を対象に自らの行為によって引き起こされた何らかの変化や結果と，イメージやモノを媒介とした行為の間で現れた結果の因果関係を探り，関連性を見出そうとすることそのものを「思考」ととらえることができる。「探求の過程であり，自体を調べる過程であり，調査の過程」（デューイ，1916, p. 236）と説明されるこの「思考」のモードでは「習得（acquiring）」よりも「探求（inquiring）」が優位に働くとされる。主題（テーマ，素材）に基づき，何をどのように表現するか，それはなぜかということに思いを巡らせる「思考」は，反省的思考による経験の再構築によって新たな意味を生成する探求の過程として説明できる。「思考」というレベルで図画工作科の活動とABRの活動を並置したとき，両者の営みは探究的であるという点に共通項を見出すことができる。したがって，「思考」というプロセスに着目すると，イメージやモノを媒介にした認知活動である「芸術に基づく探究活動」を図画工作科の学習活動として展開することが可能と考えられる。

(2)　芸術的知性の構築プロセスとその特徴

小松（2018）は，美術教育の特徴の一つに「発見的な学び」を挙げる。ヴィーコの『学問の方法』で紹介される「トピカ：論拠についての発見の術（ard inveniendi）」と「クリティカ：真偽についての判断の術（ars iudicandi）」の二

つの方法を論拠としながら，トピカ的＜知＞や＜知＞の構築のプロセスを次のように特徴づける。①自ら「やってみる」ことからはじまり，知性以前の感覚・知覚レベルで働く暗黙知や身体知のようなトピカ的（発見的）な実践知が働くこと，②表現者自身が属する社会やコミュニティにおける文化的実践への「参加」だけではなく，自己の問題関心に基づいて「分かち伝えられてきた文化」を捉え直し，新たに世界を構想すること，③美術の関わる「知」は文化や社会と関連しながらもパーソナルなものであること。美術ならではの「わかり方」である「想像力や構想力を含んだ感性的に関わる術」（小松，2018，p. 41）は，以下に示す図画工作科学習指導要領で定義される知識観や知識構築の過程とも重なる。

「なお，ここで言う「知識」とは，形や色などの名前を覚えるような知識のみを示すのではない。児童一人一人が，自分の感覚や行為を通して理解したものであり，（中略）児童が自分の感覚や行為を大切にした学習活動をすることにより，一人一人の理解が深まり，「知識」の習得となる。これは，図画工作科が担っている重要な学びである（文科省，2019，p. 13）。」

図画工作科は，個人的文脈に大きく依存した「知識」を構築していく学習であり，それ故に主体的・能動的に対象に働きかける態度が前提となる科目である。このとき習得が目指されるのは，「実践的な知識と論理的な知識の両方」（ポランニー，1993：19）である。ここで言う「実践的な知識」とはすなわち「暗黙知」である。ポランニーは，形式化が可能な知識である「形式知」が，論理的言語によって伝達が可能なパターンとする一方，「暗黙知」を言語で共有できない個人的な知識としている（野中・竹中，2001，p. 89）。さらに，デューイは暗黙知を「意味をもつもの」として自分自身で「認識」するためには，伝達可能な「ことば」が与えられなければならないという。すなわち，「ことばによる意味化」（デューイ，1925，p. 195）である。この「ことばによる意味化」は，語り（発話）や対話などの言語化するプロセスで自らの学びを自覚し，リフレクティブに学びを深化させる学習科学におけるメタ認知の役割を果たす。図画工作科で大切にされる「ふりかえり」の時間は，自らの造形行為やそこに伴った情動を思い返しながら，そこに意味を与える活動である。ふり返りを通し

第6章　芸術に基づく探究型学習試論　　119

た学びのメタ化は「言語活動」を通して実施されることがほとんどであることから，身体的に探求することを通して形成されたトピカ的＜知＞を，最終的に言語活動を通して形式知へと昇華する過程にも学びの意義を見出していると理解できる。

　ABRを「トピカそれ自体がクリティカになる」，「トピカをクリティカで吟味する」（小松2018, pp. 46-47）活動と定義すると，そのプロセスも「意味化」のプロセスである。ただし，ABRにおける「意味化」に用いられることば＝メディアは必ずしも言語とは限らないのか，それともやはり「言語」が必須となるのであろうか。ABRの探究プロセスにおける＜知＞構築の特色が「芸術」である以上，「ことば」は多様な芸術の様式と解釈するのが妥当である。自らの身体を通して獲得されたトピカ的＜知＞を自分自身も含めて他者へ伝達可能なさまざまな形態でアウトプットすることが，社会における「知の貢献」にもつながっていくのである。野中（1999）やポランニー（1993）のいう暗黙知の役割を考えると暗黙知が暗黙知のまま個人内に蓄積されていくことが，次のトピカ的＜知＞を察知するセンサーの糧になることは間違いなさそうだ。とすると，芸術に基づく探究とは，対象を通して獲得された暗黙的＜知＞を「自覚」し，他者へ伝達可能な形態に落とし込んでいく過程として描くことができる。図画工作科の構造化されたカリキュラム（「表現と鑑賞」，「造形遊び的活動と絵や立体，工作に表す」，「共通事項」）では，学習過程のフェーズとして「つくること＝暗黙知の獲得」と「その過程での気づきをふりかえり，学びを深化させること＝形式知化」が分断された形で授業化されている。一方でABRの場合は，「つくる」と「ふりかえる」がシームレスに循環し，実践者のペースで進行する探求を可能とする。したがって，画一的な授業計画ではなく，個人のペースで「つくる」と「ふりかえる」ことや，曖昧なことを曖昧なまま受容し探求を進めていくことができる仕組みに対し，学校教育がどれだけ寛容さを示せるかが課題ともいえる。

（3）　芸術に基づく探究と学習活動

　エンゲストローム（1987）は，文化—歴史的活動理論（cultural-historical

activity）の立場から「拡張的学習」を提唱している。「学習活動」を，既に存在する世界の内的矛盾から「新しい活動の構造」を生産すること，すなわち「いくつかの行為群からひとつの新たな活動への拡張を習得すること」とする。「学習」そのものだけではなく「学習」のプロセスである「学習活動」へ目を向け，科学・芸術活動と労働活動・社会的な生産的実践，社会的な生活世界（life-world）の「あいだ」を媒介するものと捉える。エンゲストロームは，科学・芸術活動を「『もうひとつの世界（alternative）』の創造を目指す，想像的，実験的実践の，きわめて間接的なモード」（エンゲストローム，1999, p. 135）を有する活動としてとらえ，科学・芸術活動と「学習」を区別しようとしている。その基盤には，「学習」を「真理・美を探究する活動」という考え方がある。「学習」を「真・美の再生産」的活動とし，「真・美の生産」に科学・芸術活動を位置づけて区別しているのである。即ち，「学習」は芸術家や科学者によって「もうひとつの世界」が探究される過程で見出された真理や美を追体験的に味わい，理解する活動としてとらえることになる。この考え方に従えば，「真理・美を探求する活動」である「学習」の方法とは，「真理・美」を見出す熟達者（エキスパート）とされる科学者や芸術家の思考パターンや探究の方法である。これらエキスパートの手法をラーニング・フレームワークとして抽出し，プログラム化することが「学習」の活動化の1つの方法論として浮上してくる。「学習」が「本質的には，科学や芸術の生産過程を再生産」し，「科学的研究や芸術的創造の単純化された再現」（エンゲストローム，1987, 2008, p. 100）と特徴付けられていることから，「真理・美を探究する活動」としての「学習」の実現には，取り扱われるテーマが「真正（authentic）」であることが重要となる。この点は，先述の知識創造メタファによる学習において21世紀型スキル育成を目的とした資質・能力ベースの学習活動や，後に述べる（2巻4章）探究型学習活動のテーマ選出においても共通の視点となる。

　一方で，個別性の高い認知と情動のプロセスにより進む芸術的探究では，芸術家の数だけ，ラーニング・フレームワークが存在することになる。科学的探究やデザイン思考のように学習過程をモデル化することと，個別性を担保することを共存させることが最大の難点とも言える。芸術的探究の学習理論

の確立の困難さは，この点に起因すると言える。

（4）　学習メタファと学習活動

「学習」という営みを再生産的とするか，生産的とするかは知識や学習，哲学的前提をどのように捉えるかが影響する。スファード（1998）は，これまでの学習研究から学習理論を「獲得メタファ（acquisition metaphor）」と「参加メタファ（participation metaphor）」の２つに分類している。獲得メタファでは，学習を学習者の内化・同化と捉え，「多様な経験を通して人間が自ら内的表象を修正していく過程」（大島・益川, 2016, p. 53）とする。また，参加メタファでは，学習を社会・文化的状況に置かれた人工物との相互作用を通した共同体への参加として捉え，「何かを獲得すると言うよりは，様々な状況に埋め込まれた学びという文化的実践に参加できるようになること」（大島・益川, 2016, p. 53）としてとらえる。双方はどちらかが優位であるかという対立関係ではなく相互補完的なものとされている。上記２つの学習理論はバックグラウンドこそ異なるが，いずれも「知識の再生産的サイクル」によるものである。すなわち，既に確立された知識や理解の獲得や，実践へ参加することを学習目標とし，そのための教育活動をどのように展開するかを検討するということである。

　一方で，近年の学習科学は，学校教育の再生産的学習を乗り越える視点として，知識創造型学習が強調されている。パーヴォラ＆ハッカライネン（2002, 2004）らは学習理論における第三のメタファとして「知識創造モデル（knowledge-creation model）」を提唱する。先述のスファード（1998）の２つのメタファによる議論から発展的に提案された概念である。知識創造メタファで想定される学習では，課題に対する「こたえ」が何通りもあったり，そこに辿り着くまでの方法が複数あったりと，獲得メタファや参加メタファとは異なる課題構造が設定されている。「今までにない新しい知識を創造する」（大島・益川, 2016, P. 54）コンセプトをもつ創造メタファでは，先の２つのメタファにおいて知識獲得を再生産的なサイクルとみなしていたのに対し，「生産的なサイクル」に位置づける。また，学習を「私たちの今の理解を超えて新

しい理解に到達するために，知識を吟味して漸進的に問題解決していくプロセス」（大島，2016, p. 92）ととらえている。これら3つのメタファは，例えば協調学習のプロセスでは階層的に現れるものと捉えられている（大島・益川，2016）。

　この学習では，他者との社会的相互作用を通じてアイデアを吟味し，発展させていくことが想定されている。このように知識創造メタファの学習活動では「既に知っている」自らの知識を「対話」やテクノロジなどのツールを活用しながらアウトプットし，協働的に知識構築による過程に学びを見出すことになる。「デザインモードの学び」における学習目標は，先述の2つの学習メタファで語られる学習活動が個人の知識・技能の向上が学習の目的とされるのに対し，「コミュニティ」のアイデアの発展や知識向上が掲げられている。すなわち，個人主義的学習観に立脚していた学習論とは異なり，「個人がいかにコミュニティの知的発展に貢献できるか」という視点が盛り込まれているということである。コミュニティへの貢献という発想は，協働による学習活動過程で構成員や課題の質で変化する状況において，課題解決に向けた思考と「コミュニティにおける問題解決に自分自身をどのように活かすのか」といった社会的な調整と並行して学習活動に臨むことになる。すなわち，課題解決コミュニティにおける「自己」の位置づけを相対化しながら学習活動を展開するということである。

　芸術に基づく探究は，暗黙的に作家や学習者「個人」が主体となって取り組む活動として想定されている。それは，探求の基本的な手法が自己省察によるものであることに起因するが，その先に見据えるのは「社会と自己の関係性の捉え直し」による自己変容である。ヴィゴツキーの「情動ははじめは個人的ではあるが，それは芸術作品を通してのみ社会的なものになり，一般化されたものとなる」（Vygotsky, 2006: 243）は，探究の過程において，社会における自己の相対化無しには成し遂げられない。芸術に基づく探究を学習活動として展開するとき，上記のような経験は，例えば問題の本質を見出す力や，それを可視化するための表現スキルなどのコンピテンシーの涵養につながる。したがって，芸術に基づく探究は新たな学習メタファや学習モデルとして提

案できると考える（表1）。

表1　芸術的探求の学習モデルの検討

	知識創造の学習	芸術的探究の学習
学習形態	グループ学習	個人学習
学習観	新しい理解への到達	自己変容／経験の再構築
学習活動	知識の吟味による漸進的な問題解決	自己省察とアウトプットのサイクルによる暗黙知の形式化
知識観	生産的サイクル	
汎用的資質・能力	協働的問題解決スキル（認知的スキル＋社会的スキル）の獲得	課題の発見と発信スキルに関わるコンピテンシーの涵養
思考パターン	デザイン的思考	アート的思考
活動パターン	問題解決型	課題発見型

4.　まとめ

　本章では芸術に基づく探究を教科教育の学習活動として展開するために，ABR の活動がそもそも「学習」や「学習活動」として位置づけることが可能かどうかを議論することを目的とした。「思考」というレベルで図画工作科の活動とABRの活動を並置したとき，両者の営みは探究的であるという点に共通項を見出すことができる。したがって，「思考」というプロセスに着目すると，イメージやモノを媒介にした認知活動である「芸術を基盤とした探究」を図画工作科の学習活動として展開することが可能と考えられる。芸術に基づく探求を，対象を通して獲得された暗黙的＜知＞を「自覚」し，他者へ伝達可能な形態に落とし込んでいく過程としてとらえた場合，「つくる」と「ふりかえる」がシームレスに循環し，実践者のペースで進行する探求を可能とする活動としてとらえることができた。

　学習論の検討では「学習」という営みを「獲得」，「参加」，「創造」の3つのメタファで捉えたとき，前者2つが（先達によって）既に確立された知識をその対象とするのに対し，創造モデルではグループダイナミクスを通した知識創造の過程そのものを対象にしていた。既存の学習メタファと芸術に基づく探究の関連性に関する検討から，芸術に基づく探究活動は先述の3つのモデル

とは異なるパラダイムで捉えることが妥当であると考察した。

　教育実践として授業デザインに落とし込むときに考えなければならないのが，ラーニング・フレームワークのデザインである。アーティストによるABRでは，探究の手法そのものを開発しながら進められることから，学習活動で追体験に行う場合はそのアーティストの探究プロセスを抽出し，ラーニングフレームワークとして一般化した「ABRによる学習活動」に取り組むことになる。ある程度，探究のフレームワークを学習者に与えることは，探究＝学習の足場掛けとなり，学習者の省察や思考を促すことにつながる。さらにプログラム化された探究活動は，見通しを持った学習活動を可能とするだろう。一方で，学習者の認知的負荷の軽減を図りながらも，芸術に基づく探究の特徴や本質を失うことなく最大限に生かすためのせめぎ合いは避けて通れない。自らの感性を軸に，自らの感性を軸とした探究活動であるABRを教科教育の学習として実現可能性を探ることは，学校教育における学びの在り方の問い直しにも大いに貢献できると自負している。

文献

ヴィゴツキー著, 柴田義松監訳 (2006).『新訳版芸術心理学』学文社

大島純・千代西尾祐司 (2019).『学習科学ガイドブック』北大路書房

大島純・益川弘如 (2016).『教育工学選書Ⅱ　学びのデザイン』ミネルヴァ書房

小松佳代子 (2018).『美術教育の可能性：作品制作と芸術的省察』勁草書房

Sawyer, R. K. (Ed.). (2014). *The Cambridge Handbook of the Learning Sciences*. Cambridge University Press. R.Kソーヤー編, 大島純・森敏昭・秋田喜代美・白水始監訳, 望月俊男・益川弘如編訳 (2018) 学習科学ハンドブック第1巻　北大路書房

Sawyer, R. K. (Ed.). (2014). *The Cambridge Handbook of the Learning Sciences*. Cambridge University Press. R.Kソーヤー編, 大島純・森敏昭・秋田喜代美・白水始監訳, 望月俊男・益川弘如編訳 (2016) 学習科学ハンドブック第2巻　北大路書房

Sawyer, R. K. (Ed.). (2014). *The Cambridge Handbook of the Learning Sciences*. Cambridge University Press. R.Kソーヤー編, 大島純・森敏昭・秋田喜代美・白水始監訳, 望月俊男・益川弘如編訳 (2017) 学習科学ハンドブック第3巻　北大路書房

Sawyer, R. K. (Ed.). (2014). *The Cambridge Handbook of the Learning Sciences*. Cambridge

University Press.

Sfard, A. (1998). On two metaphors for learning and the dangers of choosing just one. *Educational researcher*, 27(2), 4-13.

Dewey, J. (1915). *The School and Society.* ジョン・デューイ著, 宮原誠一訳 (2010). 『学校と社会』岩波文庫

Dewey, J. (1916). *Democracy and Education.* ジョン・デューイ著, 松野安男訳(2011). 『民主主義と教育　上』岩波文庫

Dewey, J. (1925). *Experience and Nature.* ジョン・デューイ著, 河村望訳 (1997). 『デューイ＝ミード著作集4　経験と自然』人間の科学社

野中郁次郎・竹内弘高 (2001) 知識創造社会, 東洋経済新報社

早川操 (1994). 『デューイの探求教育哲学　相互成長をめざす人間形成論再考』名古屋大学出版会

Halverson & Sheridan (2014). Art Education and the Learning Sciences. In Sawyer, R. K. (Ed.). (2014). *The Cambridge Handbook of the Learning Sciences (2ⁿᵈ ed., pp.626-646).* Cambridge: Cambridge University Press.

Paavola, S., Lipponen, L., & Hakkarainen, K. (2004). Models of innovative knowledge communities and three metaphors of learning. *Review of educational research, 74*(4), 557-576.

Paavola, S., & Hakkarainen, K. (2005). The knowledge creation metaphor–An emergent epistemological approach to learning. *Science & education, 14*(6), 535-557.

マイケル・ポラニー (1993). 『佐藤敬三訳　暗黙知の次元』紀伊国屋書店

Engeström, Y. (1987). *Learning by expanding.* Cambridge University Press. ユーリア・エンゲストローム著, 山住勝広・松下加代・百合草禎二・保坂裕子・庄井良信・手取義宏・高橋登訳 (2008) 拡張による学習　新曜社

第**7**章

方法論としての発展と屈折そして継続
海外でのABRに関する理論化と現状と今後の方向性

森本　謙

はじめに

　本稿では，西洋における ABR（arts-based research）の実践と理論化の現状を紹介し，主な傾向や方向性について論じる。あらゆるアートに基づく研究方法の背景には，芸術を通す制作と考察を一つの研究，あるいは研究と同等な行為としていかに正当化するかが大きな課題として ABR の発展から現時点まで問い続けられている。このアートや美術教育の実践は研究として成立しているのか。それはどのような基準によって定められるのか。また研究であるとして，アートとしてふさわしいのか。基盤となる理論や地域的な誤差もありつつも，研究におけるアートの正当化が問題としてあらゆるアートに基づく研究方法の間で共有されていると言えるであろう。また，どのような答えを見出し，そこから生まれる知識や方法が継続される環境を造れるかが今後のアートに基づく研究の先に存在する課題でもある。

　ここで紹介するアートに基づく研究の例はアートグラフィーと関わりがあるものであるが。この偏りは，私自身のアートグラフィーとの関係から生じるものであり，ABR の全てがアートグラフィーと当てはまるわけではない。しかし，アートに基づく研究として，特にアートの正当化の問題に置いて共通の方向性も見られる。本稿では，この方向性を三つの大きな動きに振り分け，それらや今後の課題などについて考察する。

ABR とリサーチ・クリエイションとアーティスティック・リサーチ

　ABR やアートグラフィー（a/r/tography）など，アートそのものを研究の手段として取り込む研究を示す用語は複数存在する。パトリシア・リービィ（2017）のABRハンドブック（Handbook of Arts-based Research）では，アートグラフィーを含む二十九以上の ABR に関連する用語が挙げられている。それらの使い分けや区別は難しく，リービィ（2017）は混乱を防ぐために ABR としてそれらをまとめている（p. 4）。ABR やアートに基づく研究の多くがアートの不確実性を重要視していること，方法論として ABR が他分野の理論や方法論と共に打ち出されていること，異なる ABR の理解を持つ研究者たちによるお互いの文献の引用や共同研究と実践などが ABR や関連するアートに基づく研究の判別を困難にする要素の一つとして考えられる。本稿で紹介される研究の事例も ABR として大きく括られているが，実質的には ABER（arts-based educational research）やアーティスティック・リサーチ（artistic research）やアートグラフィーとして記されている。このような多元的かつ学際的な研究の認識は ABR の特質であり，様々な視点，方法，現場を取り込むことで新たな探究の展開を可能とするのである（Suominen, Kallio-Tavin, & Hernández-Hernández, 2017, p. 104）。

　その一方で，ABR の不透明な定時や交差する複数の用語や認識が ABR の理解を難しくしてしまう傾向もあり，アートに基づく研究を評価するための共通言語を要求するものもいる（Leavy, 2017; Suominen et al., 2017）。ABR における共通言語，すなわち評価基準があれば，アートに基づく研究同士の検証や理路的に ABR の明白な説明が可能となる。しかし，何を基準とするべきなのかだけではなく，全体的な評価基準自体の必要性が議論されている。ABR を一般的な質的研究の準じるものとして理解する場合，社会科学研究の理論や方法をもとに基準を定めることができるが，ABR が通常の研究方法とは異なると述べるものもいる（Leavy, 2017, p. 575）。また，基準を作ることで閉鎖的になり，アートに基づく研究が意図する研究の可能性の広がりを妨げるのではないかと警戒するものもいる。美術と科学研究は必ずしも一致するものではなく，無理に美術を加賀的知性の価値観に嵌め込むと美術的表現

や鑑賞が本来もたらす知的可能性の発揮を妨げてしまうのである（McNiff, 2017, p. 27）。リービィ（Leavy, 2017）は，研究の必要に応じて変化することができる柔軟な基準の重要性について論じている（p. 576）。基準が変化することを前提にすることで基準にとらわれることを阻止するのである。

　ABR における評価基準の有無に関する議論の背景には，アートに基づく研究をいかに研究として正当化するかが問題としてある。研究である限り，ABR の研究者だけではなく，他分野の研究者を説得する必要がある。ここでは，海外でどのように ABR が正当化されているかを質的研究と美術的基準の視点から考え今後の方向性について論じる。

質的研究に当てはまる ABR

　北米での ABR は，研究における視覚的表現の活用から始まる。アートセラピーや神経科学の分野での美術表現を応用する実践の発展から学び，研究方法や表象に美術の過程をいかに取り込むかが重要視されている。初期の ABR は，主に研究の書き出しや発表での活用を見出していたが（Eisner, 1997），今ではあらゆる段階で美的表現の応用が可能とされている。このようなアートに基づく研究は，美的表現を研究過程の内に持ち込みつつも，科学研究方法を基盤としている。例として，インタビュー方法における美術制作活動の応用や研究データの美的表現が考えられる。例えば，サラ・ミスラ（Sarah Misra, 2019）は，ABR の実践でフォト・エリシテーション（photo elicitation）とブログを使うことによって参加者がお互いの経験を語り合い共有することでコミュニティーを築き，共に新たな理解を作ることを可能にしたと述べている（p. 694）。ブログが提供する非同期の現場や画像の使用による緩やかな経験や意見の読み取りがフォーカスグループでのグループ・ディスカッションだけでは得ることができないデータやそれらの分析ができたと考えている（Misra, 2019）。リービィ（2017）によると，ABR は参加型であり複数の意味と読み取りを可能とすることで新しい理解やあり方を示すこと可能にするのだ（p. 10）。美的要素を用いることで一般的な研究方法や伝承方法では不透明な現象を意図としているのだ。

この形式に当てはまる ABR の利点は，研究として受け入れやすいことである。科学的研究としてある程度原型を保っているため，問題は研究であるかではなく，研究の過程としてアートの導入がどのように研究の質を影響するか，それなりの成果が得られるのかである。ただし，ABR が芸術的知性（小松，2021）と関連するものならば，このように研究の道具または手段として扱う方法だけでは芸術の制作や鑑賞から生る探究の可能性を十分に理解できないのではないかと考えることもできる。ショーン・マクニフ（Shaun McNiff, 2019）によると，芸術的な美的探究は物事の標準化に抵抗する，平等主義的かつ普遍的に取り入れやすいプロセスである（p. 24）。このような柔軟な学際性による変革的な探究の過程が ABR の特権であり，一般的な科学研究方法によりそう ABR と，それとは異なる真に芸術に基づく ABR の両方が，芸術と科学研究のあいだを交差しつつ重要視するアートに基づく研究の形なのである。

アートから始まる ABR

ヨーロッパの美術大学から発祥した ABR は，北米の社会科学研究を基盤とする始まりと比べ，アートそのものが示す知的可能性を尊重している。このような芸術を基盤とする ABR は，AR（artistic research）と呼ばれることもある。北米の ABR とヨーロッパを中心に発祥した AR を区別するならば，社会科学研究における芸術の応用に対する興味から生まれたものが ABR と比べ，AR は，学問や知性として芸術制作や鑑賞を成立するために生まれたアートに基づく研究方法である（Suominen et al., 2017, p. 111）。AR にもアイスナーの研究におけるアートの持ち込みに関する理論やアートセラピーの面影がありつつも，研究の一環として芸術作成や鑑賞を理解するのではなく，アートから生じる知性がいかに科学的知識と同等であるかを，アートを通して証明することを目標としている。

セリアン・カマルゴボルヘ（Celiane Camargo-Borges, 2017）によると，AR やアートを原点とする ABR は，一般的な科学研究とは認識論的に違う視点や価値観から展開する研究方法なのである（p. 92）。表現力や想像を動力とする ABR は，理論的かつ客観的に検証することを目的とするのではなく，独

自の主観的な経験をもとに新たな意味合いや価値を展開することを意図している。社会科学研究方法の基準によって評価するのではなく，ABR の特徴にあった基準で評価する必要があるのである。また，そのような考えに従い，ABR 特有の強化基準を定め，議論することによってより生産的な ABR のあり方を追求し，それらを継続させることを目指すものもいる (Suominen et al., 2017, p. 117)。

　その一例として，リカルド・マリンビアデルとホアキン・ロルダン (Ricardo Marín-Viadel & Joaquín Roldán, 2012) は，フォト・エッセイ (photo essay) の構成や検証において幾つかの基準を挙げる中で，視覚的引用 (visual quotation) を入れることを進めている (p. 19)。視覚的引用の意図は，論文で参考文献から参照する箇所を引用するように，論文の文書やそれに含まれるアートを作り出すきっかけとなった視覚的画像を引用することである。このようなアートに基づく基準を作ることによって，ABR におけるアートの歴史的価値を示し，作風や概念の元を視覚的に見せることでABR独自の倫理的機能を果たすことを可能とする。

　しかし，このようにアートを基盤とする基準をあげる際にも注意が必要なのである。カマルゴボルヘス (2017) によると，ABR の知覚は社会的関係性よる複雑な社会構築から展開するのである (p. 96-97)。そのような環境から生じる基準は，文化や法律だけではなく個々の主観性などが影響していることから，必ずしもその基準が全ての実戦に当てはまるわけではない。その現状に従い，研究とは，特に ABR はプロセスの関係性から生まれるものであり，常に環境に影響されているのだ (Camargo-Borges, 2017, pp. 98-99)。一定の基準に囚われ図に，目の前にある研究の展開を促す基準をより広い視野から見定める必要があるのだ (Marín-Viadel & Roldán, 2012, p. 18)。

ポストヒューマニズムと ABR

　ポストヒューマニズムやニューマテリアリズムなど，人間を中心とする世界観を改め，人間は他の生物や環境と対等な立ち位置にある認識から研究を展開する傾向が ABR でも見ることができる。ポストヒューマニズムは，人間

中心的な価値観や知識の展開を考え直し，人間が他の生物や政界と同じ立ち位置にあるという視点から探究を展開すること意図している。

　吉村光代（Kwang Dae（Mitsy）Chung, 2020）は森を散策しながら自然にある材料を使って作品を作る ABR の実践を通して，他の人達だけでなく自然自体も含む他者との立ち回り関する探究を展開している。そして，これは本人が他人に対して一方的に発信するものではなく，その世界の中にある個としてそこにあるものを感じ取りながら応答するように動くことを意図している。吉村（2020）は，小石の囁きから探究が始まったと述べている（p. 46）。

　ABR には，元々研究者と研究対象を平等として捉える傾向がある（Leavy, 2017；Camargo-Borges, 2017）。それに加え，芸術にとって，ものとの関係性や対話が必要不可欠であることを考えると，ABR は，人間や主体を近くの先端から偏心するポストヒューマニズムやニューマテリアリズムの理論と相性が合うように思える。また偏心的な理論と実践を展開することで，人と世界の新たなあり方について探究することが可能である。特に北米では先住民の教えや環境問題をテーマとする ABR の事例が増えつつある。

ABR の世界的流通とその先

　これまで，ABR はあらゆる発展や認識や実践の屈折を繰り返すことで研究として正当化されてきた。科学研究の原型を保つことで社会科学研究として機能するものもあれば，一般的な研究の形式から離れ，芸術特有の知性を元に探究する ABR が存在する。あるいは，注目を受けている理論や研究分野と繋がりを持つ ABR が進められている。中には ABR における「リサーチ」の適正に限界を感じてアートに基づく学殖（arts-based scholarship）として理解するべきだと呼びかけ，それを検証しようとするものもいる（O' Donoghue, 2015；Sinner, 2019）。

　ABR が研究方法として世界的に受け入れられるようになるなか，それをどのように継続されるべきなのかが問われて行くであろう。その際，今までの傾向や事前に定めた方向にとらわれないように気をつける必要がある。エリザベス・A・サンピエール（Elizabeth A St. Pierre, 2016）が述べるように，現

在に縛られている限り，どのようにこれからの方向を定めようとしてもこの先ありうる変化を全て予知することは不可能なのである (p. 7)。ある場所で発展した ABR とそれを説明する基準が別の場所あるいは未来で同じように通用するとは限らない。それならば，必要となるのはこの ABR を保つための評価基準ではなく，これから展開されるかもしれない ABR の可能性を育む基準である。

　ポストヒューマニズムやニューマテリアリズムは，ABR における研究者という人間の立ち位置を偏心させることで今までの基準やその捉えの見直しを可能としている。只々今までの過程を継続するための正当化に意識を向けるのではなく，誰の，あるいはなんのためにその正当化が行われていて，結果的になに継続されていくのかについて考える必要がるのでないだろうか。現在の ABR ではなく，未来の ABR を継続させるための評価基準は一体どのようなものなのだろうか。この点が今後の課題なのではないかと私は考えている。

文献

Camargo-Borges, C. (2017). Creativity and imagination. In P. Leavey (Ed.), *Handbook of arts-based research* (pp. 88-100). Guilford Press.

吉村光代 Chung, K. D. (2020). Walking and dwelling: Creating an atelier in nature. *Artizein: Arts and Teaching Journal*, 5(1), 37-48.

Eisner, E.W. (1997). The promises and perils of alternative forms of data representation. *Educational Researcher* 26(6), 4-10.

小松佳代子 (2021). 美術制作における芸術的知性の涵養　美術・工芸の制作・教育・実践研究　長岡造形大学美術・工芸学科　18-27.

Leavey, P. (2017). Criteria for evaluating arts-based research. In P. Leavey (Ed.), *Handbook of arts-based research* (pp. 575-586). Guilford Press.

Leavey, P. (2017). Introduction to arts-based research. In P. Leavey (Ed.), *Handbook of arts-based research* (pp. 3-21). Guilford Press.

Marín-Viadel, R., & Roldán, J. (2012). Quality criteria in visual a/r/tography photo essays:

European perspectives after Daumier's graphic ideas. *Visual Arts Research*, 38(2), 13-25.

McNiff, S. (2017). Philosophical and practical foundations of artistic inquiry: Creating paradigms, methods, and presentations based in art. In P. Leavey (Ed.), *Handbook of arts-based research* (pp. 22-36). Guilford Press.

Misra, S. (2019). 'The plastic ceiling project': Advantages of using arts-based research to explore the pain of mothers that work and study. *International Journal of Art & Design Education*, 38(3), 691-699.

O'Donoghue, D. (2015). Art, scholarship and research: A backward glance. In M. Fleming, L. Bresler, & J O'Toole (Eds.), *The Routledge international handbook of the arts and education* (pp. 345-358). Routledge.

Sinner, A. (2019). Contested latitudes: When is artwork scholarship? *International Journal of Art & Design Education*, 38(3), 610-617.

St. Pierre, E.A. (2016). Untraining educational researchers. *Research in Education*, 96(1), 6-11.

Suominen, A., Kallio-Tavin, M., & Hernández-Hernández, F. (2017). Arts-based research traditions and orientations in Europe: Perspectives from Finland and Spain. In P. Leavey (Ed.), *Handbook of arts-based research* (pp. 101-120). Guilford Press.

第2部

実践編

第8章

歩き，語り，表し，考え，そしてまた歩く
—東京学芸大学・教員養成における
アートベースの探究／探求の実践—

笠原広一

1. 美術教育分野での ABR の取り組みの難しさ

　近年の日本の ABR の取り組みは，社会学（岡原ら 2020），アートセラピー（伊藤 2018），美術教育（小松 2018, 笠原・アーウィン 2019）などの領域を中心に取り組みが進められている。それぞれの領域におけるアートやリサーチの位置付け，目的や特性の違いによって ABR がそこで何を可能にするのかもまた変わってくる。ABR と美術教育は親和性が高いように思われるが，美術教育で ABR に取り組むことにはいくつか難しさがある。

　まず，美術教育に携わる者にとって，表現や制作活動に探究（求）的要素があることは感覚的・経験的には理解できるが，その仕組みや論理，具体的な過程についてあらためて言葉にしようとすると，それがかなり難しいことだと気づかされる。非言語的に行なっていることや捉えていることを意識的に言語化し，方法的な過程を開示することは，自分が制作をすることとは別の知識や技術を要する。自分が芸術制作に含まれていると思っていた探究も果たしてどういった意味で探究なのか問い始めてみると答えに窮することになる。ABR を通して制作された制作物の様式や表面上の形に着目してみても，ABR だからといって通常の芸術制作と外見上に違いがあるわけではない。そうしたわかりづらさも美術教育の学習者にとって ABR を理解することの難

しさとなる。

　そして長らく美術教育とは第一に「自己表現」活動であると捉えられてきた面があり，自己と表現，伝えたいものと表現内容が対応すると考える表象主義的（representationalism）な理解の枠組みが強固で，それ以外の様々なアートの可能性を理解することを難しくさせる。また課題解決にアートを用いようとすることもアートがもつ可能性を目的的な手法の枠内に限定して理解してしまう点や，アートの批判性についての理解を欠くならば，狭義の有用性や個人の内的世界の表出・表現などに狭く枠づけてしまうことにもなる。そもそもアートは問題を解決するためにあるわけでもない。バロンやアイスナー（Barone & Eisner, 2012）が言うように ABR とはオルタナティヴであるよりは可能性を豊かにするものであり，今までの他の方法や形式とは異なる仕方で私たちの認識や物事への関与の可能性を創りだすことができるようにするものである。こうした点は ABR が美術教育など様々な分野の議論に加わることの一つの有益性であり可能性であろう。私が勤務する東京学芸大学の教員養成系のカリキュラムの中でこうしたアートベースの実践に取り組む際も，こうした可能性による美術教育のアップデートを念頭に置いている。学生や院生との取り組みは，こうした美術教育の新たな可能性を私と共同で模索している実践だと言ってもよい。本章では近年行なった大学や大学院での実践の中で ABR がいかなる可能性を具体化しつつあるかを概観する。

　なおアートベースの「タンキュウ」では「探究」と「探求」の二つがある。学校教育等での調査や科学研究に近い，何か対象事象の性質に関わる解明や理解に関連する知の創出を念頭に置く場合は「探究」を用いている。他方，アートの表現や省察過程を通した自己理解や自己のあり方についての再考，再／発見，生の実存的な生成といった，当事者にとって重要な気づきや間／主観的な知の生成などを問題にする場合，あるいはそうした視点を含む人生における終わりなき追求などの意味では「探求」を用いている。特にアートは個人や集団の感受性や価値意識に働きかける活動や探求となる場合もあり，学校教育の文脈で一般的な科学研究のパラダイムに強く影響された「探究」以外のこうした「探求」的要素が極めて重要な意味を持つことをここで確認しておく。

2. 大学院でアートベースの探究／探求に取り組む理由

　私の場合は広義の ABR の中でもより学生自身の人生に関係する「生きる探求」(living inquiry) としての特徴を持つアートグラフィー (a/r/tography) による実践を中心に取り組むことが多い。アートグラフィーの実践は ABR と同様に，実践でもあり研究でもあるような複数的な側面の統合的実践である。大学院教育学研究科での教員養成のための授業の一部として取り組む実践であると同時に，院生にとってはアートの表現活動であり，研究でもあり，彼／彼女らにとっての自己探求でもある。こうした側面がハイブリッドに分かち難く絡み合った生成的なアートベースの探求であるところが特徴となる。

　アートグラフィーは，a/r/t (アート) と graphy (記述) が組み合わさった活動である。この場合のアート (arts) は美術などの視覚芸術だけでなく詩やパフォーマンスなど様々な芸術様式の活動が含まれる。そしてアートの活動を通じた探求過程の中で，当事者が自分自身の感覚や生といった自己の存在と切り離すことのできない探求になっていく (becoming)，生きる探求化のプロセスを生み出し，生きることになる。アートグラフィーの接頭語の a/r/t が意味しているアートの表現者 (a̲rtist)，研究や探究者 (r̲esearcher)，教育等の実践者 (t̲eacher, practitioner) といった複数的な立ち位置やアイデンティの絡み合いの中で模索されていく活動となる。

　また，アートグラフィーは自分についての探求であるだけでなく，それが同時に自己を取り巻く他者や社会との関係性，世界に関する何かしらの研究へと自分自身を連れ出し，探求を通して自分と世界とのあいだにある無自覚の前提への気づきを促し，その背景にある社会的な問題の位相を浮かび上がらせ，自己と社会との関係性の認識や新たな関与の仕方を創り出していく契機を生み出す実践となる。

　特に美術教育を学ぶ大学院生は，a (artist) /r (researher) /t (teacher) の三つのアイデンティティを最もよく体現している存在であるが，それはアートグラフィーが美術教育を学ぶ大学院生や現職教員らとのアクションリサーチを通して次第に具体化されてきた出自によることは確かだが (Irwin, 2013)，この t̲ (teacher) が意味するものは，教育者以外の様々な存在を当てはめること

が可能であり，教員志望の学生はもちろん，それとは異なる目的を持ちなが
ら，人と人，人と社会との間にアートで何かしらの取り組みを試みていこう
とする不定形な活動の実践者や探究／探求者にも当てはまる幅の広いもので
ある。

　美術教育の大学院や学部でこうした ABR やアートグラフィーなどのアー
トベースの探究／探求に取り組むことは，いずれ自分たちが学校で児童生徒
とそうした取り組みを実践するために学ぶ側面があることは確かだが，それ
以上にまず自分自身にとってのアートやリサーチ，様々なアートにまつわる
実践がいかなる意味を持つようになるのかを，自らの体験を通して体現して
いくこと，実際にその過程を生きてみることが重要な意味を持つ。アートグ
ラフィーへと生成するプロセスを生きることなしにアートグラフィーは生ま
れないように (Irwin, 2013)，実際にそれを生きてみることなしには本当のと
ころ何がどう生成していくものなのかがわからないのである。以下に院生と
取り組んだ東京を歩くアートグラフィー，コロナ禍で大学が全面的にオンラ
イン授業となった際の大学院と学部での ABR 実践を紹介する。

3. マッピング・アートグラフィー「東京ウォーキング」

　2018 年，修士課程の大学院生たちとアートグラフィーによる約 2 ヶ月間
の探究／探求を試みた（笠原＆アーウィン，2019）[1]。同年からアーウィンを
代表とする国際共同研究プロジェクト「Mapping A/r/tography: Transnational
storytelling across historical and cultural routes of significance」が始まったの
もきっかけの一つであった。様々な国や地域の重要な場所や道を「歩く」こ
とを通してアートグラフィーの実践的研究を行い，美術教育やアートベース
の探究／探求の可能性を開拓していく取り組みである。特に 20 世紀後半以
降，歩くことは文化人類学を始め様々なフィールドで研究の実験的で探索的
な手法として意識的に取り組まれるようになってきた (Solnit, 2000; Ingold,
2007)。歩く体験がもつ身体的で感覚的な位相へのフォーカスと省察，それら
をアートの表現を通してより創造的に表現し，自己と環境（世界）との発見
的な意味生成を可能にする実践として，海外の美術教育においても取り組み

が進められている (Triggs, Irwin & Leggo, 2014; Springay & Truman, 2018; Lasczik, A., Irwin, R. L., Cutter-Mackenzie-Knowles, A., Rousell, D., and Lee, N., 2022 等を参照)。受講生は 10 名の修士課程の大学院生である。修士課程となると教員側に想定できる答えや活動の完成形があらかじめ明確にあるような問題を扱うことはほぼない。コースや授業の趣旨と私が取り組んでいる美術教育研究の問題と院生らの関心が重なる点をイメージしながら毎回テーマを立ち上げて一緒に模索を開始する。最初にまず概略的に ABR やアートグラフィーについて説明し，この授業で何に取り組んでいこうとしているのかを伝えた。この段階で，この授業で扱うアートとは自己表現や課題解決案の創出といった目的志向的な活動ではないこと，何かしら自己のあり様に関わる探求として実践していく活動になるであろうことは大まかに伝えたが，そうした活動に馴染みが薄いこともあり，説明に加えていくつか参考論文を読んでもらい (Triggs, Irwin & Leggo, 2014; Irwin, 2013)，アートとリサーチが絡み合った探求活動を進めていくということを少しずつ共有しながら活動を進めていった。

　院生のうち半分は留学生で，ここ数年で来日した者たちである。日本人の院生も国内の様々な大学から入学してきている。この時（当時）は東京で生まれ育った者は 1 名だけだった。私もこの時はこの大学に移って 3 年目だった。自己紹介や研究テーマなどを話し合い，歩いてみたい場所を考えてもらった。上野公園，代々木公園，下北沢，昭和記念公園が候補にあがり，日時を決めて複数人で歩いた。授業時間以外にプライベートで集まって歩く者もいた。メモや写真や動画の記録を行いながら歩く者もいれば，記録は意識せずに歩くことやその場所の体験の実感を楽しむ者もいた。その過程で感じたことや思い起こしたことを翌週の授業で語り合い，体験と対話を通して徐々に自分たちが歩くことを通して感じたことや気になったことを言葉にしたり，絵画や墨絵，写真や動画，短い戯曲等の形で表してみることを試みた。このように歩く中で見たもの感じたことや考えたことを形にしていく中で様々なことが想起され，思考や気づきが触発されていった。

　ある留学生は，朝の清々しい下北沢を歩き，子ども時代に遠く離れた場所

で働いていた母に会いに行った時に手を引かれて馴染みのない街を母と一緒に歩いた記憶が思い出されたという。下北沢の店々のシャッターに描かれたグラフィティを見ては学生時代に別の街の美術予備校に通った時に見たグラフィティを思い起こしたという。こうしたことから過去の自分と母親の写真，現在の自分の写真や街の写真を用いたコラージュ作品をつくり，自分はどんな人間なのか，どんなときに自分を自分だと感じるのか，そしてなぜ今現在ここ（日本）にいるのかを考えていく探求を展開した（図1）。

図1　「街から自分へ—Mapping A/r/tography in Tokyo 下北沢の散策を通して—」（周永閣）奥にあるかつての母と自分の写真と手前の現在の自分。その間には一本の白い線（ライン）が引かれてつながっている。

また，ある学生は，自分は東京で生まれ育ったが，他の学生の話の中にある東京のイメージが自分がこれまで形作ってきた東京のイメージとは異なることに興味を持ち，東京とは何なのかを考え始めた。他の院生と繰り返し歩くことや，江戸や東京について書かれた文献にもあたりながら，「東京」という場所の内と外，その輪郭や境界のあり様に興味が惹かれたという。そして墨絵を描きながら紙の上に広がる墨の重なりや滲みのイメージの生成を繰り返していくことで，東京のイメージとは，内と外，地と図の輪郭や範囲が明確なものよりは，その範囲の先に広がりが感じられる墨絵の方が東京らしいと感

じたという。点と点が微妙に重なりつつも,かすかに個々の輪郭が残っているところに東京らしさを感じたともいう(図2)。歩くこと,調査資料による情報,他の院生がもつ東京のイメージ,図らずも描くことになった墨絵の点の集積や余白,滲みやボケといったイメージ,それらとの間に繰り広げられた探求が,東京らしさへ／自分らしさへの新たな理解を拓いていった。このように次第にこの取り組みが東京についてのアートベースの「探究」であると同時に,自分自身(の輪郭)について考える「(自己)探求」にもなっていることに気づいていったのである。

　このことは授業者の私自身にとっても同様で,今なぜ自分がここにいるのか,これまでの様々な場所での暮らしや出来事,その時見た風景のイメージが無意識下で自分を支える心の風景の眺め(長田2013)になっていたことに,歩くことや写真表現,詩やテクストの執筆を通して気づかされた。

　こうして院生たちはこの取り組みがもはや容易に答えを提示したり,何かが解決できたと言えるような探求ではなくなっていると感じ始めていた。文章(レポート)として何かを結論づけて終わりにすることはできないものになりつつあるのだと言い始めた。そしてこれらの探究／探求が一体何なのかをさらに問うために,作品やテキストを開示し,来場者と一緒にこの取り組みについて考えるための場として,「Mapping A/r/tography:「歩く」から始まる探求」展を開催した(図3)。公開セッションも開催し,来場者に加えてカナダのブリティッシュ・コロンビア大学のリタ・L・アーウィン教授や同博士課

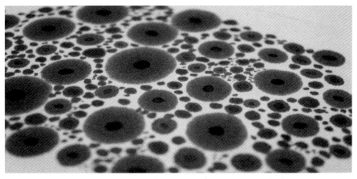

図2　「Horizon series」(石井紗輝),撮影:笠原広一

第8章　歩き,語り,表し,考え,そしてまた歩く　　143

程院生の森本謙氏にもオンラインで参加してもらいながら、この探求が何を生み出し、自分たちにとっていかなる意味や学びを生み出し始めているのかを考えた。

　始めはこの授業が何を目的にしているのか、自分たちは何をすることになるのかもはっきりとイメージできない中で、自らの、そして仲間との歩く体験とその省察と共有、対話や記述、アートの表現での捉え直しと発見を繰り返しながら、徐々にアートベースの探求を生成していった。それは次第に歩くことを通して自分自身を捉え直し、自らのあり方、進んで行こうとしている先を浮かび上がらせていくような、人生と分かち難い「生きる探求」(living inquiry)となっていった。東京ウォーキングを通して私たちが行なったのは、縁あって集った者たちの相互交渉(transaction)であり、ウォーキングによる東京との身体的交渉、省察と対話、アートの表現、テキストの記述による考察、展示や様々な人々との対話と場づくりを通して、自分自身の過去・現在・未来とのあいだのつながりを浮上させ、それらを東京の、そして人生の地図上にマッピングしていったという、生きる探求としての地図製作だったと言えるだろう。

図3　「Mapping A/r/tography：「歩く」から始まる探求」展の様子

4．ABR 実践「都市の余白の創造性──コロナ時代をアートで問う」

　2020年度は予期せぬ新型コロナウィルスの感染拡大に伴って4月から大学は完全にオンライン授業に移行した。2018年度の東京ウォーキングでもカナダの大学とオンラインでセッションを行なっていたが，学部の教育実習関連授業も含め全てがオンラインとなると，実体験とオンラインでできることの差異を埋めるために様々な動画教材を作成する必要があるなど，昼夜対応に追われる日々が続いた。こうしたなか，より積極的にオンラインを活用した授業に取り組みたい，オンラインと対面での活動を組み合わせたハイブリッドな授業を行いたいと思っていた。

　ちょうどその頃，東京オリンピック 2020 が延期となり，イベントがキャンセルされた都内湾岸部（青海）にあるオリンピックパビリオン ART BAY TOKYO（以下，ABT）を使って展示を行う話が飛び込んできた（図4）。すでに授業開始まで3週間を切っていたが，オリンピック中止というコロナ禍を象徴するような事態のなかで，オリンピックパビリオンを使った展示というのはこの状況を考える機会として非常に意味があると考え，時間はないものの二つ返事で行うことにした。ちょうど大学院の授業で ABR をオンラインで行う予定でいたため，探究のベースとなるフィールドと展示を ABT で行う計画へと急遽変更した。

　オリンピックの中止をコロナ禍で都市に予期せぬ「余／白」が生まれた状況と捉え，このように様々なイベントや人々の営みがキャンセルされていくこのコロナ時代とは一体何なのか，「都市の「余／白」に生まれる創造性」を院生たちへの問いかけのキーワードとして，授業開始から展示終了まで約1ヶ月半の予定でアートベースの探究を開始した。

図4　ART BAY TOKYO

　最初にABRについてオンライン・レクチャーを行い，ABTをフィールドとして授業を行うことを伝えた。次に学生とABTを訪れ周辺を歩いた。広大な空間にカラフルな花が整然と植えられており，この一帯がオリンピック用に開発されたことが見て取れる。このときは10月だったが，4月の大学院入学以来ここで初めて同級生と対面した院生もいた。その後，ABT周辺を歩いた感想やコロナ禍の中での生活や思いなどをオンラインで話し合いながら追加のフィールドワーク，作品制作，対話を重ねながら探究を進めていった。コロナ禍で冷酷にも止まったものや変わってしまった現実も多くある一方で，変わらず止まらない人間や自然の営みがあることも見えてきた。こうした探究を進める中で，院生たちはコロナ時代の中にある種の「あたたかさ」があること見出し，探究のタイトルを自分たちで「あたたかい停止」と再設定した。

　久しぶりに大学を訪れ，自転車に植物が絡み付いた様子を見て，人間の関与がキャンセルされた世界を描き出す学生（図5），2mのソーシャル・ディスタンスを取って絵画を公開制作し，来場者とコミュニケーションを生み出す学生（図6），コロナ禍前後で変わったものと変わらないものをSNS経由で人々に投稿してもらって展示し，写真の集積からコロナ禍前後の不／変を考える学生もいた（図7）。コロナ時代を「あたたかい停止」と自分たちなりに定

義する新たな視点を生み出し，作品制作や展示，SNSやオンライン・トークセッションを通じてこの取り組みや問いかけを多くの人々と共有しようとして活動を展開した。これまで当たり前だと思っていたものが変化する姿を目の当たりにするなかで，いわば背景と前景の逆転などを捉えながら，コロナ禍の中で私たちが感じている違和感や無／意識的な変化が何なのかをアートを通して浮上させていった。最終的には，コロナ時代とは一体何なのか，この先をどう自分たちは生きていくのかを考える取り組みになっていった。

　確かにコロナ禍は多くの変化をもたらした。普段決して止まることのない

図5　「Gaze at...」より　井上七海

図6　「キャンバスと「2m」の距離をとり絵を描く」（公開制作）　清永桃花

図7　「みんなの大切な写真―2020の前と後―」　下地華菜恵

第8章　歩き，語り，表し，考え，そしてまた歩く　　147

人間社会の動きを止め，想像すらしたことのなかった人間の尊厳にまつわる冷酷な事態も多々生み出した。しかしその中で，それまで見ることのなかった都市の中の自然の生命力や，普段気づくことがなかった身近な人との繋がりの暖かさに気付き直すことや，図らずも人間（社会）の集団的な無／意識を逆照射する機会を持つことにもなった。急激な変化への適応の中で無自覚に変化に慣らされてしまうのではなく，わずかな違和感や痛み，奇妙さや新鮮さ，動きだけでなく静けさにも敏感になり，自分たちの身体感覚を開き，パーソナルな生活感情，アートによる表現と省察，対話と思考のスパイラルを通して，この「都市の「余／白」」の中に立ち現れてくるものを手繰り寄せていった。そこにコロナ禍の困難な状況を見る，生きる，あらたな創造性の萌芽を見出すことができた。それがこれらの探究であり，作品であり，一連のプロセスであり，院生たちが「あたたかい停止」と命名したものたちである。この実践は共に未曾有の困難な状況を生きる美術教育を学ぶ院生たちによる時代と社会状況への問いかけであり，コロナ時代を生きる，アートベースの探究／探求の姿であった。

5. ABR 実践「In/visible Gaps　あるけどない，ないけどある―不／可視のズレ―」

　前節では大学院での実践を紹介した。年度が明けて 2021 年 6 月，まだオンラインの授業が続いていた。前年度に行なった ABT での実践を踏まえ，学部の授業「美術演習」で同様の取り組みを学部 2・3 年生 20 名を対象に実施した。やはり大学で実施することができないため，今回は JR 原宿駅から竹下通りを通り抜けた先にあるデザインフェスタギャラリーで展示やオンライン・ギャラリートークの配信を行うことにした。昨年同様，授業がオンラインのため，大学内で学生同士が対面で出会う機会がないため，学外で展示を行うことで束の間の交流の場をつくることも目的の一つであった。

　この実践に割り当てられるのは 3 回分の授業で時間がかなり限られていた。第 1 回で授業の趣旨を説明し，テーマについて話し合い，第 2 回で実際に何らかのアートワークを形にすることを試み，第 3 回ではギャラリーで展

示設営を行い，期間中に1回ギャラリートークを行うというタイトなスケジュールだ。「In/visible Gaps」と題し，コロナ禍の中で，見えるもの，見えなくなったものや気付かれ難くなったもの，見えないけれどあるもの，逆に見えるようになったもの（なってしまったもの）など，見えることと見えないことのあいだを，「あるけどない，ないけどある―不／可視のズレ―」として探究していくことにした。

　日々のコロナ禍の中で，あったはずのもの，なくなったもの，あるけど今は別の形であることになっているものなど，様々な存在と喪失とその置き換えが発生しています。同時にこれまで見えなかった社会の様々な歪みが可視化されたり，同時に何かが見えなくなったりします。そしてこれらはあまり明確に意識されないなかで刻々と進行しています。この，あるけどない，ないけどある，そんな見えることと見えないことのあいだ（in-between）にある「不／可視のズレ」（In/visible Gaps）を，アートを通して探究し，今，私たちの中に，周囲に，起こっていることを考えてみます。（フライヤーより）

第1回で今回のテーマやABRなどのアートによる探究について説明した後，コロナ禍の間の生活や自分自身にまつわる出来事や思いなどをオンラインで語り合い，聴き合ってもらった。そうしたエピソードを通じて，あるけどない，ないけどある，見えることと見えないことのあいだ，に触れるような出来事や手がかりを見つけていった。

第2回では前回で意識にのぼったことや気になった出来事や事象について何かしらの形で表したり，それを形にするアイディアについて話してもらった。私からも質問や感想を返し，どのような方向性で制作し，その中でいかに探究を広げ，深めていけそうか話し合った。

第3回，いよいよ展覧会の設営となった。設営に作品をもって集まる者もいれば，友人に作品搬入を託してすべてオンラインのみでの参加となる学生もいた。展示期間が短いため設営は前日としたため，作品搬入だけでなく，ギャラリーに来る途中で作品の動画を撮影する者や，到着後に周辺を散策

第8章　歩き，語り，表し，考え，そしてまた歩く　　149

し，素材を集める者もいた。また，アートによる探究とはどのようなものか，いまひとつイメージが掴めないといって他の学生に話を聞く学生の姿も見られた。アートの活動をオンラインのみで行う場合，実際に場を共にすることで起こるイメージの共有やアイディアの触発が難しくなる場合がある。オンラインで個別に進めるとなると，教室で何気なく友達に尋ねたり，隣で誰かが行なっていることを見ることもできないため，伝わり難いもの，言葉だけでは伝えきれないもの，場の力が影響するような学習や制作は対面実施に比べて難しくなる。いずれにせよ，自分の中にあるものを作品に表すというわけではない（だけではない）アートの実践に取り組むなかで，コロナ禍の中でいかなる不／可視のズレがあるのか，なんとか探究を進め展覧会がスタートした（図8）。

　学生たちが行なった探究は実に様々である。ある学生は今まで見えていなかったものへの気づきによって，物事への認識や理解は紙一重であることに気づいた。In/visible, dis/agree, un/happy, 無／理, fe/male, im/possible のように意味が変わる接頭語を赤字にし，赤いレンズの色眼鏡を着けたり外したりすることで接頭語が見えたり見えなくなったりし，それによって言葉の意味が変化する作品を制作した（図9）。コロナ禍で自宅のパソコンの前に座ることが多くなり，眼鏡の度数が合わなくなり，眼鏡を新調した際にブルーライトカットのレンズの色味によって風景がとても新鮮に見えたこと，その眼鏡を外したときに見え方が違ったことがこの探究のきっかけになったという。文字通り色眼鏡を外して世界を見ることとは一体どういうことかを考えながら探究を進めたという。コロナ禍は強制的に私たちに色眼鏡（レンズ）の着／脱を迫ったとも言え，別の色眼鏡を着けさせたとも言える。重要なのはそれら見え方の差異に自覚的になることかもしれない。

図8 「In/visible Gaps あるけどない，ないけどある―不／可視のズレ―」
（フライヤーデザイン：高橋美花）

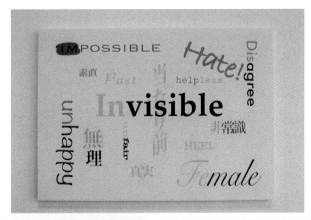

図9 「色眼鏡」（3点）河野芽唯

第8章　歩き，語り，表し，考え，そしてまた歩く　　151

別の学生はコロナ禍の中で私たちが気にかけるようになった「ふれる」ことについて探究した（図10）。

　2020年から，私は「ふれる」ことに対して以前よりずっと臆病になった。電車のつり革，階段の手すり，歩行者用のボタン……。そのどれもが作られた目的をもち，道具が道具としての役割を全うするためには非常に重要な部品である。にもかかわらず，今の私はふれることをためらい，時に見て見ぬふりをし，何度も諦めている。以前からずっと変わらず見えているし，そこに『ある』のに，ここ1年で『ない』ものになってしまった。あらためていつもの風景を眺めてみると，ふれることへのためらいによって私の日常からなくなったものはたくさんある。自販機は使わなくなった。自分の手でひねる蛇口は避ける。「お乗りの際は手すりにつかまり……」の声に，ごめんなさい，

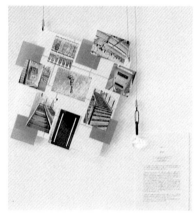

図10　「ためらい」（3点）稲冨睦子

と心の中で謝る。いつでも、「もしかしたら」を考えてしまう。公衆電話はただでさえ使わなくなっていたし目にすることも少なくなったけれど、もう本当に絶滅するかもしれない。あれ、家のドアを押すのってこんなにためらうものだっけ。こんなにたくさんのものを「ない」ことにしていたっけ。

（ステートメントより）

　今までためらうことなく触れていた身の回りのものたちに触れることに私たちは一瞬ためらいを感じてしまうようになった。そして「ある」のに「ない」ものになって（して）しまったこれらの手で触れるものたちを、この学生は画面上から消し去った。蛇口、自販機など見慣れたものが描かれているが、そこに一瞬違和感を感じるのはそのせいである。ステイトメントには小さな文字でメッセージが書かれ虫眼鏡が吊り下げられている。鑑賞者は文字が小さいと思ったとき虫眼鏡を手に取るだろうか。それともためらうだろうか。私は虫眼鏡を手に取って文章を読み、小さな文字で書かれたこの探究の意図を知ったときに虫眼鏡を握っている自分にハッとさせられた。作品が傾いて掛けてあるのは、鑑賞者が気になって触れて角度を直すことを想像したときに一瞬ためらいを感じることも意図している。この傾きもまた作者から投げかけられた、この不安な時代を生きる私たちへの問いかけなのだ。

　前年度に大学院生と始めたオンラインレクチャーと都内ギャラリーでの展示とギャラリートークはこうして学部教育へと広がっていった（図11, 12）。普段の私たちの生活や身近な出来事の中には時代の変化や社会的な出来事と深く連動しているものが無数にあるが、そのつながりは見えにくい。マスメディア上の大きな言葉やSNS上の呟きなど、私たちは他者の経験と言葉の渦の中に暮らしている。しかし、ふと自らの気持ちを静かに捉え直し、身近な出来事についてたどたどしくも言葉にし、聴き合い、何かしら形にしてみることで、自分の身に起きていることや自分を取り囲んでいるものに気づくことができる。そこに様々な外部の声と共通するものや差異も見えてくる。見えないものに形が付与され、そのプロセスが別の疑問や発想を呼び起こし、こ

第8章　歩き、語り、表し、考え、そしてまた歩く　153

の出来事が持つ意味や可能性が徐々に具体化されていく。アートを通じて何かを探究すること，アートという探究。それが実際にどのようなものか，自分たちの存在と社会とのあいだの不／可視の重層的な絡み合いをどのように可視化し，解き，新たな織りを，あるいは絡みを生み出していくのか。こうしたアートベースの探究の取り組みを通して学生たちはその可能性を自らの体験や感情の延長上に具体化していった。私もまたそれらを通して，この時代に何が不／可視であるのかを知るのである。

図11　展示風景

図12　オンライントークイベントの配信

6. アートベースの探究／探求の面白さと可能性

　このように，大学院と学部でABRやアートグラフィーなどのアートベースの探究／探求に取り組んできた。そこで感じるのは多くの学生にとってアートを通して何かを考える，見出していく，探究／探求していく，というのは当初はイメージすることが難しかったということである。アートは何かを形に表す技術のことで，多くの場合それは「再現」する技術のことだという素朴な理解と強固な思い込みがどうしても前提にあるためである。しかし必ずしも「再」現すべき元となるイメージやテーマがあるものばかりがアートの対象になるわけではなく，問題自体が容易に見えない場合や，それをどう捉えるかが問題となる場合もある。そうなってくると一体「何を表せばよいか」がわからなくなるというわけである。たとえ具象画であっても既知なるものを視覚的に単純に置き換えることがアートなのではなく，一見再現的に表現しているように見える場合も，そこにそれ以上のものが折り畳まれている。そのことを理解していくにはカリキュラム上のアートや美術教育について考える時間も足りなければ，自主制作や研究の時間も，多くのアート作品や展示やプロジェクトを見る（参加する）時間も，学生たちの日々の生活の中には十分ではないように感じる。特にコロナ禍の中ではそうであった。しかし，ここに示した院生や学生たちの例は，そうした理解や探究／探求が十分可能であることも示している。いずれの場合もその過程ではどうすればよいかわからないと口にする学生も少なくなかった。しかし徐々にこうしたプロセスを歩み始め，一度何かしらの探究／探求を具体化し得た後は，今後は初めにどうすればよいかわからなくても大丈夫だと思えるようになったという感想を述べる学生が多かった。あらかじめイメージがつく想定されたものに落とし込むのではなく，思いもかけないものが浮かび上がってくることやもたらされること，そうした「出会い」の方がアートでは重要かもしれない。既知を超えていくメタ／技術であること，主体の意図を超えた何かが生成し到来する，そんな出会いにひらかれた生を生きることがアートベースのプロセスにおいては重要であると思う。そうした探究／探求の糸が出会い，交差し，絡まり，新たな地／図を浮かび上がらせるところがその面白さであり，可能性なのだと

思う。

文献

Lasczik, A., Irwin, R. L., Cutter-Mackenzie-Knowles, A., Rousell, D., and Lee, N. (Eds.). (2022). *Walking with A/r/tography*. Cham: Palgrave Macmillan.

Barone, T., Eisner, W. Elliot. (2012). *Arts-based research*. CA: Sage.

Ingold, T. (2007). *Lines: A Brief History*. NY: Routledge.

Irwin, R. L. (2013). Becoming a/r/tography. *Studies in Art Education, 54* (3), 198-215.

伊藤留美 (2018).「アートベース・リサーチの展開と可能性についての一考察」南山大学短期大学部『南山大学短期大学部紀要』, 203-213.

笠原広一, リタ・L・アーウィン (2019).『アートグラフィー──芸術家／研究者／教育者として生きる探求の技法』Book Way.

小松佳代子 (2018).『美術教育の可能性──作品制作と芸術的省察』勁草書房.

岡原正幸 (2020).『アート・ライフ・社会学──エンパワーするアートベース・リサーチ』晃洋書房.

長田弘 (2013).『なつかしい時間』岩波書店.

Solnit, R. (2000). *Wanderlust: A History of Walking*. NY: Penguin Books.

Springay, S., Truman, E. S. (2018). *Walking Methodologies in a More-than-human World: WalkingLab*. NY: Routledge.

Triggs, V., Irwin, R. L. and Leggo, C. (2014), 'Walking art: Sustaining ourselves as arts educators', *Visual Inquiry: Learning & Teaching Art 3* (1), pp. 21–34, doi: 10.1386/vi.3.1.21_1

註

1 この実践の詳細については以下に収録。笠原広一, 貴栄, 周永閣, 和展丞, 鄭　珊, 仁科太一, 石井紗輝, 田嶋渓, 庄司理瀬「マッピング・アートグラフィー東京ウォーキング」, 笠原広一, リタ・L・アーウィン編 (2019).『アートグラフィー──芸術家／研究者／教育者として生きる探求の技法』Book Way, 321-350.

第9章

美術系大学院におけるABRの実践

小松佳代子

　Arts-Based Research は，そのまま訳すと，アートに基づく研究ということになる。「アートに基づく」ということがどういうことか，ABRの理論と実践を追いながら，しばしばわからなくなることがあった。「アートに基づく」方法は，ワークショップや授業などにおいて，アート活動をすることで参加者の省察を促すもの，アート活動によって作られた作品を研究のデータにするもの，研究者の思考や探究のプロセスをアート的な手法でアウトプットするものなど，様々である。それに対して，美術系の大学においては，アート活動が日常の学習であり研究である。美術を専門としない学校や大学で，授業や研究にアートの要素を敢えて入れることによって，既存の教育や学問の方法論を問い直していくことと自ずと異なってくる。アート作品をデータとして用いるといった手法に対しては，どうしてもアートを手段と見なしているような違和感を覚えることもあった。

　美術系大学で研究をしてきた私たちにとって，アートをベースにするとは，やはり日々の制作活動を制作者自身が省察することによって始めるしかないのではないかと考えた。制作者自身による自己省察をもとにした研究であることを示すために，ABRを「芸術的省察による研究」と敢えて「誤訳」することまでした（小松, 2017）。筆者が，東京藝術大学大学院美術教育研究室で2014年からABRの研究や実践を始めて以降，制作者でもあり研究者でもありその立場から美術教育に関心を持っている大学院生たちは，展覧会（ABR/

第9章　美術系大学院におけるABRの実践　　157

RBA 展 2015 東京藝術大学）や論文によって，自らの制作への省察を深めて行った。ABR を標榜する修士論文が提出され，その成果は論文集としても出版された（小松編著, 2018）。

　ABR を通して美術の研究方法論を探ることと並行して，私たちには，現在の美術教育を問い直すという研究目的があった。ABR を美術教育に取り入れることは可能なのか？　その問いは，同時に美術の専門教育と学校での美術教育とを分断せずに考えるための方途を探ることでもあった。両者を接続するためには，美術制作者が働かせている知性とはどのようなものであるのかを明らかにすることが必要であると考えた。それを「芸術的知性」と呼んで，その内実を明らかにすることを目指して研究を進めてきた。科学研究費助成事業「教育空間におけるモノとメディア——その経験的・歴史的・理論的研究」（2015 年か 2017 年度, 研究代表者今井康雄）において，東京都現代美術館の展示「紙の仕事」における作品を鑑賞した子どもたちが，同じく紙を使って制作した作品を撮影し，それらの作品に呼応して美術制作者がやはり紙を使って制作する。それらの作品写真とその他のイメージを配置してアトラスをつくることを試みた。この研究成果は第 23 回美術教育研究会大会において「パピエアトラス」という作品として展示発表を行った（2017 年 11 月 17 日東京藝術大学）。またその研究経過については，同科研の成果報告書に記録されている（今井康雄編 2018）。

　2018 年度から筆者は長岡造形大学大学院に移った。この年から，理論と実践の両面から専門性を高め新たな価値を創造する能力を修得する大学院へと再編された同大学院において，ABR を一つの柱とすべく研究を進め，科学研究費の助成を受けた以下の研究に取り組んできた。「判断力養成としての美術教育の歴史的・哲学的・実践的研究」（2018 年度〜 2020 年度, 研究代表者小松佳代子）「Arts-Based Research による芸術を基盤とした探究型学習理論の構築」（2018 年度から 2020 年度, 研究代表者笠原広一）。

　ABR においては研究のあらゆるフェーズで芸術的な探究がなされるのであれば，研究の成果は必ずしも論文でなくてもいいのではないかと考えた。だがどのような作品が ABR と言えるのかということは明らかではなく，それ

を考察するために,「ABR on ABR展」(2019年3月23日から4月7日, 長岡造形大学ギャラリー他)を企画した。この展覧会では, 個々の制作者が日常的に制作している作品とABRの成果としての作品とを並べて展示した。ここで展示された作品を参照すると, ABRとしての作品制作は, 制作プロセスの開示や, 作品コンセプトにまつわる思考の顕在化, 自らの制作に対するメタレベルからの批評性というものを含むと言えるのかもしれない。しかし作品を見るだけでは, ABRとしての作品も, リサーチをもとにした作品 (Research-Based Art:RBA) も, あるいはリサーチを含まない作品も, 鑑賞者にとっては区別がつかないし, そもそも作品が内包するリサーチを見ることが美術鑑賞の目的であるわけでもないだろう。2019年3月23日には, アーティストトークと研究会を行った。そのような形で制作者がかなり詳細に語ることができれば, それは研究成果と見なされるのかもしれないが, それでは作品展示とは呼べないだろう。

　ABRの作品からさらにリサーチを展開するには, それについて分析する論文を新たに書くしかないのだろうか。わたしたちは, 分析的な論文とは違う形でABRの作品を受けとめるために, 相互批評という試みを行った。「ABR on ABR展」に出展した美術制作者6人が相互に他の作品群を批評することで, 分析的な考察とは異なる理論的展開を求めた。この成果は, 2019年10月20日に東京学芸大学で開催された研究会において発表し, 上記「判断力養成としての美術教育の歴史的・哲学的・実践的研究」の科研費研究成果報告書に掲載されている (小松編 2021a)。

　本書に所収の「ABRの由来」で明らかにしたように, ABRを構想したアイスナーにおいて, 鑑識眼と批評の力こそが「アートに基づく」ことの意味であったのだとすれば(小松第2章), その時点ではまだ気づいていなかったが, これらはまさにABRとしての展開であったと言えよう。

　2019年7月と8月に2回, 長岡造形大学「こどもものづくり大学校」において, それぞれ小学生 (3年生以上) 23人を対象に,「見えるもの／見えないもの——ことばとイメージ」と題したABRのワークショップを行った。ポラロイドカメラで風景写真を撮り, そこに写っていないもの, すなわち目に見

えないものをことばにして書き留める。そのことばのなかから最も見えないものを考え，様々な素材を2L版のケント紙に貼り付けてそのことばを表現する。撮った写真とことばとともにそれを額の中に構成するというものである（図1）。ものづくりを目的とした講座だが，子どもたちは，どこを写真に撮るのか，写真に写っていないものは何か，見えないイメージを表現するにはどうしたらいいのかを，長い時間繰り返し思考していたように思う。ABRはリサーチの方法論であって教育現場に持ち込むのは難しいのかもしれないと考えていたが，むしろ子どもたちの知的な探究を目の当たりにした。またそ

図1　こどもものづくり大学校作品

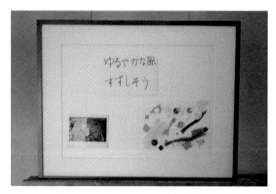

図2　こどもものづくり大学校作品

のような熟考の末に作られたゆえなのか，最後に作品についてプレゼンテーションをしてもらうと，子どもたちはみな，何かしら確かな手応えを持って話していたように見えた（小松・櫻井 2020 参照）。

　2019 年度後期には長岡造形大学大学院科目「地域特別プロジェクト演習」（PBL）という科目で，長岡造形大学の大学院生がカナダのブリティッシュコロンビア大学の大学院生とともに，大学から長岡駅までの道のりを歩き，そこで発見したことを議論した。受講した 2 人の大学院生の専門はそれぞれプロダクト・デザインと視覚デザインであった。プロダクト・デザインを専攻する学生は，プロダクト・デザインの場合，目的がはっきりしていて，そのためにリサーチをするのだが，今回の実践では，歩くという体験を通して主観的な省察を繰り返すという全く逆の研究プロセスであることに最初は戸惑ったようである。だが，彼女は，合計 3 回歩き，歩きながら録音を繰り返した。その中で彼女は，自分が歩くことと情緒との関係，なぜ録音しようと思ったのかについての自己省察，また歩きながらの環境音と環境音楽などとの違いはどこにあるのかといったことについて考察を深めていった。美術系大学においても専門領域の研究方法論の違いによって，ABR は違和感をもって受け止められる。しかしそれでもやはり，詳しく説明せずとも，ABR を比較的スムーズに受け入れていったのは，やはり美術系大学の大学院生だからなのではないかとも考える。

　もう一人の視覚デザイン領域の大学院生は，デザインというよりもコンセプチュアルなアート作品をつくっていることから，ABR に関しても違和感なく取り組んでいた。彼女は最終的に，毎日通学に際して自転車や車で渡る長岡大橋に注目し，渡っているときに考えていたことを言葉にして，それを視覚化した作品を提出した（図3）。信濃川にかかる 1078 メートルもある長い橋で，冬には欄干の高さまで歩道に雪が積もって，歩行者はその上を歩かざるを得ない。一方で橋の上には交差点もないから，考えることに集中できて，制作のことや研究のことなどさまざまな思索にふける時間となることが見えてきたという。同じ場所をともに歩いても，それ以前の経験や日常生活における関心の違いによって，一人ひとり異なる体験がなされることが目に見えて

表現された授業となった。

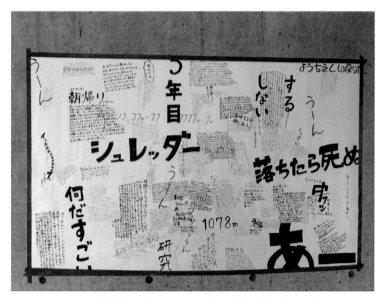

図3　地域特別プロジェクト演習の成果（永田佐和子）

　前述したように,「ABR on ABR 展」では, ABR の成果としての作品がリサーチとして受け取られることは非常に難しいことがわかった。美術作品を「研究として」制作するということは, 作品に表れるというよりも, 制作者自身の「態度」の問題ではないかと考えるようになった。だとすれば, もはや ABR の作品などと呼ぶ必要もないようにも思える。制作実践を敢えて研究と見なすことで何が得られるのかという疑問も生じてきた。

　そのことを考えるべく, 私たちは 2020 年 2 月に「ART=Research: 探究はどこにあるのか？」と題した展覧会を企画・実施した (2020 年 2 月 11 日〜23 日, 栃木県小山市立車屋美術館)。この展覧会では, 8 人の制作者が自らの制作実践のどの側面を研究と見るのかを開示しつつ作品展示を行った。平面, 立体, 工芸, テキスト, 写真, 映像など形態はさまざまであったが, それぞれが「ART = Research =（　　　　）」の括弧内に研究のありかを示す言葉を入

れる点を統一した。2020年2月16日には関連ワークショップと，アーティストトーク，ディスカッションを行った。

ワークショップ「アートな探究」は，美術制作者の思考が少しでも鑑賞者に伝わるにはどうすればいいのかを考えるため，制作者のリサーチを鑑賞者が受け取りつつ，自らもリサーチへ向かうことを目指した。まず作品をじっくり鑑賞し，気になる作品を選ぶ。気になる作品を作った作家から，作品を「例示」する「作品のかけら」（5センチ四方以内で作るよう依頼してあった）を受け取る。それぞれのピースをよく見てそれがぴったりくる場所を探す。その場所にピースを置いて撮影し，できた作品にタイトルをつける。窓付きマットにピースと写真とタイトルを構成して貼るというものである（図4，図5）。

このワークショップは作品と場所とモノとの関係を考えるという意図があった。今回の展示場所は，肥料問屋だった小川家の米蔵だったところを改装した美術展示室，肥料蔵だったところを改造した資料展示室，さらには国の登録文化財に指定されている小川家住宅などである。小川家住宅にはその場所にフィットする作品を展示することにした。作家は場所からモノへ，子どもたちはモノから場所へという形でその探究が交叉することを目指した。

図4　作品のかけらがぴったりくる場所を探す

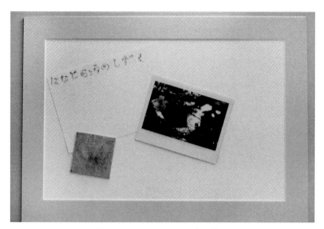

図5　ワークショップの作品

　美術展示室と資料展示室に展示された作品については，筆者がそれぞれの制作者にインタビューして，リサーチのありかを探ることにした。制作における研究の位置づけ方は一人ひとり異なり，アーティストが自らの制作実践を研究と見ることの意味が総体として明らかになったわけではない。一般的な理論化を目指すよりも個別の事例とそこでなされる経験に即して考察しようとするABRからすれば，個々の作品に即して議論されるべきであろう。それでもインタビューを通じていくつかの共通する特徴に気づかざるをえなかった。

　第一に，そのリサーチは，イマジネーションの自由な展開と厳密なテキストクリティークとの「あいだ」にあること，第二に，そのリサーチにおいて，主観化と客観化の往還，あるいはその二重写しがなされているということ，第三に，そのリサーチは，探究を重ねるほどに，確立された方法論や結論が得られて収束するものではなく，新たな問いを誘発して，得られたかに見えた結論に安住することを許さず，むしろ制作への熟達は，表現の可能性を広げ，重層的な思考を求めるようになるということである（Komatsu & Namai, 2022 参照）。

　そのような特徴は，今回の展覧会に出展した制作者について，筆者は長い

人では 10 年以上にわたってその作品の展開を見続けてきたからこそ見えて
きたとも言える。逆に言えば，一つの展覧会や一つの作品から美術制作者の
思考を理解しようとすることは，非常に難しいということでもある。このよう
に考え，2020 年度後期の長岡造形大学大学院の「地域特別プロジェクト演
習」（PBL）では，修士課程と博士課程の学生に，作品制作のプロセスを共有
可能なものにするような課題に取り組んでもらった。制作プロセスを明らか
にするといっても，それは制作工程の時間軸に沿ってモチーフ探しから完成
までを記録するというようなことではない。一つの作品がつくられるまでに
は，おそらく線形的な進展ではなく，時に迂路を介したり，戻ったりの繰り返
しがあるだろうし，一歩一歩進むだけではない思考のありようが見られるの
ではないかと予想していた。プロセスの記録方法も，その開示の方法も，それ
ぞれの制作者が工夫することで，共有可能なものにするということを課題と
した。この授業の結果は 2021 年 1 月に最終発表会で発表された。

　またこの授業と並行して，2020 年度には永井エヌ・エス知覚財団からの助
成金によって「美術制作の感覚を伝える言葉の研究」を始めた。コロナ禍の
中，オンラインで情報はやりとりされるが，美術制作の感覚は文字や映像だ
け見せれば伝わるものではないだろう。そのことに自覚的になるために，11
人の美術制作者が制作のなかでどのような感覚を働かせているのか，それを
他者に伝えるためにはどのような言葉が適しているのか，制作者それぞれの
実践に基づいて考えたことを持ち寄って議論することによって，制作者の感
覚を捉え直していった（小松 2021b）。

　制作者の感覚や制作プロセスを顕在化させるこうした一連の研究は，制作
者自身にとっても，自らの制作を省みることで創作ビジョン（横地 2020 参照）
を構築するうえでも有意義なものとなると考えている。さらに，普段は顕在
化されにくいこうした感覚やプロセスを丁寧に追うことで，そこから美術の
教育を再考することにつなげていくということを目指している。制作者と議
論しながら，制作者の思考様式の特徴を明らかにしていくことが，わたした
ちの ABR にとっては欠かせない（齋藤・小松 2021）。

　こうした研究や実践に加えて，筆者は，5 人のアーティストとともに，2020

年 6 月に長岡駅から徒歩圏内の街中に Arts-Based Research labo & HANGA studio 工房このすくを開設した（図 6）。銅版画とシルクスクリーンの設備を備えた版画工房であるが，同時にここで展示（図 7）や，読書会，講演会などを開催している。読書会や講演会は，大学でもできることだが，なぜこのスペースを作ったのか。大学という機能と目的が明確な場所ではなく，この場所は使う人の動きによってどのような場にも展開可能である。既定の目的に沿って実践がなされるのではなく，実践がなされることで何らかの機能が生まれていくようなそんな場にしていきたいと考えている（小松・坂井・岡谷 2022）。実践の中で何らかの価値が生まれてくること，それはアート的な思考に深く関わっている。この場所が Arts-Based Research labo となっていくかどうかは，今後の活動にかかっている。

図 6　長岡市呉服町　工房このすく

図7　このあたりのこのすく展（2020年10月9日から16日）

文献

今井康雄編 (2018)．科研費研究成果報告書『教育空間におけるモノとメディア』

小松佳代子 (2017)．「芸術体験と臨床教育学――ABR（芸術的省察による研究）の可能性」矢野智司・西平直編著『臨床教育学』協同出版

小松佳代子編著 (2018)『美術教育の可能性――作品制作と芸術的省察』勁草書房

小松佳代子・櫻井あすみ (2020)「美術制作におけるアトラス的な知――空間と時間のレイヤー」『長岡造形大学紀要』17, 6-12.

小松佳代子編 (2021a) 科研費研究成果報告書『判断力養成としての美術教育の歴史的・哲学的・実践的研究』

小松佳代子 (2021b)「美術制作における芸術的知性の涵養」長岡造形大学美術・工芸学科『美術・工芸の制作-教育-実践研究』

小松佳代子・坂井友美・岡谷敦魚 (2022)「版画工房を中心とした地域文化拠点の構築に関する研究」『長岡造形大学紀要』第19号

Komatsu, K. & Namai, R. (2022). Art = Research: Inquiry in Creative Practice, In Komatsu, K. Ishiguro, H. Takaki, K. & Okada, T. eds., *Arts-Based Practices in Formal and Informal Education in Japan*, Leiden: Brill.

齋藤功美・小松佳代子 (2021)「親縁性 —— 芸術的知性の一つの形」『長岡造形大学紀要』18, 6-11.

横地早和子 (2020)『創造するエキスパートたち —— アーティストと創作ビジョン』共立出版

第 **10** 章

広島大学での取り組み
―小学校教員養成課程における ABR の可能性と課題―

池田吏志・会田憧夢

1.　高等教育機関における ABR

　アイスナーによって創始された Arts-based Research（以後, ABR と記す）は, アンブレラ・コンセプトとして拡大を続け, Leavy（2019）では, A/r/tography や Arts-based Educational Research（ABER）をはじめ, Art-based Inquiry, Arts-based Health Research（ABHR）, Artistic Inquiry 等, 29 種類の派生的な研究が紹介されている。特に高等教育機関で ABR が行われる場合には, その大学の特徴や担当教員の専門分野が色濃く反映される。現在我が国において ABR に先駆的に取り組んでいる代表的な研究者として, 慶應義塾大学の岡原正幸, 長岡造形大学（元東京藝術大学）の小松佳代子, そして, 本書の編者である東京学芸大学の笠原広一がいる。それぞれの研究者は主とする学術領域が異なり, 岡原は社会学を, 小松は芸術・哲学を, そして笠原は教育学をベースとして ABR が実践されている。そのため, ABR の解釈や用いる研究方法, 成果物はそれぞれに異なる（岡原, 2020；小松, 2018；笠原・アーウィン, 2019）。高等教育機関における実践では, 各研究者の専門分野や所属する大学の専攻分野の目的, そして所属する学生の資質や学的指向との調和の中で ABR が行われているようにみえる。

　そこで, 次のセクションでは, 筆者が所属し, 担当している広島大学教育学部・大学院人間社会科学研究科ではどのような教育課程のもと, どのような

学生が所属し，どのような教育・研究が行われているのか，その概要を紹介する。

2. 広島大学教育学部・大学院人間社会科学研究科の教育課程

　筆者が学部で担当している広島大学教育学部第1類初等教育教員養成コースは，小学校教員養成を専門としている。本コースの入学生の大半は，共通テスト（センター試験）及び個別学力試験として国語，数学，英語の3教科のうち2教科を受験して入学する。学部の教育課程は小学校教員の計画養成であり，小学校教諭1種免許状の取得が卒業要件となっている。学生は教育職員免許法に定められた，教職必修科目及び小学校で実施する全10教科の必修及び選択必修科目を合計64単位，さらに，教養教育科目29単位，選択科目29単位を取得する。必修及び選択必修科目の中には実習関係の8単位が含まれ，1年次，2年次から小学校を訪問し，3年次には附属小学校で5週間の教育実習を行う。また，副免として中学校や高等学校の任意の教科・科目や幼稚園の教員免許状を取得する学生もいる。

　他方，研究面では，学生は2年次の後期に専門ゼミを選択し，3年次から教育学，心理学，各教科（10教科）のいずれかのゼミに配属される。筆者が担当する図画工作ゼミでは，専任の担当教員2名に対して，例年，1学年あたり13名前後の学生が所属し，2年間をかけて卒業論文の執筆に取り組む。3年次には通年で週に1コマ，「初等教科研究法」と名付けられたゼミを履修し，各自が調査した関連文献や資料，フィールドワーク，実施予定の調査内容，用いる研究方法等について大学院生を交えて議論し，各自の問題関心に基づいて研究テーマを焦点化する。また，3年生前期の終わりには実践として広島県立美術館で夏休みに行われる子供向けのワークショップの企画・運営に取り組む。そして4年次には，指導教員別に分かれ，約4万字を目処に卒業論文を執筆する。過去の卒論のテーマをいくつか挙げると，「幼児教育と小学校教育の円滑な接続を成す図画工作科の可能性」，「図画工作科における鑑賞学習を充実させるために―学校と美術館との連携―」，「インクルーシブ教育の実現を目指した図画工作科の授業」などがある。また，複数の教科等を学修する初等

教育教員養成課程の強みを生かして教科等連携をテーマにする学生もいる。簡単な絵本を作成する学生もいるが，絵画や彫刻などの作品制作は必須としておらず，あくまでも小学校で勤務することを前提とした教育研究を基盤とした卒業論文を執筆する。

　大学院は，2020年の改組後，教職開発専攻（教職大学院）と教育科学専攻が，教育学部から接続する専攻として位置づき，学生はいずれかを選択する場合が多い。特に，教育科学専攻では，複数あるプログラム・領域の中から教師教育デザインプログラム・カリキュラム開発領域（以後，カリキュラム開発領域と記す）が選択されることが多い。教職開発専攻，カリキュラム開発領域のいずれにも共通しているのは，美術教育が独立して学生組織を形成しているのではなく，複数の異なる教科教育を専門とする学生が同一専攻・領域に在籍し，研究を行っている点である。大学院では，両専攻共に，美術教育以外の教科教育の最新の研究テーマや研究方法に日常的に接する環境の中で，自身の研究を行う。

　研究の進め方は両専攻で異なり，教職開発専攻では，4期ある各セメスターでアクション・リサーチ実地研究を行う。学生は対象とする学校種で1か月前後の授業実践を行い，合わせて実践研究の目的，方法，結果，考察をまとめたタームペーパーを作成する。各セメスターごとに計画，実践，省察，改善が行われ，4期を通してスパイラルに繰り返されることで，教育実践の質的向上と研究テーマの深化が図られる。

　他方，カリキュラム開発領域でも，学校教育現場をフィールドとした実践研究が中心となっている。2年間の一般的なスケジュールとして，1年次前期に先行研究のレビューや理論枠組みの検討，1年次後期に研究デザインの構想，2年次前期に該当校種の学校でのアクション・リサーチや参与観察，インタビュー，調査等の実施，2年次後期に分析及び修士論文の執筆を行うという流れで進められる。その過程で学生は，文献収集やレビュー，データ収集や分析の方法，アカデミック・ライティングなどの一通りの研究スキルを身に付ける。

　このように筆者が所属している学部・大学院では学校教育を対象とした美

術教育研究が主であり，進路についても，図画工作ゼミの学部卒業生，博士課程前期修了生の多くは小学校の教員として就職している。この，学部・大学院の特徴を踏まえて，次のセクションでは，筆者が大学院で実施した ABR の実践を報告する。

3. 大学院科目で ABR を行う

本章で紹介するのは，広島大学大学院教育学研究科博士前期課程[1]の選択必修科目である「カリキュラム開発セミナー7b」（以後，本科目と記す）での ABR を用いた実践である。実施スケジュールは表1の通りである。本科目は，カリキュラム開発専攻に在籍する美術教育を専門とする大学院1年生2名が履修し，有志で大学院2年生2名も参加した。

第1回授業では，アイスナーの「道具主義的思考様式批判」（パーマーら，2012），「芸術教育固有の特質」（Eisner, 2002），「芸術に基づく教育研究」（Barone & Eisner, 2006）を取り上げ，ABR が，芸術の表現形式を用いた発見的・探究的な研究方法であること，そして，芸術で用いる思考形式と表現形式を活用することにより知性の拡大が目指されていることを共有した。その後，作家・漫画家・美術家である小林エリカのインスタレーション作品「彼女達は待っていた」[2]を取り上げ，旧来の絵画・彫刻といったジャンルにおさまらない視覚表現と言語表現が相互に織りなす表象形式を鑑賞する機会を設け

表1 「カリキュラム開発セミナー7b」の実施概要

回	実施月日	内　　容
1	11月13日	ガイダンス，ABR の概要，作品「彼女達は待っていた」（小林エリカ）の鑑賞
2・3	11月29日	ABR, A/r/tography セミナー　講師：森本謙（ブリティッシュコロンビア大学大学院博士後期課程）
4〜7	期日指定なし	11月30日〜12月6日の間に平和記念公園もしくは宮島をウオーキング
8・9	12月13日	ウオーキングと ABR の構想に関する中間報告
10〜13	期日指定なし	調査／作品制作／執筆
14・15	1月10日	発表及び共同検討会

た。第2・3回授業では，第3巻第16章で紹介する Narrative by Three Pictures Project in Hiroshima³ と一部連動させて実施し，ブリティッシュコロンビア大学大学院博士課程に在籍する森本謙氏の「ABR (Arts-Based Research), A/r/tography とは何か—多様な価値を包摂できる学校教育実践への接続を視野に—」と題するセミナーを開催した。セミナーでは聴講のみならず協議の場を設け，学生は参加した他大学の教員らとのディスカッションを通して ABR の理解を深めた。そして，第1～3回の授業を踏まえて，「歩く」ことを通した ABR による探究を試みた。歩く場所は，広島平和記念公園か宮島とし，大学院1年生はいずれか可能な方を選択し，大学院2年生は Narrative by Three Pictures Project in Hiroshima に参加し，プロジェクト参加者と共に3枚の写真を用いたアートグラフィーに挑戦した（第4～7回）。その後，第8・9回では，森本氏のレクチャーの振り返りと各自が現地を歩いて考えたことを共有し，自身が気づき，感じたことが，芸術・歴史・思想・政治・環境・文学・社会・人・文化・民族・慣習等とどのように繋がりを持つのか，また，複数の分野を関連づけることで自身の探究をより的確に表現することは可能であるかを検討した。最終的には視覚的な表象形式と何らかの文章の両方を制作・執筆することを課題として伝えた。その後，第10～13回は，学生が自主的・探究的に活動を行い，追加的資料の収集・分析を通した意味の折り畳みや折り拡げ（笠原・アーウィン, 2019），そして文章の記述を通した諸要素の文脈化を図った。本授業では，限定的なテーマは設けず，歩くことから発展・展開した内容，また，歩くことを通した自己省察を内容としてもよいこととした。そして，第14・15回は，発表及び共同検討会を行い，一人あたり90分を使って作品を対話的に鑑賞した。本授業では，最初に制作者との質疑応答や作品の創造的な解釈を行い，その後，制作者が記述した文章を踏まえたプレゼンテーションを行った。

4. 学生による探究：一つの言葉からの拡がり

　本章では，紙幅の都合から，本科目受講者の一人である会田憧夢さんの探究過程を記した記述（グラフィ）を紹介する。大学院2年の会田さんは，

Narrative by Three Pictures Project in Hiroshima に参加し，広島平和記念公園を歩いた。彼は，関心を持った場所を写真撮影していく中で，これまで何度か訪れた場所であるが漠然と気になっていた，平和記念公園とは何が目指された公園なのかという問いに再度立ち返っている。彼が作成した記述には，同音異義語である記念（きねん）と祈念（きねん）が取り上げられ，英訳と日本語の微妙なニュアンスの違いを含めてこれらの言葉がなぜ施設ごとに使い分けられているのかが調査・検討されている。関連する法令や定義を調べる中で広島の歴史や平和記念公園に込められた当時の人々の願いや意図に思いを馳せ，当初の疑問が少しずつ明瞭になっていく過程が述べられている。さらに，最後には教育的視点から自身の体験を学校教育に転移させるビジョンも示されている。以下，会田さんの記述である。

（池田　吏志）

ものの本質に迫る「歩く」[4]

会田憧夢（広島大学大学院教育学研究科博士課程前期）

(1)　平和記念公園における2種類の「きねん」——「記念」と「祈念」

　広島市に位置する平和記念公園には，世界の平和を願うための建物や資料が集まっている。施設全体は平和記念公園内にあり，図1のように，原爆死没者慰霊碑や平和記念資料館などがある。

　ここで目を引くのが，2種類の「きねん」の存在である。どちらも読みは「きねん」だが平和記念公園，平和記念資料館には「記念」が，国立広島原爆死没者追悼平和祈念館には「祈念」が使われている。ただし，図1，図2，図3で分かるように，「平和記念公園：Peace Memorial Park」，「国立広島原爆死没者追悼平和祈念館：Hiroshima National Peace Memorial Hall for the Atomic Bomb Victims」，「平和記念資料館：HIROSHIMA PEACE MEMORIAL MUSEUM」と全てに "Memorial" の単語が使われている。日本語では使い分けているにもかかわらず，英訳すると同じ単語が使用される。この背景には各言語の文化的違いや建物を建築することになった歴史などが関わると考え，調査した。

図1　平和記念公園 案内板（会田撮影）

図2　国立広島原爆死没者追悼平和祈念館 案内板（会田撮影）

広島平和記念資料館

図3　広島平和記念資料館 案内板（会田撮影）

(2) 言語による「きねん」の使い分けに関する考察

　まず，国立広島原爆死没者追悼平和祈念館と同じく祈念が用いられている施設である平和祈念展示資料館のホームページを閲覧し，英訳で使用されている「祈念」に該当する単語を探した。その中の「平和祈念展示資料館とは」には，「平和祈念展示資料館は，戦争が終わってからも労苦（苦しくつらい）体

第10章　広島大学での取り組み　　175

験をされた，兵士，戦後強制抑留者，海外からの引揚者の三つの労苦を扱う施設です」と書かれていた。つまり，この資料館では主に戦後に苦労された人々のことを思い願う機会を設ける目的がある。上記をそのまま英訳したものはなかったが，資料館の説明には「Memorial Museum for Soldiers, Detainees in Siberia, and Postwar Repatriates」と書かれていた。ここでも，図3の案内板と同じく「祈念」が「Memorial」と訳されていた。やはり，日本語では「記念」と「祈念」の2種類あるものが「Memorial」の一単語で訳されているようである。

　広島に平和記念公園などの平和に関する建造物や資料が多く存在するのは，1949年に制定された広島平和記念都市建設法が大きく関わる。この法律は被爆後，廃墟と化した広島市の復興のために制定されたものである。その第2条にも「記念」が用いられ，次のように記されている。

　第2条　広島平和記念都市を建設する特別都市計画（以下平和記念都市
　建設計画という。）は，都市計画法（昭和43年法律第100号）第4条第1項
　に定める都市計画の外，恒久の平和を記念すべき施設その他平和記念都
　市としてふさわしい文化的施設の計画を含むものとする。
　Article 2 Special town planning for the construction of Hiroshima Peace
　Memorial City（hereinafter referred to as the Peace Memorial City
　Construction Plan）shall include, in addition to the planning provided for
　by Article 4 of the Town Planning Law, planning of facilities to inspire the
　pursuit of lasting peace and such other cultural facilities as would befit a
　peace memorial city.（下線は筆者による）

　原文の「恒久の平和を記念すべき」という箇所が，英訳では「to inspire the pursuit of lasting peace」となっている。つまり「記念」が「inspire」という単語で表現されている。「inspire」とは，「鼓舞する，激励する，発奮させる，鼓舞して（……を）させる，鼓舞して気にさせる，起こさせる，吹き込む，鼓吹する，霊感を与える，（……を）示唆する」とされる。直接的に「記念する」という意味はなかったが，「起こさせる」や「鼓吹する」などの意味が近いだろうか。平

176

和を何とか達成したい，その発端をこの法律で果たすという想いが込められてこの単語が使用されたことが推測できる。

　他方，広島市で毎年8月6日に行われている平和記念式典では，「祈念」が用いられ，次のように説明され，英訳されている（広島市ホームページ）。

　　原爆死没者の霊を慰め，世界の恒久平和を祈念するため，平和記念公園の原爆死没者慰霊碑（広島平和都市記念碑）前において，原爆死没者の遺族をはじめ，市民多数の参加のもとに平和記念式典を挙行しています。
　　Every year, the City of Hiroshima holds the Peace Memorial Ceremony to console the souls of those who were lost due to the atomic bombing, as well as pray for the realization of everlasting world peace.（下線は筆者による）

　ここでは「世界の恒久平和を祈念する」という文が「pray for the realization of everlasting world peace」と訳されている。「pray」は「〜のために祈る」「心から願う」を意味する。

　以上の2例から考えると，資料館などの名称に使用されている「きねん」には「Memorial」が共通して使われているが，前後の文脈によって単語の意味内容は変化するようである。

　そこで，「記念」，「祈念」，「Memorial」の単語の意味をそれぞれ辞書で調べると，記念とは「①あとの思い出として残しておくこと。またそのもの。②過去の出来事への思いを新たにし，何かをすること」とされ，その他にも，「心に留めて忘れない」との意味でも用いられている。祈念とは，「神仏に祈り，目的の達成を念じること」とされ，「心を込めて祈る」という意味もある。「記念」と「祈念」の違いは「祈る」という行為がそこに含まれるかどうか，という点に表せそうである。つまり，平和記念公園や平和記念資料館は戦争の惨状を忘れないために作られたもので，国立広島原爆死没者追悼平和祈念館や平和祈念展示資料館は平和を祈るために作られたものと考えることができる。やはり明確な意図をもって使い分けられているようである。対して，「Memorial」と

は「①記念物，記念館，記念碑，②記念行事，③記録，覚え書き，④記念の，追憶の［形容詞限定用法の形容詞］」とされる。「Memorial」はどちらかというと「記念」の意味が強いが，「追憶の」という意味もあるように「祈念」のニュアンスも含まれているようである。文脈によって使用される単語が変化するということであろう。

　本稿では，日本語の「きねん」と，使用されている英訳の違いについて述べた。これまで，平和記念公園の存在はもちろん知っていたが，戦争や原子爆弾にかかわる施設に「記念」の文言が使用されていることに違和感を覚えていた。しかし，今回平和記念公園や周辺施設を改めて訪れ，歩いたことによって，その雰囲気と歴史的背景から「記念」や「祈念」に込められた思いを感じ取ることができた。頭の中のイメージと，歩いたことによって感じたことには差がある。実体験によって手に入れることができる感覚やイメージはどれだけ知識を詰め込んでも得ることができないものである。ものの本質に迫るための「歩く」ことは重要なステップである。

⑶　小学校カリキュラムへの転移──定められた「固定の意味」と自分が持った「イメージの表現」のギャップという視点

　ここまで，「きねん」における日本語の使い分けとその意図について調査，考察してきた。平和記念公園を歩いて気づいたこれらのことだが，小学校カリキュラムに転移させることを想定した場合，「意味のギャップ」という点で活用できるのではないだろうか。同じようにみえる資料館で2種類の言葉が使われ，それを英訳されると1種類になるという事実を知った時，自分の持っている知識に揺らぎが生まれた。これまでの経験や考えから，「記念」はどちらかというと明るいものに対する（誕生日や記録達成などの）イメージで，「祈念」は戦争のために祈るといった，やや暗いイメージを持っていた。この，「固定の意味」と自分が持った「イメージの表現」のギャップはとても興味深い。

（会田　憧夢）

5. 会田さんの記述について

　今回の会田さんの記述は、「記念」からイメージする意味内容と場所の性格との齟齬に違和感を持ったことが起点となっている。そして、実際に平和記念公園を歩き、写真撮影をする中で、もう一つの「祈念」が施設の名称に用いられていること、しかし英語表記では同一の「memorial」が用いられていることを知り、その違いは何に起因するのかが調査・探究の対象となっていた。彼が用いた探究方法は次の2点においてユニークである。

　1点目は、英訳によって日本語を捉えなおす方法が用いられていた点である。通常、英語と日本語の関係の多くは、英語を日本語に翻訳する際に言葉の概念を検討する場合か、日本語を英語に翻訳する際に最も適切な言葉が検討される場合が多い。しかし、会田さんは、公的な文書や公式のウェブページの中に含まれる「記念」、「祈念」の文言を探し、その英訳を調べていくことで、日本語の意味内容を改めて捉え直していた。つまり、彼は言葉が含む揺れや概念の範囲を二つの言語による表記を通して探ろうとしていた。

　2点目は、一つの言葉にこだわって探究を行った点である。一般的に、学校教育の調べ学習等においてある特定の場所や人、出来事を調査する場合には、文献による歴史的経緯の調査や場所や人、出来事に関する資料の収集など、固定化・一般化された事実を積み重ねて知識を再編集する方法が用いられる。しかし、彼が用いた方法は彼自身が違和感を感じていた「きねん」という一つの言葉にこだわることであった。つまり、思い入れや違和感といった感情を切り離して知識を認識したり収集したり取り扱ったりするのではなく、目的や方法が常に自分の関心と密着した状態で調査方法が選択され、実行されていた。結果的に彼が用いた方法は、Leavy (2019) が、ABR の利点として「ABR は、私たちの個人的な生活と、私たちが生活しているより大きな文脈との間のつながりを探究したり、記述したり理論化したりするのに特に有用である」(p. 9) と述べるように、関連法案や関連行事の情報との出会いを生み、一つの言葉を起点として複数の内容を関連づける知識の文脈を作りだしていた。

　今回会田さんが用いた探究の姿勢は、多分に主観性を含み、調査の方法や

進め方も，日本語と外国語との間に生じるズレに着目したり，一つの言葉を軸として歴史に関する調査を進めるなど，英語科や社会科で用いられる探究の姿勢や方法とは大きく異なる。しかし，結果的には通常の調査方法では気づかれなかったであろう，「意味のギャップ」や「知識のゆらぎ」が学習テーマになりえるという気づきをもたらしている。

6. 小学校教員養成を主とした学部・大学院における ABR の可能性と課題

今回のような探究の方法は，甚だ心許なく，曖昧でいい加減に思われるかもしれない。しかし，一つの事物を人が捉えようとするとき，そこには捉える人の数だけ認識の方法がある。また，その人の政治的，科学的，文化的，社会的，芸術的関心の方向性や既有知識によっても，一つの事物は様々な文脈で展開されうる。もちろん，このことは至極当たり前のことではあるが，学校教育では，社会の事象を教科等の枠組みで囲い，その枠組みの中で整理された知識が学生に伝達される。そのことにより，知らず知らずの間に認識の間には壁が作られ，本来自由に行き来できたはずの通路が塞がれてしまうことは少なくないように思われる。形づくられた枠組みの恣意性を再考し，事実と情意，カテゴリーと別のカテゴリー，また，異なるイデオロギーをつなぐ通路として，ABR は有効に機能するのではないかと考えている。

ただし，課題もある。アーウィンが述べる，a/r/t で言えば，本学の学生は美術教育における Researcher や Teacher の素養が強く，制作者としての Artist の側面はそれほど強くない。学部・大学院の性質の違いにより，このバランスは異なるのだろう。読者の中には，これはアートではない，何を持ってアートとするのか，何でも ABR とするのは間違いであるという批判もあることは承知している。ただし，ABR がすべての人に開かれていることが前提であるならば，教員養成，特にすべての教科の指導を前提とした小学校教員養成を主とする学部・大学院における ABR とはどのように行われることが望ましいか，検討する意味はある。

（池田　吏志）

文献

Barone, T. & Eisner, E. W. (2006). Arts-based Educational Research. In Green, L. R. et.al (eds.), Handbook of Complementary Methods in Education Research (pp.95-109). NJ: Lawrence Erlbaum Associates.

Eisner, E. W. (2002). What can education learn from the arts about the practice of education? *Journal of Curriculum and Supervision*, 18(1), 4-16.

平和祈念展示資料館ホームページ, 2020. 1. 23閲覧
    https://www.heiwakinen.go.jp/about/index.html

広島平和記念都市建設法 (広島市ホームページ), 2020. 1. 23閲覧
    http://www.city.hiroshima.lg.jp/www/contents/1391050531094/index.html

笠原広一・リタ・L・アーウィン (編著) (2019).『アートグラフィー：芸術家／研究者／教育者として生きる探求の技法』ブックウェイ

小松佳代子 (編著) (2018).『美術教育の可能性：作品制作と芸術的省察』勁草書房

Leavy, P. (ed) (2019). *Handbook of Arts-based Research*. New York: The Guilford Press.

岡原正幸 (編著) (2020).『アート・ライフ・社会学：エンパワーするアート・ベース・リサーチ』晃洋書房

Palmer, J. A (ed) (2001). *Fifth Modern Thinkers on Education: From Piajet to the present.* New York: Routledge. (パーマー・J・A, ブレスラー・R・R, クーパー D・E, 広岡義之, 塩見剛一 (監訳) (2012).『教育思想の50人』青土社

註

1　実践が行われた当時は「教育学研究科」であったが，改組により2020年4月より「人間社会科学研究科」に名称変更された。

2　国立新美術館で2019年8月28日から同年11月11日に開催された,『話しているのは誰？　現代美術に潜む文学』に出品された小林エリカによるインスタレーション作品。文章は, 小林エリカ (2019).『彼女たちは待っていた 話してるのは誰？』現代美術に潜む文学展カタログ ハンズアウト資料, 美術出版社

3　プロジェクト参加者が広島の平和記念公園とその周辺を歩き，任意の場所の写真を撮影し，その中から選択した3枚の写真と共に「語り」をつくるアートグラフィーによる実践研究。池田吏志 (2020).「広島Walking における A/r/tography：Narrative by three pictures project in Hiroshima の理論的検討」笠原広一・森本謙・

リタ・L・アーウィン編『ウオーキング・アートグラフィー：歩きだす探求による芸術と教育の旅』学術研究出版

4 本稿で紹介した会田さんの創作物は，池田吏志・森本謙・マルジエ モサバルザデ・新井馨・会田憧夢・生井亮司 (2020).「多様な価値を包摂する A/r/tography の試み―Narrative by three pictures project in Hiroshima を通して―」『広島大学教育学研究紀要』1, 275-284. に掲載された内容を一部加筆修正したものである。また，所属はプロジェクト実施時 (2019 年時点) の所属名である。

第**11**章

美術科教員養成課程における ABR
―ウォーキング・アートグラフィーによる
学びの生成の探求―

佐藤真帆

1. はじめに

　本章では，私が実践してきた美術科教員養成課程での Arts-Based Research（以下 ABR と略記する）の可能性の探求について述べていく。ABR は，美術を探求の方法として捉え，実践する方法であり，これまで美術教育の学位論文で使われていた社会科学的研究方法を押し広げていくような動きを学術分野の垣根を超えて作っている。私自身が美術の制作，美術教育とその研究領域，美術科教員を育成する仕事に関わってきたことをふり返ってみると，美術表現（つくること），教えること，学ぶこと，研究が互いに関わり合い，影響しあいながら私の探求を支えてきたことを再認識する。ABR の一形式である A/r/tography（アートグラフィー）は，三つの立場やかかわりの間（in-between）を生きる探求者のための実践／理論／方法論であるという。ABR の中でもアートグラフィーに惹きつけられたのは，それが教育，いわゆる教えることと学ぶことを特徴の一つとしているからではないだろうか。アートグラフィーは，私の美術教師養成のカリキュラムの作成やその実践に新しい視点をもたらすだけでなく，美術教師自身が学び続ける原動力を育てることに貢献できるのではないかと考えた。この点において私自身の活動への関わりと探求は学生たちの学びの生成とは切り離せない。アートグラフィーを教員養成カ

リキュラムの中に取り入れるとどのようなことが起こるのだろうか。この章では2年間の取り組みの中で，2つのグループでの探求の活動について述べたい。

2. チャレンジ・ウォーキングアート：歩くことから知ること

2018年10月から2019年1月末まで，教員養成課程修士コースの選択科目の一部の時間を使って実施した。受講者であり参加者は，美術教育専攻の3名と養護教育を専門とする1名の計4名であった。

継続して行った活動は，各自で歩いた経験を授業で発表するというものだった。参加者は，日常的に歩くことがほとんどなく，移動のために自転車を利用するということだった。活動の導入として，ランドアートなどアーティストが歩いて制作をしている作品を写真集で紹介した。初めてのウォーキングアートは，一緒に大学構内を歩き，その時に見つけた道に落ちているものなどを使って何かを作り，写真の記録と共に報告し合った。その後，ランドアートを手掛かりに各自が別々に歩いて活動を始めた。地面を見ながら歩き回り見つけたものを記録したり，紅葉した落ち葉，枝，石などを積み重ねて何かを作ったりしていた。日常生活の中で歩く時間を作り，様々な場所で歩いて作り，授業でそれらの経験を共有した。この歩いて共有するということを12月までに5回実践した。参加者のレポートには，当初は自分たちが何をしているのか理解できずにいることに対しての不安が記述してあった。ある参加者のノートには「直感で気になる物を写真に収めた（中略）とても恐ろしいことだと思った，どう発表すれば良いのだろう（中略）歩くという行為はとてもシンプルであるが，そこにアートが入ると，自分の中を弄られているような感覚に陥った，自分が何を考えているかもわからないのに」と記されていた。参加者が経験してきたウォーキングの話を聞き，参加者から不安や焦りを感じ，非常に申し訳ない気持ちでいっぱいになっていた。しかし，参加者が互いの経験に影響を受けて探求に変化が生まれる場面があった。見つけたものやその背景に目を向けていた参加者が，自分の気持ちの変化を地図化してきた学生の体験に触発され，徐々に自分の感じたことへ意識を向けるように

なっていった。教師の立場である私が伝えることよりも，参加者同士の共感的な学び合いがアートグラフィーを授業に取り入れていく上で重要な手立てであることがわかってきた。ピア・ラーニングは「同じような立場の仲間とともに支えあいながら，ともにかかわりをもちながら知識やスキルを身につけていくこと」(中谷，伊藤，2013, p. 2) である。私自身も知っていることを教えるという役割から，参加者とともに学ぶという方へ変化していった。参加者から語られる経験がよりそれぞれの文脈に沿ったものとして表現されるようになるにつれて，私は彼らとともに彼らが生み出した問いに一緒に向き合うようになっていったように思う。

　ウォーキングを実践すると同時に，アートグラフィーについて，美術教育者としての自分の制作，教育実践や研究と関係についての理解のために，参加者の探求の一つの手掛かりとして，論文「Walking art: Sustaining ourselves as arts educators」(Triggs, Irwin & Leggo; 2014) を読み，感想を共有した。この論文は初めから読み進めていくという方法ではなく，各自が好きな箇所から読み，気づきなどあればメモを加え，自分のテキストにしていった。正しく英文を翻訳，理解することに注意を払いすぎると，自分の視点を持って考えることにつながりにくいというこれまでの学生指導の経験から，「読む」ことをより彼ら自身の探求と関わらせて「知っていく」ことを経験できないかと考えた。気になった一文を紹介し合う活動をウォーキングとウォーキングの合間に行った。

　それまでのウォーキングの経験をふり返るために展覧会という方法を実施することにした。このプロジェクトを実践している期間中に，東京学芸大学でABRの展覧会 (2019年1月) が開かれた。参加者らはそれぞれ展示をした人と直接話をし，海外から招かれたABRの研究者との対話に参加した。参加者のレポートには，この展示をきっかけに参加者は「わからない」ということを肯定的に捉えるようになっていったことが書かれていた。展覧会後，参加者の一人は，再び自分が生まれ育った場所へ帰り，思い出の場所を歩き，現在の姿をカメラで撮影してきた。彼女の活動のレポートには「様々な場所を歩き，今の姿の写真を撮り，記憶をたどって昔の姿を描き，今の姿と並べたく

なった。これは，自身にとって，過去に挫折した『描く』ことに対して前向きな気持ちを持てたという大きな意味を持った。この活動によって，『表現には技術が必要である』と考えていた昔の自分と，『必ず何かを社会に訴えかける作品でなくてはならない』と考えている今の自分が昇華されたようにも思う」(2019年1月)と記されていた。毎回のささやかなウォーキングの経験の共有を通して，過去の経験をふり返り，他者のウォーキングから刺激を受けた。ウォーキングによる探求は思いがけないものと繋がり，広がり，過去や現在の自分自身の理解に変化と意味をもたらし，次へ進む力となった。

　東京学芸大学での展覧会をきっかけに，展覧会を結果の展示として捉えるのではなく，探求の一過程として行うことはできないだろうかと考え，実験してみることにした。展示は絵画実習室の机の上で行うこととし，1人が1つの机を展示スペースとし，今までのウォーキングを自由に展示することとした。展覧会のタイトルは，「Walking art in Chiba, Exhibition on the table, あなたを支えるものはなんですか」とした。

　ある参加者は，歩きながら撮りためた写真を文章とともに2冊のアルバムにまとめて展示した(図1)。「私はウォーキングアートを通して，分からない自分と向き合うことに対する勇気や，漠然とした興味の方向を見いだすことができた。私がウォーキングアートを通して，その人の中にある問題意識や，自分と何かの親和性の高さを発見し，潜在的にその人の中にある考えを見つけることに繋がっていくのではないか，ということを考えた。」(2019年1月30日，アルバムから抜粋)。

図1　参加者作品，タイトル「間(間のある対話)」

また，ある参加者は，それまで歩いて制作してきた様々な地図や論文に加筆して作った冊子などを机の上に展示し，自ら撮影した写真に詞をつけて表現した。「私は私に勇気づけられる。私は歩く，これからもずっと。」という言葉で詩は締めくくられていた。また，「歩く」ことを通して，自分の身体感覚を意識することから場所，音，スピードに注目して検討した参加者は，動画作成を試みた。デジタル化していく現代の表現方法と対比させて，身体性に目を向けたものとなった。参加者のレポートには，「この活動は，自身にとって自分の考え方や性格，アイデンティティをゆっくりとした時間の流れの中で見つめ直す大きなきっかけとなった」，また，論文中の「最も重要なのは，『すべての知覚が伴う未決定性の余白』(Massumi, 1995, p. 98)の感覚であり，世界には私たちにとって重要なものがあるということ，それに関わる場所に行ってみること，関連する中で行うことを感じてみる，ということである」(in Triggs, Irwin, and Leggo, 2014, p. 25)（筆者訳）という一文が今回の自分の経験そのものであったと書かれていた。

アートグラフィーに関わるということは，探求者に自分のこれまでの歩みの足跡に基づいて，深く生きることが何を意味するかを自分自身に教えることを意味する。このプロジェクトでウォーキングから始まった美術表現によって，私は参加者たちは「知らないということを恐れないこと」「自分に教えること」に気が付くことができた。

3. ウォーキング・アートグラフィー：歩くことから教えること

2年目のアートグラフィーの取り組みは，2019年10月から2020年1月末まで，教員養成課程修士コースの昨年度とは異なる選択科目の一部の時間を使って実施した。参加者は，美術を専攻する4名であった。このうちの一人は，前年度のチャレンジ・ウォーキングアートに参加していた。このグループの特徴は，全員が大学院で学びながら，現職の教員として小中学校や高校で図画工作科や美術科の授業を教え，制作活動を行なっていたことであった。このグループでは，アートグラフィーの特徴である三者のアイデンティティの関係に焦点を当て，関連して学びの生成の先に表現として授業をつくるこ

とを試みた。どのようにこの活動が展開していくかは彼らと私のやり取りの中から生まれていくと考え，実際に毎回の活動は即興演劇さながらであった。それは，確かであるがぼんやりしているものに向かって歩きながら意味を作り出すような，作品制作するときにあった感覚に近かった。

アートグラフィーをどのように紹介するかは悩んだ。この年も最初のウォーキング後の参加者の感想は「何をしているのかわからない」であった。ある参加者は，「私にとってウォーキングアートは未知であった。歩くこととアートになんの関係があるのか，全く理解できぬまま活動が始まった。私にとって歩くことは，移動の手段でしかなかった。何処かに行くために歩く。電車，バス，自転車，車，飛行機，歩き」(2020 年 1 月，レポート) と記述していた。そこで論文「Walking Propositions: Coming to Know A/r/tographically」(Lee, Morimoto, Mosavarzadeh & Irwin, 2019) を参考に，命題を持って歩くことにした。論文には，三人の筆者が異なるウォーキングの命題を持って歩いたことが記述されている。簡潔に説明すると，歩いて何かする，横並びで誰かと歩く，縦並びで誰かと歩く，である。実践した参加者は次のようにふり返っている。「歩くことから何か感じたり，思ったことを考えたりするというよりは，『歩いて何かする』の『何かする』の方に意識が向いていた。今となっては，たくさんあった落ち葉や枝の中から何か特別なものを感じて，その落ち葉や枝を選んで持ち帰った事を考えると，なぜそれらが気になったのか考え，思いを巡らせればより面白いなと思う。(中略)縦並びで歩いている時は，相手と喧嘩した後のなんとも言えない感じに似ているという感想であった。ここまで，歩くことで新しい何かを感じることはなかった」(2020 年 1 月)。

2019 年 12 月 2 日に，先にあげた論文の筆者の二人と参加者が交流する機会を作ることができた。この時，縦並びで歩いたことがあまり気持ちの良い経験でなかったという参加者の発言から，私を先頭に七人縦に並び，夜の大学構内を 10 分ほど無言で歩いた (図 2)。これは私にとっても，私の後ろを歩いた参加者にとっても新鮮な経験であった。私は，一人では決して歩かないようなところ，例えば夜のライトアップされたグラウンド沿いを，見えないけれど確かに私の後ろを歩いている人たちがいることに勇気づけられている

図2　大学構内を一列になって歩く参加者の影（撮影：森本 謙）

ように感じて歩くことができた。一方で，最後尾を歩いた参加者は，とても時間が長く感じられたようだ。私の後ろを歩いた参加者は，自分の思うような方向に，思うような速度で歩けないことが不自由だった，と話していた。参加者と私，筆者らで歩いたことで，アートグラフィーにより前向きに取り組めるように感じた。

　2019年12月，それまでのウォーキングの経験を教室の机の上に展示してみることにした（図3）。展示は私たちの知識と理解の生成を促すのだろうか。展示するということを，歩いた経験と自分との関係の発見のための表現活動とした。成果を示すというよりは，さらに歩いたことについて考えるために試みた。展示には歩いた記録や自分のウォーキングのイメージを形にしたものを各々が用意し，それぞれに割り振った机で思い思いに経験を展示した。

　授業コメントシートには「デザインシンキングや理論的思考とは異なる探求方法としてのABRの捉え方の違いも明らかになった気がする。（中略）自分の経験を一つのまとまりとして見つつ，でも分析し整理するのとは違う方向性で捉えることができるのか。その一端を生徒たちにも経験させることができるのか。」（2019年12月18日）と書かれていた。共通の命題を持って歩い

第11章　美術科教員養成課程におけるABR　　189

たにもかかわらず，異なるテーマが展示に表れた。展示がそれぞれのウォーキングの特徴を表していた。コメントシートには「A さんのメモリーウォーキング，K さんの立つ形，S さんのマッピング途中のもの，それぞれが試行錯誤している跡が見て取れ，自分自身も迷いながらウォーキングアートに対峙してきた流れが表現できたらな，と思った」(2019 年 12 月 18 日)。なぜそう感じたのかという自分への問いから発したり，歩いた場所や過去の出来事の記憶と向き合ったりしながら，それぞれに気付きがあった。

図3 & 4　机の上の展覧会「Challenge A/r/tography in Chiba, Exhibition on the table, Exploring, your learning to learn, あなたを支えるものはなんですか？」(2019 年12月18日)（撮影：筆者）

　次にウォーキングの経験からウォーキングを取り入れた授業をつくることを試みた。参加者からは，ウォーキングと教育の関係について新たな気付きがあったように感じられていたものの，ウォーキング，教育，アートの関

係の理解には不安があるようだった。そこで，2つの短時間の美術のワークショップを実施した。たくさんのウォーキングを経験して改めて美術の表現活動をした時にどのような気付きがあるのだろうか，表現について刺激になるようなことができないか，と考え次の活動を実施した。ひとつは，イギリスの表現主義の画家アルバート・アーヴィン（Albert Irvin）の制作活動を基にしたアクリル絵の具を使った活動，二つ目はパステルを使った共同の活動である。参加者のコメントの中には「自分自身との関わり合い」「感覚から見えてくるものがある」などがあった。どちらの活動も画材は異なるものの，自分の動きから表れたものに教えられ，導かれて次の動きが生まれるという点が共通していた。また，二つ目の活動では，活動パートナーの動きに反応する自分を意識したり，そこから新たに動きが生まれたりした。活動後に「これまで歩いた経験から表現ということを意識していたが，久しぶりにアート活動をしてみたら，アート活動（描画）そのものがウォーキングに感じられた」という感想があった。この時は，どのようにウォーキングを美術科や図画工作科の授業に取り入れ，取り入れた時にどのようなことが起こるのか予測できなかったが，授業づくりに挑戦してみることにした。

　授業構想の発表は参加者と相談し，展示することとした。ウォーキング，展示，授業づくりの流れや関係を示しながら，再び机の上の展示が行われた。それぞれの活動が独立したものではなく，互いに関係する流れのように見ることができた。また，参加者同士が互いの学びを支えてきたことにも気が付いた。私は当時，実践していたハンガリーの美術教員養成コースとの共同オンライン授業「Gift」の活動を展示して参加した。私と参加者の関係は自然と同じ探求者として互いに学び合う関係へと変化していたように感じられた。参加者から提案された授業はどれも，彼らが指導している子どもとやってみたい図画工作や美術の授業であった。「ある日，ある時，歩くことの記録（記憶）」という歩いたことを線で表現する活動，「風景にフレームを」という学校を散策して好きな場所の写真を撮影してフレームをつける活動，思い出の場所で当時を再現して撮影する活動，学校の様々な場所を身体で感じる活動などが提案された。完成度の高い授業計画まで立てることを目標とせず，どのよう

図5 & 6　机の上の展覧会「Challenge A/r/tography in Chiba, Exhibition on the table, To create learning from your inquires working as artists and pedagogues」(2020年1月12日)（撮影：筆者）

な可能性があるのかを議論することでプロジェクトは終了した。参加者からは，今までやってきた方法とは全く違うプロセスで授業を作ったことが新鮮だった，という感想があった。

4.　おわりに

　アートグラフィーを美術科教員養成カリキュラムの中に取り入れて，どのようなことが起こったのだろうか。初めに，我々は歩くことによって，認識することにおいての身体の役割を思い出した。身体を通してわかるということを置き去りにしないということで，参加者それぞれの探求が動き出した。身体によって限定される自分を通して知るということの限界のようなものとその可能性を経験した。私自身は参加者の表現することに注意を払い，彼ら自身の探求をよりよく進めていけるような支援の方法を常に探すようになっていった。それは，その時々に起こったことに向き合い，絵の具を画面において，見て，次の色を決めるような動きによって進んでいった。最後に，ある参加者は「力まずにゆったりと取り組むこと」という経験が新鮮であったと話してくれた。今回の取り組みでは，参加者の中でウォーキング，美術，教育が重なり，互いに影響し，自分自身を世界の外側に位置付けずに自分自身を開示することによって，相互に学び合うコミュニティーが徐々につくられる様子が見られた。そして，私の生活に描くことが自分への教育学として戻って

きた。

文献

Massumi, B. (1995). 'The autonomy of affect', Cultural Critique, (special issue: '*The Politics of Systems and Environments*', part 2), 31, 83–109.

Lee, N., Morimoto, K., Mosavarzadeh, M., & Irwin, R. L. (2019). Walking propositions: Coming to know a/r/tographically. *International Journal of Art & Design Education, 38*(3), 681–690.

Triggs, V., Irwin, R. L. and Leggo, C. (2014). Walking art: Sustaining ourselves as arts educators, *Visual Inquiry: Learning & Teaching Art* 3: 1, pp. 21–34, doi: 10.1386/vi.3.1.21_1

中谷素之, 伊藤崇達 (2003). ピア・ラーニング　学び合いの心理学　金子書房

第12章

視覚障害児の美術教育と
ABR・ABER・A/r/tographyの可能性
―杭州師範大学と中国美術学院との実践と
東京学芸大学でのワークショップから―

胡　　俊・丁　佳楠・笠原広一

1. はじめに

　今回，Arts-based Research (ABR), Arts-based Educational Research (ABER), A/r/tographyによる視覚障害児の（との）美術教育の実践と研究に取り組んでいる杭州師範大学（中国）の胡俊教授を招聘し，理論研究の成果や実践について紹介していただいた。さらに，実際に特別支援学校（視覚障害）（以下，盲学校）で行なっている版画制作のワークショップも実践していただいた（図1）。美術教育，ABR，特別支援教育等に関心を持つ研究者や教師，大学院生らが多数参加し，日本だけでなく中国やカナダからも若手の研究者や院生らが参加した。本稿はまず胡俊教授（以下敬称略）の講演に基づく理論研究を紹介し（2節から10

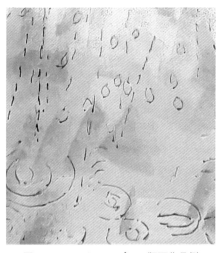

図1　ワークショップでの版画作品例

節），ワークショップの報告と考察を丁が（11 節から 12 節），まとめを笠原が共同で執筆した（13 節）。

2.　中国の教員養成の美術教育専攻の現在と課題

　中国の教員養成大学の美術教育専攻は，一般的に美術教育と美術史理論を含む美術学分野に属し，歴史的にしばしば技術的な美術専攻から発展してきている。学部の最終成果の発表は，伝統的な美術専攻の「卒業制作展」と，美術史専攻の「卒業論文」の二つがある。この伝統は高い創造性を維持し学術的な研究能力を重視しているように見えるが，両者に関連性がないことも多く，二分野の教員が指導することで学生の時間とエネルギーを奪い，研究の深さを生み出すことは簡単ではない。従来の伝統的な取り組みでは美術教育専攻の卒業要件には不十分であり，美術教育は人材育成の新たな論理的枠組みやイノベーションを必要としている。ここ（2 章から 10 章）では筆者（胡）が取り組んでいる美術教育研究の研究方法論の前提の整理を踏まえ，Arts-based Research（ABR），Arts-based Educational Research（ABER），A/r/tography など，「研究に基づいた創造活動を展開し，創造活動に基づいた研究を行い，創造活動の過程で得られた経験や研究成果を美術の授業のカリキュラムに反映させる」取り組みを紹介する。

3.　3 つの研究方法論と分野毎の境界線

　美術教育研究を進める上で最も重要な問題は，適用可能な研究方法をどのように選択するかであり，それは研究する問いに関連している。すべての学術研究の問題点は物事が起こる可能性にある。その可能性には「必然の可能性（probability）」「蓋然の可能性（偶発的な可能性，plausibility）」「未曾有の可能性（possibility）」の三種類の「P」（probability, plausibility, possibility）がある。これらは量的研究，質的研究，ABR という三大学術研究の方法論に関連している。必然の可能性（probability）は一般的に量的研究の対象であり，物事が起こる確率（the rate that it happens）である。蓋然の可能性（plausibility）はある物事が発生する可能性（the likelihood that it happens）であり，起こるかも

しれないし起こらないかもしれない。これは質的研究の対象になる。未曾有の可能性（possibility）はある物事が無から有に発生する可能性（the becoming that can happen）のことで，芸術に基づく研究（ABR）の対象になる。

　学術研究の方法論の発展の歴史の中で最初に成熟したのは実験的科学研究を伴う「量的研究」であり，数学との組み合わせにより科学技術分野で優れた成果を上げた。第二にエスノグラフィック（人類学）な研究とともに標準化・体系化されていった「質的研究」がある。この30年間，量的研究や質的研究では芸術創造のプロセスをゼロから説明することができなかったため，美術教育の分野ではABR研究が台頭してきた。その方法論は未だ議論を呼んでおり質的研究との重複も多いが，自律的に不可逆的な学術的発展を遂げる傾向にある。

　この三つは研究対象が違うため，学術的価値を比較する必要はないが，互いに借り入れ関係にあるグレーゾーンがある。しかし，各々用いる対象や問い，可能性の違いが重要であり，それぞれのアプローチで生み出された知見で言えることは何なのかを適切に理解し，事実と可能性を混同することで起こる悲劇を避けなければならない。そうした美術教育研究の基盤となる研究方法論と分野毎の境界線を理解した上で，学生・大学院生たちは特別支援教育のプロジェクトに取り組んでいくことになる（3つのPおよび美術教育の研究方法論については論文（Hu, 印刷中）の詳細を参照）。

4.　中国の視覚障害美術教育の現状と課題

　ここでまず，中国の視覚障害児の美術教育の現状と課題に触れておきたい。中国には約1,700万人の視覚障害者がおり，大学に在籍するのは毎年約200人以下で，独自の試験で視覚障害者を入学させることができる大学は10校程度しかない。鍼灸・マッサージがほぼ唯一の専攻で，音楽，ピアノ調律，外国語を専攻する人数は一桁しかない（鐘経華, 2003）。中国には盲学校が26校あるが，ほとんどの障害者は子どもの頃に盲学校に入り，その後，短期大学でマッサージを学び，卒業後にマッサージ師として働くことになる。美術の方向に就職や進学の余地がないため，盲学校の基礎教育では美術教育はない

がしろにされ欠落している状況にある。

　美術教育をないがしろにしているもう一つの理由は，人は視覚障害者であれば美術作品を作るのに適していないという偏見があるからだ。しかし，この見方はどちらかというと表面的なものであり，2016年から浙江省盲学校で行われている「視覚障害児のための触覚絵画」という統合教育実践では，視覚障害者は一般人と同じように美術制作への情熱を持っており，その作品は評価され，一般人が見落としている「視点」を持っていることが証明されている。その表現は一般人を啓発し，絵画の新しい認識を生み出すことができる。現行の特別支援教育制度は，盲学校での美術科の実施の熱意を著しく弱めており，美術教育の革新を図ると同時に，美術能力の開発において視覚障害者のニーズに対応した制度の革新が必要である。

5.　ABRに基づく学部生・大学院生のプロジェクトを通した研究

　2018年，杭州師範大学に加え，中国美術学院の社会美学教育専攻の14名の学部生の卒論・卒制を指導する機会を得た。同学院は技術中心の伝統が色濃く残る大学のため，いかに美術教育の専門性を強調するかが大きな挑戦となる。14名が4グループに分かれ，杭州師範大学で行われた視覚障害児学校の版画プログラム，少年院のライトペインティング・プログラム，自閉症児リハビリテーションセンターの人工知能ライトダンス・プログラムとモザイクアニメーション・プログラムという4つの特別支援教育プロジェクトに参加した。

6.　近年の美術教育研究と特別支援教育のプロジェクトの概況

　浙江省盲学校では，杭州師範大学院生の徐秀楠がリーダーを務め，中国美術学院の学部生3人がメンバーとなった。このプロジェクトは2016年11月に立ち上げて以来，非常に成功し影響力の大きいプロジェクトになった。2017年12月には省内最大の浙江省美術館で「インクルージョン：視覚障害者のための触覚絵画展」が開催され大成功に終わった（図2）。上海アートフェアでは，視覚障害の学生の作品に美術的価値があることを検証するために，作

者を開示せずに1点3500元の値段で販売し4点が売れた(図3)。

また，視覚障害の学生に，子どもたちに版画を教えてもらう実践も行なった。「ケムシの穴の探検」プロジェクトでは，子どもに目を隠してもらい，大型のケムシのような装置に入って触覚刺激を体験させた(図4)。これらは視覚障害者のための版画教育を開拓してきた筆者にとって本格的なA/r/tographyの企画である。視覚芸術のリアリティは主に触覚的経験から得られる。視覚

図2　浙江省美術館での展覧会

図3　上海アートフェアでの展示

情報にアクセスできない人々も普通に視覚芸術を楽しむことができることは美術の創造と教育の方法を革新するものであり，この取り組みは中国の主要メディア「CCTV-13」で授業の様子が1時間生放送された（図5～7）。

図4　毛虫の穴プロジェクト

図5　CCTV-13「週刊ニュース」

図6・7　盲学校の生徒が教師の役割を果たす

7. 浙江省盲学校とのプロジェクト

　指導過程で大学院生と学部生の議論の中から4つの研究の方向性が生まれた（図8）。全体目標としては生まれつき目が見えない生徒たちと，視覚障害者と一般人が読める絵本を作ることである（担当：徐秀楠）。さらにサブテーマとして「1：グループアートセラピーを用いた絵本作成の試行（担当：方晟）」「2：視覚障害のある学生がイメージを通して無形のものを表現する方法の研究（担当：朱梦婕）」「3：視覚障害のある学生が触覚を通して色を表現する方法の研究（担当：薛冰楠）」の活動が行われた。これらはABER（Arts-based Educational Research）として行われ，現地調査のビデオ録画，調査ノート，イ

図8　視覚障害児との絵本制作

ンタビューも行った。視覚障害の学生の絵本は，この教育成果の芸術性を示すものとなっている。ビデオは視覚障害の学生の絵本の物語を語っている。

　研究ノートとインタビューは特定の視覚障害の学生の事例を補完することで，彼らの個性的で個別化された表現をより深く理解することに貢献している。

その後，研究計画に基づいて卒論・卒業プレゼンテーションを完成させた。プロジェクトの展示は学部生3人のインスタレーション，研究内容を示すポスター，指導の成果を展示する視覚障害の学生の絵本，授業計画案などで構成され，ABER研究を立体的に提示した。最後に大学院生1名と学部生2名がプロジェクトに関する論文を完成させた。

8. 少年院でのライトペインティング・プロジェクト

　もう一つのプロジェクトは浙江省の少年院で行われ，40人の未成年者にライトペインティングに取り組んでもらった。ライトペインティングの最古の記録はフランスの生理学者エティエンヌ＝ジュール・マレー（Étienne-Jules Marey）(1830-1904) で，美術表現としてはアメリカのマン・レイ（Man Ray）(1890～1976年）が最初とされる。1940年代の成熟期では特にアメリカの写真家ジョン・ミリ（Gjon Mili）が1949年に『タイム』誌の依頼でピカソにインタビューした際にこの技法をピカソに紹介している。ライトペインティングは光源を動かして光の動きを長時間露光することで形づくられるため，身体の動きと視覚芸術の効果との間にロジカルな関係がつくれる（図9）。2017年に試みて以降，自閉症リハビリテーションの効果的な手法の一つとして急速に受け入れられている。杭州師範大学認知脳科学センター長の胡志国教授との実験心理学研究から，全体認知と空間認知に顕著な改善効果が認められた。

　自閉症リハビリテーションでのライトペインティング技術はAI（人工知

能)アートと組み合わせてより簡単に操作でき,「即時性」が強化されて魅力的になる(図10)。デジタルカメラでは撮影からイメージになるまでの時間的遅れがある「非即時性」となるが,それも一つの方向性である。ライトペインティングの身体運動性が少年のスポーツ嗜好と合致し,道具は凶器の危険性がなく,作成後も痕跡が残らないため,少年院の管理上のニーズに合致している。行動矯正面で総合的な認知の促進,協調性の向上,創作過程での「非即時性」の楽しみなどが少年犯罪者の教育に有益と考えられ支持されている。本研究ではライトペインティングのアニメーションによる物語を語ることを通じて少年犯罪者が創造活動による自己行為を矯正する仕組みを開発することが目標で,ライトペインティングの「非即時性」を通じて「遅れた快楽」の獲得を促進することがねらいである。この研究は教育成果の観点から新たな指導方法や効果の提示方法を生み出している点でABER研究と言える。

図9　ライトペインティングのアニメーション(左)
図10　AIと組み合わせることで即時性が強化される(右)

9. 二つのプロジェクトのその後の展開

　卒論執筆後に,これらのビデオやアニメーションを編集して一つの作品「The Mimetic」を作った。学生たちは伝統的な卒業制作と異なり,教育技術の革新に焦点を当て,伝統的な美術史や教育学研究とも異なるABER研究に取り組んでいる。教育技術の革新はABER研究と相まって美術教育専攻の特徴を生かしたプロジェクト型の共同卒業制作や卒業論文につながっているが,中国美術学院の場合は素人の作品を卒業制作展に含めることにはハードルが

あるなど，まだまだ課題もある。

10. ABR・ABER・A/r/tography 研究の国際動向とアジアからの共同研究の発信

A/r/tography の創造的な研究プロセスは，研究から創造活動，教育に至るまで学生を指導することである。自然の感じ方から内観的に研究を進めていくことで自分の気持ちに気づくことができる。このプロセスを通して一つの芸術観念，美的因果律を提案するのだ。そして美術史，視覚文化について研究した後でその因果律の妥当性を探り，因果律に基づいて個人の創造活動を完成させる。個人の創造の経験はその後，学生の間で教育実践を検証する段階へ進み，美的因果律に基づく発見と検証の循環過程が完成する。このプロセスによって研究・創造・教育のイノベーションを生みだすことができる。これが私の考える本物の A/r/tography である。

ABR 研究は西洋における現代の学術研究方法論の最前線にあるが，東アジアには奥深い伝統文化がある。詩を通して伝えられた中国の道教や仏教の核となる哲学は少なくとも芸術表現の研究（Artistic Research や Arts-Informed Research）である。一方，詩学は日常生活，創作活動，マインドフルネスのあらゆる側面に浸透している。中国や日本の伝統文化は ABR 研究に大きく貢献できると思われる。現在，日本の「間」の概念を用いたカナダとの共同研究（Sinner, White, & Hu, 2018），中国と日本における ABR 研究の可能性の検討（Kasahara & Hu, 2018）も行っている。東アジアの学問の伝統を改めて理解することで，この分野における欧米の学問に新たな視点と問題解決策を提供できると考える。中国と日本の共同研究の発展が期待されるところであるが，実際にそれが実現した日本でのワークショップについて以下に紹介する。

（胡俊）

11. 東京学芸大学でのワークショップ

2019 年に東京学芸大学で開催された美術教育国際セミナー ABR 科研・第 6 回研究会に，講演とワークショップの講師として招聘された（2019 年 10 月 18

日開催)。講演ではまず茂木一司 (跡見学園女子大教授) が「いまなぜ, インクルーシブアート教育なのか」と題し, 多様性と寛容性, 他者への想像力を湛えた社会をアートを通して実現していく上で障害のある人々とのワークショップなどのインクルージョンの取り組みの必要性を論じた。

図11　ワークショップの説明をする胡俊教授

　次に胡が「A/r/tographyによるインクルーシブアート教育の実践:視覚障害児とのアート活動の理論とデザインワークショップ」と題し, これまで述べてきたリサーチの概念の拡大や Arts-based Educational Research (ABER), A/r/tography による大学や盲学校での実践を紹介した。後半は胡が盲学校で行なった版画の実践を会場の参加者にも実際に体験してもらった。胡が説明やファシリテーションを担当 (図11), 丁佳楠 (東京学芸大学大学院生) と板倉万里 (東京学芸大学生) が通訳を, 徐秀楠 (杭州師範大学大学院生) が運営のサポートを行った。　　　　　　　　　　　　　　　　　　　(笠原)

　ワークショップが始まる前に, 胡がワークショップで何をするのか, どのように進めていくのかを説明した。最初は参加者全員がアイマスクをし, 視覚障害者の視覚環境を体験した (図12)。次に発泡ポリエチレンシートの上に

ニードルを使って線や形を彫り込んでいく。線や形を作るときには目で見ることができないため，手で少しずつ触っていくことになる。参加者はスタッフから自分が欲する色のついた版画のローラーをもらい，発泡ポリエチレンシートに色を載せる（図13）。最後に色がついた一面をカラーペーパーに転写して完成となる。このワークショップは中国の盲学校で実践している視覚障害児のための版画体験プロジェクトから生まれたもので，胡と大学院生（修士・博士）によって実施されたワークショップである。このプロジェクトをもとに，胡は目の見えない子どもたちが独自のカリキュラムを作成し，目の見える子どもたちに目隠しをしてもらい，同じように版画を作るという，「逆向き融合」プログラムを開発した。

図12　目隠しをして版に触れてみる

図13　ローラーでインクをのせる

今回のワークショップでは視覚障害児が参加者のために考えた四つのテーマ，「熱血感のある剣のつづき」「心の中の提灯」「ヨレヨレ傘のつづき」「学校の中のある印象深い部分」が用いられた。テーマ毎にそれを説明する子どもたちの動画が用意されており，子どもたちが作った版画作品に基づいて，それに対応する命題が子どもたちから参加者に与えられる。これらの命題のうち，1番目と3番目は「続き」があるテーマ設定になっている。盲学校の実践に絵本制作のプログラムがあるが，発泡ポリエチレンシートに最初の子どもが自分の想像したデザインを刻み，それを次の子どもにストーリーの始めとして伝えていく仕組みになっている。二人目は一人目が作った絵に触れながら話を聞いた後，その上に自分で絵の続きを作る。こうして最後の一人が話

第12章　視覚障害児の美術教育とABR・ABER・A/r/tographyの可能性　　205

を締めくくることで，一冊の絵本が完成する。彼らは他者の頭の中にあるイメージを触って感じ取り，目が見えなくても想像の中の世界を「視覚化」することができるのである。そして，そのようにして制作が次の人に引き継がれていく過程の中でおのずとズレが発生する。このズレこそがABRの可能性の源泉の一つであると考える。ある参加者は「胡教授はズレという考えを大事にしているが，私も自分が作った画面にズレを取り入れてみた。そこに面白さを感じた」と述べていた。視覚障害児が絵本を作る際のズレは，グループでのリレー制作の中で起こるが，この参加者の場合はズレを自分一人による制作過程で直接視覚化して取り入れていた。ズレの発生によって新たな表現が生み出された（図14）。

　最後には参加者がグループに分かれてディスカッションを行った（図15）。視覚を持つ私たちは目で物事を認識することに慣れているため，見ることで物事を定義しているが，物事の現実を完全には把握していないのではないかという議論がなされた。ここで思い出すのが，胡が講義で紹介した例である。視覚障害児たちは屋根を触ることができないが，瓶の蓋を触ったことによって屋根を蓋と結びつけて連想し，作品の中に描かれた屋根を丸く描いていた。

図14　作られた版と版画

図15　版画の紹介

　一方で，視覚障害がない子どもたちは三角屋根を描く傾向がある。視覚障害児たちが見えたことがないからこそ，触ることのできないものを前にした

とき，連想を通じてそれを構造的に理解しようとするのである。このような
認識の仕方は常識的な見方を打ち破ることができる。

　また，先天性視覚障害者と視力のある人の感覚の違いは非常に大きいた
め，このワークショップのように，見えないという体験を通して両者の感覚
を関連付けるのは危険だという意見もあった。さらに，視覚障害児の作品を
アートとして高く評価する人は，生まれつき視力がある人であり，それは視
覚障害児の感覚との間にギャップがあるため，「逆向き融合」とは言えないの
ではないかとの意見もあった。確かに約1時間程度のワークショップでは，
目の見えない子どもたちの世界のすべてを体験することはできないため，こ
うした点について議論を深めることには限りがある。しかし，実際にそれを
体験できないからこそ，融合することの価値があるのではないだろうか。な
ぜならこの融合は社会的な視点から名づけられたものだからである。視覚障
害者は中国では社会的に疎外された少数派である。このような活動を通じて
多数派が少数派への理解を促進し，彼らへの意識を高め，視覚障害者らから
（上記の例にあるような）別の理解の仕方を学ぶことができるのである。アー
トも同じように，アーティストの個人的な世界を体験することはできない
が，作品を通してアーティストの新しい認識や考え方を得ることができる。
体験とは100％そのままの世界を還元することではなく，あくまでこういう
世界も存在しているのだという意識を身につけることに過ぎないかもしれな
い。しかし，そのような意識をもつことは，様々な社会意識へと自分たちの理
解をひらいていく始まりとなるのではないだろうか。ワークショップを通し
て，これらのことを参加者が考えることができたことは，今後の視覚障害児
との美術教育を考える上で重要な契機になったと考える。

12. 中国における A/r/tography と ABER の可能性

　盲学校でのプロジェクトを理解した上で中国における A/r/tography と
ABER の可能性について少しまとめてみよう。このプロジェクトは研究から
芸術創造，教育までの完全な連鎖構造を持っている。視覚障害児学校での実
践は，目に見えない世界からスタートしており，外部世界の物事を触ることに

よって内部世界へと転化させることで，目で見たことがないものを視覚的なものに転換させているのである。これ自体は In/visible（見えるものの中の見えないもの，見えないものの中の見えるもの）であり，目の見えない子どもたちの独特の世界に対する認識の上に芸術的な創作を行い，それを目の見える子どもたちに教えるという A/r/tography の創造的なプロセスでもある。

　何も見えたことがない人が何かを視覚化するという行為自体が矛盾しているようにも思えるかもしれないが，この矛盾があるからこそ，見えない人も見える人も視覚文化や視覚そのものについて考察することができ，その考察は両者の共同作用によって一つの研究になるのである。

　なぜこの実践が A/r/tography の創造的な研究プロセスを実現するのかといえば，実践の中では視覚障害児が創造的な実践の経験（版画づくり）を，目の見える子どもたちのためのカリキュラム（触覚体験に基づいた新たな美術教育）に変換するからである。その過程で，研究（視覚文化や視覚そのものへの問い），創作（見たことのないものを視覚的に表現する），教育（見えない人からの版画づくりの指導）のように，そのすべての段階で変革が生まれるのである。それは胡が考える厳密な意味での A/r/tography である。

　A/r/tography とは，世の中に存在しないもの，見えないものを信じて，自分にはないアイデンティティを生み出すことであり，目が不自由な人でもアーティストや美術教師になれるように，不可能を可能にするプロセスでもあるのだ。

　盲学校での A/r/tography の実践には，視覚障害児だけではなく，修士や博士の若手の研究チームも参画している。彼らはこのプロジェクトの活動プロセスを記録し，子どもたちにインタビューし，彼らのアイデアを知り，彼らの創造的な版画づくりのプロセスに参加することで，彼らから洞察力に富んだ知識を得ることができ，目の見える人とは異なる知識構造を知ることができるのである。これはアートやアートの学習について再考するきっかけになる。アートやアートの学習についての再考は美術教育者にとって必要不可欠である。つまり，彼らは「美術教育は視覚に基づくものでなければならないのか？」というように，美術教育上の問題を設定し，教育実践におけるアクショ

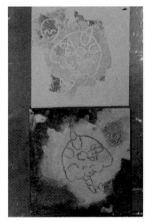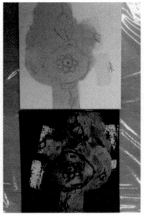

図16　出来上がった版画作品

ン・リサーチを行ったのである。

　しかし，胡はABRが国際的な学術研究においてまだ最先端のテーマであるため，AR (Artistic Research)，AIR (Art Informed Research)，ABER，A/r/tographyの定義や境界がまだ不明確であり，ABR研究に多くの問題をもたらしていると述べている。しかし，このような境界線が曖昧な状況の中では，ABRは研究上の困難や課題があるだけではなく，非常に多様なコネクションの可能性も持っていると考える。例えば，修士や博士の若手研究チームにとって，彼らの将来の教育設計と発展において，A/r/tographyの実践は，ABER実践の基盤に据えることができる。この点から見ると，A/r/tographyとABERは相互に強化され循環的でさえある。1960年代から1980年代に生まれたカオス理論に基づけば，現在の世界はニュートンが信じていたような明確で秩序のあるものではなく，世界は不確実性とランダム性に満ちており，全体的で連続的な視点でデータの関係性を解釈して考えなければならないと今日考えられている（王，2001）。だとすれば，このような世界とは，物事や理論を関連づけながら，その断片を有機的に組み合わせ，全体を構成的に捉えることで，全体の中の各部分の境界が明確になるものなのかもしれない。

　中国の美術教育には様々な課題があるが，なかでも人々が「美術は無用

である」と考える意識が強かったこともあり，従来の美術教育が学科のなかで地位が極めて低かったという問題があった。しかし，盲学校での A/r/tography の実践を行ったことで，視覚障害児たちに鍼灸・マッサージ専攻以外の選択肢を用意することができ，彼らは自分の価値を再認識することができた。また，少しずつ社会の中で視覚障害児者への平等意識が高まり，逆向き融合教育が実現できるといったように，「美術の持つ有用性」に対しても人々の意識に変化が生まれ始めている。ABR は学校ではまだ馴染みのないものかもしれないが，盲学校での実践のような A/r/tography の実践として，また，社会活動としていくつかのプロジェクトが進んでいる。この新風はいつかさまざまな学校外の施設から学校の中へと吹き込んでいくことだろう。すべては現在進行中である。

(丁)

13. さいごに

今回，ABR や A/r/tography の研究と実践を大学教育や特別支援教育へと広く展開し実装していく取り組みを精力的に進めている胡教授を迎え，その取り組みを支える理論と実践の数々を報告してもらった。ABR や A/r/tography が学術的な知のあり方と密接に関係した問題であることへの見識と，ABR や A/r/tography の実践を軸に，人々がアートを通して自分たちの可能性をひらいていくための相互的な教育の可能性を具体化していく取り組みとの関係と方略を学ぶことができた。

A/r/tography を牽引するリタ・L・アーウィンは，アートグラフィーの探求者とは，芸術家であり研究者であり教師でもあるような大人だけでなく，子どもたち(児童生徒)もアートグラフィーを通した探求者(アートグラファー)になれると述べている。しかし，私(笠原)は当初，胡の盲学校での版画制作の実践がどういった意味で ABR，とりわけ A/r/tography の実践なのか，少し掴めないところがあった。しかし，今回の講演やワークショップを通して，彼の取り組みが「視覚障害児が美術制作に取り組むことを支援する活動」であるだけでなく，「視覚障害児が目の見える人に版画制作を教える活動」を行う

ことで，両者の間にある現実世界の認識の違いへの気づきを促し，そのズレがあることでより表現が創造的に広がる可能性を具体化させていることに，まず，アートベースの探究的で生成的で喚起的な特徴が生きていることが見て取れた。そうしたアートの制作を通して，双方にとっての新たな世界の認識の可能性を具体化させ，今までの視覚障害者と見える者との固定した関係性を揺るがし，新たな形で人々が共に生きる関係性を社会の中に具体化していくことが少しずつ可能になるところが，まさにこの実践がABRであり，A/r/tographyの生きた社会的探求実践となっていることを確信できたところである。

　私たちはABRやA/r/tographyを通して人と社会のあり様を，今まで気づかなかったような視点から捉え直し，編み直していくことができる。胡が呼びかけるように，国内外の様々な実践者や研究者や表現者たちと共に，美術教育の，そして人と社会とアートの創造的可能性の追求に今後も取り組んでいきたい。
（笠原）

文献

Kasahara, K., Hu, J. (2018). Current Status and Possibility of A/r/tography in Asia: The Japanese and Chinese Context - A Session of "Re-thinking Writing and Graphy in Art Education". (5th Conference on Arts Based Research & Artistic Research (Liverpool, UK).

胡俊《基于"诗画本一律"的美术学习自我评价》（《美国美术教育学会评价方法白皮书》）. Poetry as embodied self-assessment for visual art in NAEA Assessment White Papers. (in press)

Sinner, A., White, B. & Hu, J. (2018). 'Ma' and the space in-between: A China-Canada pedagogical exchange. 5th Conference on Arts Based Research & Artistic Research (Liverpool, UK).

钟经华 (2003). 开放普通高考　开拓盲人就业领域. 中国教育网. 2020-09-09摘自http://www.edu.cn/edu/te_shu/te_shu_news/200603/t20060323_78956.shtml (最終アクセス2020年9月9日)

王颖 (2001). 混沌状态的清晰思考 [M]. 北京：中国青年出版社.

付記

　本稿は2019年10月18日（金）に東京学芸大学で開催された，美術教育国際セミナーABR科研・第6回研究会，「A/r/tographyによるインクルーシブアート教育の実践：視覚障害児とのアート活動の理論とデザインワークショップ」での胡俊教授（杭州師範大学）の講演「視覚に障害のある子どもたちとの美術教育実践―アートグラフィーに基づく実践から―」を基に，丁佳楠（東京学芸大学大学院）が翻訳し，笠原広一（東京学芸大学）が加筆・編集したものである。また，本稿の一部は，茂木一司編（2022）『視覚障害のためのインクルーシブアート学習』（仮）ジアース教育新社（印刷中）に収録予定の原稿に加筆修正を加えたものである。本研究は，科研費基盤研究（18H01010）（18H01007）（18H00622），若手研究（18K13160），SSHRC（890-2017-0006）の助成による。

第13章

武蔵野大学でのABRの実践
―世界と向き合う態度の涵養―

生井亮司

1. はじめに

　本論では Arts-based Research をどう理解するか，ABR とはいったいどのようなものであるか，あるいは ABR はこれまで一般的に行われてきた美術制作，造形制作とどのように異なるのか，あるいは同じ部分があるのか，ということに戸惑い些か悩みながらも取り組んできた大学での教育実践について考えてみたい。

　ABR を直訳的に考えるならばアートを基盤にした研究（探究）と理解することになるだろう。だからアート的に何かを，例えば世界を探究するということになるはずである。しかしながらここにあるアートという概念自体がそもそも不確定なものであり，アート自体がその都度新たな概念として立ち現れてくるようなものだから尚更やっかいな概念でもある。

　しかしこのやっかいさ，つまりその都度現れてくる概念としてのアートといったことが ABR という概念自体を支えているとも言えるかもしれない。それはアートという概念がその都度現れてくるものであるように，アートによる探究（ABR）もその都度現れくる概念であったり世界の姿であったりといった未知の事柄の概念化（あるいは意識化）を目指しているということから推察できるのではないだろうか。

　つまり，アート的な探究を開始する以前にはそれが何であるか理解できな

いものであったり，気づいてもいないことを対象としているのである。

　そうであるからここで語られるアートやアートによる探究は何が現れてくるか分からないといった不確定性や偶然性を存分に信頼することによって成り立つようなことなのである。また，それらはアートが現れてくることと同期的に立ち現れてくることである。

　このように考えるとアートとは何かといったことがそれを問う者の数だけ存在することが可能なように，ABR とは何かといったことがそれを問い，実践する者の数だけあってもよいということになる。だからこのように言ってしまうと何でもありかのようになってしまうが，そこにはアートをアートたらしめる何らかの要素が含まれ，基盤になっていることも確かなことである。私たちはそれがどういったものであるか明確な言葉で指し示すことができないとしても，これはアートである，といったような判断を常に行なっている。もちろんこの判断の基準や精度さえも不確定な上に立つものであるのだがアートを支える何かがあることは確かなことであろう。ここでこの議論に深入りすることはあえて避けるが，本論の考察を進める上でその一端を指し示すことができれば，ABR の実践において注意深く取り扱わなければならないことを見出すことができるかもしれないという期待を込めて実践の考察をすすめたい。

　さて，武蔵野大学幼児教育学科は保育について学修し将来的には保育者を目指している学生たちの集まる場である。すなわち美術制作を専門に学んでいるわけでもなく，また美術の教育を専門に学んでいるわけでもない。しかしながら，そうであるからこそ，ABR を学ぶことが将来子どもたちの保育に関わる上で重要な意味を持つのではないかと考えている。

　幼児教育は初等教育以上のような教科による学修内容の分化はなされていない。幼児教育においては平成元年の改定以降5領域という考え方を持ってきた。この5領域は「表現」「言葉」「人間関係」「環境」「健康」となっており，幼稚園教育要領にはそれぞれのねらいや内容が示されている。しかし，これらの5領域は教科のように分けて行うようなものではなく，それぞれの領域が横断的に影響しあいながら全体的な幼児教育を実現していくようなものであ

る。だから，例えば領域「言葉」と領域「表現」でみるならば言葉の発達と表現の発達は互いに影響し合いながら子どもの成長を支えていくことを考慮し活動を行うことになる。また領域「表現」に限ってみると音楽，体育，図工（美術）といった教科的な要素を含みつつも，それぞれが別々の活動として行われるのではなく，表現の源，形式に分化される以前を見つめることから，表現の欲求が音，身体，色，形として現れてくることを支援するのである。だから保育者は子どもに具体的な表現を行わせるのではなく，表現が生成してくる機会を注意深く探ろうとし，その場面に立ち会う存在なのである。

このような幼児教育にける表現活動は幼児の園での生活にとって中心的な役割を果たす活動である。言い換えるならば表現活動を中心にしながら子どもたちは何かを学び取っていくということである。

ところで，幼児教育において身につける力としてあげられるのは非認知能力と呼ばれるようなものである。この非認知能力とは数値では測ることの困難な心の動きであったり，レジリエンスであったりするようなものである。

そしてこうした非認知能力の形成においてはなにより「遊び」の重要性が語られるところである。子どもたちは遊びの中で様々な力を身につけていくのである。

2.　遊びとブリコラージュ

一般的には遊びは単に遊びであり，学ぶことより一段劣ったものとして理解され学び，学習（勉強）とは対照的なこととして捉えられがちである。しかし実はそうではないということは多くの人が知るところであろう。遊びとはフリードリッヒ・フォン・シラーが「人間は遊ぶことによって人になる。そして遊ぶからこそ人なのである」と述べたように人間を人間たらしめる行動である。またホイジンガが「人間文化は遊びの中において，遊びとして発生展開してきたのだ」と述べていることを考えると人間の行なっていることのほとんどは遊びではないか，と言いたくなるほどでもある。

ところでこうした遊びとは一体どのようなものを指すのであろうか。先にも述べてきたように幼児期の学びは「遊び」を通して世界を学んでいくことで

ある。遊びは遊ぶこと自体がその目的であり，何かになるために遊びを行うことではない。何かの目的を持った途端に遊びは遊びではなくなってしまうのである。つまり遊びは設定された目的という未来という時間に向かってその表面を辿っていくようなことではなく，今目の前にある現実とただ向き合い，何かを行なっていくようなことなのである。言い換えるならば今という時間をどれだけ深く掘ることができるかということが，遊びをより豊かなものにしていくことになるのである。こうした今目の前にあるものとの対話によって何かを行なっていくということはレヴィ・ストロースが『野生の思考』の中で提示したブリコラージュという概念を想起させることになるだろう。ブリコラージュとは言ってしまえば，ありあわせのもので何かを作ることである。つまり先に目的が用意された中でそれに必要な道具や材料を集めてくるのではなく，道具や材料と出会うことによって何かを作り出すような能力のことである。

　このようなブリコラージュにおいては「出会うこと」がなにより大切なことである。ところが，何かに出会うこと，それも初めて出会ったときの驚きに満ちたように出会うことはなかなか難しいことでもある。しかし初めて出会ったかのように道具や材料，あるいは世界に出会うことができれば，新たに世界の探究を始めることができることになるのかもしれない。それは佐藤学が「新たな現実」と言ったように，同じ世界，いつもの世界が全く違った様相を見せ始めるということであろう。

　このように，目的といったものから解放され，遊びに没頭するかのように世界と出会うことができるようになったとき，アート的な探究としてのABRが始められるのかもしれない。

3.　導入としての歩くこと。目的からの解放のために

　さて，少し長い前置きになったが，ここから大学での教育実践について話を進めていきたい。学校という場での活動のほぼ全ては目的が張り付いているし，私たちの生活のほぼ全ての行動は目的によって規定されているといってもいい。しかし，人間は目的のためだけに生きているわけではないし，そも

そも生きることに確固たる目的があるともいえない。私たちがこの地球上に存在しているということには，ただただその瞬間の生を味わいつくすということであるといってもいいのではないかとも思う。

　学部1年生の保育内容（表現）という授業ではその導入において，何もしない，ただフラフラとキャンパス内を歩くということを行う。通常の授業では何かを理解したり何かを探したりといった目的を持って行うわけだが，この授業の初回では，何も目的を持たないで歩くということを行なっている。あえて言えば「何もしないということをする」ということである。しかし「何もしないことをする」と書けてしまうように，目的から逃れることはなかなか容易なことではない。それでもあえて何もしない時間を持つということによって見えてくるものがあるのかもしれないと考えている。この活動の後に授業参加者へのヒアリングを行うと，多くの学生はやはり「普段は目にすることのないものを見ることができた」や「何もしないということは難しい」といった回答が寄せられる。しかし，実は「普段目にすることができなかったものを見ることができた」ということ以上に，それと言葉では表すことのできない空気や光の感じといったものを参加者とともに体感してしまうことができるということを「目的」にしている。

　次の授業では空気や光の感じといったものをより理解するため，Blind Walk A/R/Tographyと題し，視覚を遮断した状態でキャンパス内を散策する。この活動は二人ペアで行い，一人は目隠しをした学生の補助を行う。ブラインドウォークはバリアフリーの問題を自分ごととして理解するために行うことが多いが表現の授業では，普段感じ取ることができない感覚を働かせる（あるいは感覚に気づく）ことは可能かといったことを目的としている。全体としての目的はそうだが，しかし参加者の感覚に何が立ち上がってくるかはわからない。

　この活動は視覚を遮断することによって，おそるおそる歩くことから始まる。そうすると，突然停電してしまった暗闇で何かを探すときに感じるような，感覚を得ることができる。例えば，それは普段は感じることができない匂いであったり，手で触れた時に感じる質感であったりといったようなもので

図1　ブラインドウォークの様子

ある。あるいは空気の抵抗。こう書くと，普段私たちはどれだけ視覚からの情報に頼って生活しているのかということを語ることになる。もちろんそうした理解は間違っているわけではない。確かに私たちは視覚という感覚に判断の多くを頼って生活しているのだが，しかし実は一番大切にしたいのは，目隠しをやめて普段通りになったときにその感覚がもう感じられなくなっているということなのである。もう少し正確に述べるならば，感覚はしているのだが，強い情報や刺激によって，繊細な感覚が隠されてしまっているということである。そうした普段は意識には上ってこない，繊細な感覚，言い表しがたい感覚，そうした感覚によって世界と出会っていくということを「表現」という授業の導入において行っている。これは，実は私たちがすでに忘れてしまった子どもの頃の感覚を思い出すようなこととも言えるかもしれない。またはそうした感覚に出会い直すことは言語を獲得する以前のインファンティアといわれるものと出会い直すことを意味しているのかもしれない。

4. 身体的知性へ（ゼミ活動）

　次に取り上げる活動は，偶然性をたよりに自らの感覚にしっくりくる形を探究していくような活動である。
　用意する材料は液体粘土，絵具，厚紙。厚紙の上に液体粘土を垂らし指先で思うままに伸ばしながら，心地のよい模様を作る。液体粘土のドロドロとしているが気持ちよさを感じる感覚を楽しみながら，いわば電話をしながらついつい行う意味のない落書きをするように形が次々と変化していくことを楽

しむ。ある程度の時間，指で直接に描くことを行なった後で，自らが「おもしろい」や「いい」というところで手を止める。この「おもしろい」という感覚がどこから現れてくるのかを言語化することは難しいのだが，それが何かに見えるからといった見立てのようなものではなく，ただ「いい」という感覚で止めるようにする。このただ「いい」という感覚を大切に扱いつつも言語化することが難しいのは，美的な判断といったものがそもそも言語や意味に分化される以前のあらゆる物事が未分化にある，ある意味における混沌や意味のなさといったものに依拠するからなのかもしれない。

　次に，いいと思ったところで手を止めたものを別の紙で写しとる。それまで指先で描いていたものを版として写しとり，自らが直接に行なっていた行為が，いくぶん客観化されて新たな形が現れてくる瞬間の気持ちの動きを感じ取ることも大切にする。

　最後に，それまで版として扱っていた厚紙を両手に持ち，丸めたり，折り曲げたりしながら，おもしろいと思う形を作る。ここでも大切なことは，何かを

図2　液体粘土の心地よさを感じ取る

図3　面白い，いいと思う形を探る

作ろうとするのではなく，なんとなく，これっておもしろいであったり，なんだかかっこいいであったり，と言葉では説明できないけれどいいと思える形を探っていくことである。

　こうした一連の活動はたまたま形ができてきたという偶然性を頼りにしながら，抽象的な色や形の世界を探究しようとすることである。

　私たちと世界とのあいだには，常に，言葉や概念あるいは目的といったものが存在している。意味や概念といったものによって私たちが生きることは比較的安定したものとなったり，他者と共有，共通理解可能なものとなったりもする。しかし他方で，意味や言語といったものは私たちが世界と直に出会おうとすることを遮断してもいる。そうだから意味や概念といったものを一旦カッコにいれる，あるいはそうしたものを剥ぎ取った先にあらわになる世界そのもの，この活動でいえば色や形そのものの面白さを探ろうとすることはアート的な思考，あるいは態度によって世界そのものを探究することといえるのかもしれない。ところで先に何度か述べたことであるが，意味は分

からないがなぜかいいであったり，おもしろかったりといった判断は一体どのようになされているのであろうか。本論でこの判断について議論を深めるには紙幅が足りないが，あえて述べておくならば身体的な判断と言えるのではないだろうか。

彫刻家の高村光太郎は「人は五官というが，私には五官の境界がはっきりしない。空は碧いといふ。けれども私はいふ事ができる。空はキメが細かいと。秋の雲は白いといふ。白いには違いないが，同時にそれは公孫樹の木材を斜めに削った光沢があり，春の錦雲の，木曾の檜の板目とはまるで違ふ。考えてみると，色彩が触覚なのは当たりまえである。光波の振動が網膜を刺激するのは純粋に運動の原理によるのであらう。絵画におけるトオンの感じも，気がついてみれば触覚である。口ではいへないが，トオンのある絵画には，ある触覚上の玄妙がある。」と述べている。もちろんここで語られていることは彫刻家の感覚と言えるものかもしれない。しかし，こうした触覚上の玄妙というべき判断は誰しもが行なっているのではないだろうか。私たちは日常的にビジュアルイメージといった視覚のおもしろさを基に判断をしているように思うが，実はその奥深くでは触覚的，身体的な美的判断を携えながら世界を探究しているのかもしれない。

5.　再び歩く。

5-1　見えていないものを見る，，，未知化

2020年春から突如として世界中を覆ったコロナ禍の中で，大学の授業も対面で行うことができなくなり，オンラインで行うことを余儀なくされた。こうした中で学生が各自の自宅近くで可能な活動をいくつか行なってきた。自粛が要請される中で，家の周りを少しだけ歩くこと。歩くことの中に世界を発見していくような活動を行なった。

まず一つ目の活動 Narrative by picture project in neighborhood について。行うことは簡単。30歩歩いたら一枚の写真と撮るということ。30歩歩いたところで目に止まったものを反射的に撮影するということである。これを30分間続ける。30歩ごとに1枚，30分間で撮影した写真をスライド上に並べて

みて，そこから自分なりの物語や詩を作るというものである。この活動は慣れ親しんでいるはずの近所であるにもかかわらず，意外にも目に入っていないものがあるということへの気づきと，目に止まったものをできる限り反射的に撮影しているのだが，やはり自分の興味や関心が反映していることに気づくということを得た。

　30分に1枚強制的に写真を撮ることは意志や意識の介入をできるだけ弱めるために行なったものであるが，実際，自らの意識を手放すことの難しさを感じることとなった。自分が撮影した写真をスライド上に並べながら，そこから物語や詩を作る過程の中で，意識をできるだけ排除しようとすることが，かえって自らの意識や好みの傾向を確かなこととすることが図らずも起こってくるという気づきになった。またコロナ禍の自粛の中で，遠くの世界へ旅することが困難な中で，自らの近所でも違った形での世界旅行をすることが可能であるということも見出すことになった。

　つまり強制的に写真を撮るという行為が，制作者と世界とのパースペクティブを変容させることになったのである。

5-2　さらに歩く。哲学者の言葉とともに。

　次に行なったことは，哲学者の言葉とともに歩くというものである。ドゥルーズやインゴルドなどのいくつかの著作をゼミ生たちとともにパラパラとめくりながら目にとまった一文をいくつも選び出していく。学生は挙げられた一文，気になった一文をもとに自らの生活の中で，その一文，言葉にピンとくる場面を撮影する。1週間という時間，その言葉とともに生活しながら，写真を撮影する。もちろん常にその言葉を意識しているのではないのだが，ふとした時にその言葉を思い出すようにシャッターを切る。

　撮影された写真はクイズ形式（先に参加者に写真だけを提示し，その写真がどの言葉を元に撮られたものであるかを当てるようなもの）のように他の学生たちと共有するのだが，一つの言葉から多様な解釈が可能であることを感じるとともに，言葉を持ち続けることによってこれまでとは違った世界が自ずと開示されるという経験をすることになった。

6. おわりに

美術作家の制作では，いかにして自ら意識を手放していくかということが問題になる。制作者は自らの意思によって制作活動を行いながらも，実はどこかで自分の意識ではたどり着くことのできない形をあらわにしてみたいと思っている。そのために一見逆説的に思えるが，対象を徹底的に見るということを試みたり，素材や環境に身を委ねるように，その変化に徹底的にしたがってみたりする。このような自らの意識を弱めようとすることによっていわば「世界そのもの」の探究の旅を続けている。しかしながら，「世界そのもの」を探究することで手放していくものは，あくまで「私という意識」だけである。自己や個といったものは，意識だけによって成り立っているわけでは決してない。意識を手放そうとしても自然的存在である私を根底で支える身体といったものは現象学的還元の残余のように残り続けている。身体性ということへの信頼が世界そのもの，つまり未分化で抽象的な世界を彷徨い探究することを可能にし，その偶然性を許容することになる。

このように考えると，アート的な探究とは，個としての私が身体性に依拠しながら世界に出会っていくことといえる。そうであるなら ABR において注意深く取り扱わなければならないことは制作者の身体性とその判断ということになるかもしれない。

本書の小松論文「ABR の由来」では鑑識眼と批評という概念が提出されているが，この概念を飛躍的につなげてみるならば，鑑識眼は世界そのものをみること，出会うことといえるかもしれないし，批評は身体的な知性による判断ということに重ね合わせることができるかもしれない。

保育者養成課程において ABR の実践を行うことは身体的な知性，普段は意識することさえできない感覚を意識できるようになることを目指している。保育者として子どもの造形活動やその育ちに立ち会う上ではそうした感覚を知ることがなにより重要になる。

なぜなら子どもたちは私たち「大人」よりも世界と直接に出会うことが上手だからである。

しかし先にも述べたように，私という意識を手放したり，世界に直接に出

会ったりしていくこと，あるいは子どものように世界に出会うことはそれほど容易なことではない。制作体験の積み重ねや時間の積み重ねの先であらためて私を手放し，世界と出会うことができるようになるのである。経験と時間を簡単に飛び越えていくことはできない。しかしそこにあるエッセンスを抽出することや，態度を涵養することでアート的な探究のとば口に立つことはできるかもしれない。大学でのABRの実践とは世界と向き合うための態度を涵養し，偶然的な世界を自由に探究する感性を養うことではないかと考えている。

参考文献

Komatsu, K. & Namai, R. (2022). Art = Research: Inquiry in Creative Practice, In Komatsu, K. Ishiguro, H. Takaki, K. & Okada, T. eds., *Arts-Based Methods in Education in Japan*, Leiden: Brill.

フリードリヒ・フォン・シラー（2017）.『人間の美的教育について』法政大学出版局

ホイジンガ（1973）.『ホモ・ルーデンス』中央公論新社

レヴィ・ストロース（1976）.『野生の思考』みすず書房

佐藤学・今井康雄編著（2003）.『子どもの想像力を育む──アート教育の思想と実践』東京大学出版会

ジョルジョ・アガンベン（2007）.『幼児期と歴史──経験の破壊と歴史の起源』岩波書店

ジョルジョ・アガンベン（2009）.『潜勢力と現勢力』月曜社

西平直（2015）.『誕生のインファンティア』みすず書房

高村光太郎（1957）.「触覚の世界」『高村光太郎全集第五巻』筑摩書房

ジョニー・オデル（2021）.『何もしない』早川書房

第14章

保育者養成における
アートベースの探究実践の学習

笠原広一

1. はじめに

　保育においてアートが担う役割はとても大きい。それは日々の園生活の中で何かを「感じる」体験から始まる。四季折々の暮らしの中で感じる光，雨，風，戸外を歩けば花の匂いや日差しの暖かさを肌で感じることができる。遊びの中で触れる砂や土，紙や粘土，積み木とった様々な材料による造形活動は音声言語だけではない形や色の造形言語による表現行為を生み出し，幼児にとっては自分の思いやイメージを形にする重要な活動となる。幼児の表現は生活体験全体の有機的なつながりの中に生まれるものであり，そこに保育におけるアートの可能性がある。

　保育者養成におけるアートの学習はそうした生活体験全体に関わるものであり，直接的な描画や工作の技術や指導のみで学ぶことができるものではない。いかに生活全体の中での感性的な体験を豊かにし，意識的に「表」すだけでなく，意図せず体や姿に「現」れ出る体験の実感や思いなどが一体となった幼児の「表現」を受け止め，柔軟かつ想像力豊かに必要な支援を行なっていけるかが問われる（平田, 2019）。つまり保育者の感性をいかに豊かに耕していけるかが重要になる。

　私がそうした生活体験全体にアートが関わることの可能性に意識を向けるようになったのは，かつてチルドレンズ・ミュージアムに勤務していた際

にレッジョ・エミリアの幼児教育を紹介する「こどもたちの100の言葉展」の巡回展を担当した経験が大きい。その後，芸術大学の幼児教育施設の仕事でも日常の中で子どもたちが生み出すささやかな表現や，時に大人の想像を越えるような表現を生み出すような子どもの姿に興味をもった。その後，教育大学の幼児教育講座で美術表現の指導法を担当した際にはアートをベースにした生活体験の統合的なアプローチの指導に試行錯誤を重ねた。戸外を散策して感じたことを，表現を通して問い深める実践を行なった（Kasahara, 2015）。実際のところ大学の授業は回数も限られ，短期間の集中講義になる場合もあり，じっくりと時間をかけた生活体験のなかで探究を体験できる機会はなかなかもてないのが現実である。大抵は数回あるいは二日間ほどの短時間のうちに自分たちの体験やその実感に根ざした探究を展開する体験とコツを掴むような演習をセッティングするわけだが，そんな中でも学生たちはとても興味深いアートベースの探究に取り組んでいる。本章では，そうした制約のある中で行なった幼児の造形表現の授業におけるアートベースの探究実践を紹介する。

2.　日本におけるプロジェクト・アプローチや探究的な実践

　このように，日々の園生活の中に生まれた興味関心，出来事や問いをきっかけに子どもを主体として活動を広げ深めていく保育は，これまでも日本の保育の中で広く取り組まれてきたとも言えるが，子どもたちを知の探究者，創造者として位置付けるならば，こうしたプロジェクト的な実践理論の理解が欠かせない[1]。日本でも近年，磯部錦司・福田泰雅（2015）らが保育におけるアートとプロジェクト・アプローチの実践を詳細に紹介した例がある。鳥取県の赤碕こども園の取り組みで，子どもたちの海の生物に対する興味関心から発展した川プロジェクトや，カッパ（河童）の探究ではカッパはお化けか動物かという問いが生まれ，図書館で調べ，カッパを探し，造形活動でカッパの世界が表現され，劇や絵本にも発展した取り組みが紹介されている。また，筆者が共に活動している保育園では「忍者」が探究のテーマとなった年があった（笠原，2019）。近年では「お化け」が探究のテーマになり，服を作ってお化け

に扮して劇を行ったり，自分たちでお化けを調べて，お化けの絵本をつくったり，大学院生との活動ではお化けの影絵遊びを行い，そこから自分たちで発展させ，保育者と一緒にお化けの動画作成を行った。最後は作品展でお化けにまつわる様々な展示や動画を上映するシアターづくりへと活動が広がった（小室・竹・笠原・真木・鉄矢・白神・肥前・寺島・池田・和田，2020）。こうした探究は大人が考える自然科学的探究とは異なり，絵や演劇，踊りや歌など，様々な遊びの形をとって展開し，そこには物語やファンタジーなど，想像力による展開可能性も多分に含まれるのである。

3. 保育者養成校でのアートによる探究活動の取り組み

　では，こうした保育の考え方や取り組みは，保育者養成校ではどのように学ばれているのだろうか。その前に，まず日々の生活体験にアートが関与することで一体何が起こるのかを考えてみよう。私たちは普段，眼に映るものにどのくらい注意を働かせ，そこに様々な感覚や感情が同時に働いていることをどれくらい自覚しているだろうか。日々の何気ない出会いの中に生じるちょっとした感受認識を大切にし，それに素直に反応し，その内的・感覚的・意識的な過程を表現活動と共に省察することで，アートによる探究が「不確かさ」の中で「動き出す」。筆者はこれまで保育者養成課程の演習で，こうしたアート活動の特性に基づいたアートベース・アプローチ（Art-Based Approach）の実践を行ってきた（Kasahara, 2015）。これは，アート（Art）を探究や知の創出の方法と位置付けるアートベース・リサーチ Arts-Based Research（ABR）（Eisner & Barone, 2012）[2]の流れを汲む考え方である。様々な感覚体験，思考や言葉，アイディアやメタファーなどをアートの様々な表現活動の中に織り交ぜながら，言葉や論理による思考だけでは成し得ない，しかし感覚的な追求だけでも至り難い，自己の体験，出会った事象，世界に対する新たな気づきや発見を，表現や素材による具体化のプロセスや，探究的な活動プロセスを通して生み出していく活動の考え方である。

　実際に，福島大学人間発達文化学類の幼児教育コースで実施した保育内容の領域「表現」に係る演習を例に見てみよう。3日間の集中講義の後半1日

半で探究的な活動を行なった。日数が連続していることもあり，長期間にわたりじっくりと自分で興味関心をもった事象を追求したり，時間や季節の変化，他の活動との連動による生成的な活動の変化までを含むことにはやはり限界があり，保育現場でじっくりと展開するプロジェクトや探究を同じように行うことは難しい。しかし，自然豊かな大学構内を散策し，そこからどんな探究が始まっていくのか，その考え方と展開の具体的なイメージや，そこにアートがどのようにかかわるのかという基本的な理解を得ることはできるのではないかと考え，かなり短時間ではあるが，身近な自然体験をアートによる探究を通して深める実践を行った。本稿では先に演習の展開の概要を示し，実際に学生が行なった三つの探究の事例を紹介する。

(1) 導入

演習の前半で乳幼児にとって表現とは何か，発達と描画，幼稚園教育要領の領域「表現」について，年間指導計画の中で具体的にどのような造形活動が行われ，それが環境構成としてどのように具現化されるかを学んでいる。今回の探究活動の導入では，子どもが見つけた「影」を例に，園生活の中で子どもの発見や興味関心からどのように活動が立ち上がり，そこにアートの表現や共有，新たな試みが加わることで，どのように探究が広がり深まっていくかを説明した (図1)。

図1　「影」から探究が広がり深まっていく展開の例

(2) 戸外を散策する

次に実際に戸外を1時間ほど歩き，その中で各自が興味関心を持ったモノやコトが探究の出発点になるのだが，テーマになりそうなものを初めから探そうとするのではなく，散歩をじっくり楽しむことが後々面白い発見につながり，探究も深まっていくことを伝えた。見慣れた大学構内も普段あまり通らない道を歩いたり，紫陽花が目に入っても普段は通り過ぎてしまうところを近づいて触れてみることで花びらのような萼片（がくへん）が意外に固かったり，青や紫の色味が異なっていたり咲き終わって枯れ始めたものもあるなど，同じ根に咲く花々の中でも時間の変化が見られることに気付く。落ちていた実を拾って割ってみると中は虫が食べてできた穴が大きく空いていることに驚いたりもする。ふと木に目をやると無数の蝉の抜け殻が幹にしがみついている。土から出て這い上り，その途中で羽化したのだとわかる。そうすると聞こえてくる蝉の声一つひとつが，こうして地表に這い出てきた命なのだと思えてくる。昨日の雨がつくった水たまりには落ち葉が沈み，風が吹けば映り込む景色がさざめいて揺らめく。途中小雨が降ってきて，無数の小さな波紋が水面に映った風景と混じり合う。見たことや感じたことを仲間と話したり，写真を撮ったりしながら，学生たちは教室に戻ってきた。

(3) 見たものや感じたことを共有する

散策で見たものや感じたこと，気に留めたことを写真と共に語ってもらった。ごく当たり前のようなささやかな発見や，ちょっとしたことに不思議さを感じたりしたことなどを互いに聞き合うことで，そこに何か「正解」があるわけではないことや，それぞれが見つけたり感じたことが大切で，なぜそれを，綺麗，不思議，と思ったのかを聞くことが実はとても面白いということに気付いていく。それを聞きながら筆者がその体験や発見などを黒板に書き留めて共有していく（図2）。

(4) 見つけたことにカタチを
　　与えてみる

　次に，先ほど互いに紹介した自分が見つけたり感じたりしたことに何らかのカタチを与えてみる。完成作品のようなものを目指すのではなく，描く，つくる，触ったり，言葉に書き出したりしながら発想を広げるなど，実際に何らかの探索的な試みを行うことで，気づいたり見えてくることなどを少しずつ手繰り寄せていく。

図2　みんなの体験や発見を黒板に書き留める

1)　蝉の羽の探究

　　この学生は散歩で蝉に関心を持った。この時期（8月）は戸外に出れば蝉の声が聞こえない場所はない。実際に蝉を捕まえたり，幹に停まって鳴いている蝉に近づいてそっと見ていると，今までは「蝉」と一括りに考えていたが，鳴き声やカタチ，羽の色にも違いがあることにあらためて興味を抱いた。そこで図鑑を参考に異なる種類の蝉の羽を絵の具で描き（図3），それで蝉をつくった（図4）。

　　つくってみると確かに蝉は出来たのだが，自分が感じた蝉らしさとは少し違っていることに気付いたという。その「蝉らしさ」とは何なのか。学生はそこで蝉の羽の美しさが単に色の問題ではなく，それが透けていることに理由があるのではないかと考えた。そこで今度は透明セロファンを羽の形に切り，携帯電話のライトで光を当ててみることにした。すると透明感を持った羽が，床に置いた白画用紙に浮かび上がった。薄い青や緑（図5, 6)，茶色（図7）に透ける羽の印象は戸外で見た蝉の羽により近づいたように感じられたという。そして最後には針金で羽の翅脈（しみゃく）をつくって影を映し出した（図8）。この段階では羽の色の印象を追求しているのではなく，翅脈の形や構造，美しさへと関心が拡張しており，絵の具（羽の色

と描写）からセロファンへ（光で透過する色の感じ），さらには翅脈の筋だけ（羽の形の造形美）へと表現を通して蝉の羽への接近の仕方やかかわり方，興味関心の視点が変化していった。このように戸外の散策から何気なく蝉に関心を持ったことから様々な種類の蝉がいることにあらためて気づき，形や色の違い，蝉の羽らしさについての自分なりの疑問を，最初は絵の具で，次にセロファンと光で，最後には針金と光（影）で発展的に追求していく探究が生まれていった。蝉らしさ，蝉の羽の美しさや構造に気づいていくという蝉についての美的な理解や洞察が深まっていったことは確かである。

図3 二種類の蝉の羽の描画

図4 みんみんぜみ（左），あぶらぜみ（右）

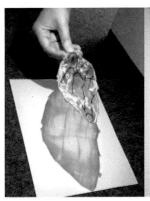

図5 白画用紙に映し出してみる

図6 薄緑の羽（みんみんぜみ）

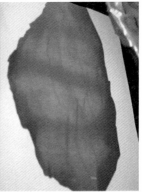

図7 薄茶色の羽（あぶらぜみ）

図8　針金で翅脈をつくり羽の形を浮かび上がらせてみた様子

　描いたり，つくったり，影を映したり，様々なアートの技法を用いることで生み出された蝉の羽についての美的な探究のアプローチが展開した取り組みとなった。

2) 水たまりと雨の探究

　この事例の学生は散歩の中で水たまりに関心を寄せた。昨日降った雨による水たまりがあったが，この日も途中から小雨が降り出した。初日は水面の水の感じや反射する光などに面白さを感じて写真を撮っていた。翌日は雨だったのだが，再度外に出かけると，坂道を雨水が川のように流れており，緑色の葉がひらひらと流れていくのを面白いと思い，動画で撮影した（図9）。そこから発想してまず紙コップで小舟をつくった（図10）。一方で，大きな水たまりにできる雨の波紋も印象深かったようで，これも動画で撮影し（図11），その様子をアクリル絵の具で描いた（図12）。絵の背景は水たまりに幾重にも映し込まれる風景の奥行きや光の揺らぎのように，ローラーや筆で様々な色味の青が塗り重ねられており，光が水の中に差し込んでいるような透明感と奥行き感がある。落ちては同心円状に広がる波

図9 雨で坂を流れる落ち葉　　図10 紙コップの小舟　　図11 水たまりにできる波紋

図12 水たまりにできる波紋を描いた

紋が水面のあちらこちらに，リズミカルに，また，リズムをずらして幾度も現れる様子が一筆書きの白い大小様々な円で描かれている。この白い波紋と背景との間に，映り込んだ木々の枝が茶色の線で，木々の葉が黄緑色のタッチで描かれている。水たまりの透明で幾重にも映し込まれた世界や出来事がそのまま絵になったようである。もちろん，写実的に水たまりを描

いているわけではない。しかし，水たまりに映し込まれた世界の奥行きと
事象の重なりが，しっかり捉えられ，感じられ，表現されており，そこに水
たまりと雨についての美的な探究があることがわかる。

3) カフェ　みちばたの花

　この学生は，散歩で出会った道端の草花に関心を寄せた（図13）。観察
して感じたこと，想像したこと，やってみたいと思ったことなどを実際に
色々と試しながら，その過程で気づいたことやアイディアなどをウェッブ
状に書き留めながら（図14），道端の花々とのかかわりを楽しみながら，探
究を拡げ，深めていった。

「種もたくさん」→育てる
「似ているけど何か違う」「園内にはどんな花があるのかな」→調べる
「きれいな色だな」→花を絵の具にして絵を描こう，
　　　　　　　　　　　花を使って色水をつくろう
「いい香りだな」→香りを比べる
「暑いのに元気だな，すぐに散っちゃうな」
「どんな気持ちだろう」→想像してみる
「葉っぱ（の形）が猫の耳みたい」→押し花を使って絵をつくる
「花ってみるだけ？」→花で遊ぶ！
（シロツメグサで花かんむり，ぺんぺん草で演奏会，タンポポでビーズづくり）

　花弁を取って分解してみたらどうなるのだろうか（図15），色々な花や葉
をすり潰して色水をつくってみると，紙コップに入れると色がはっきり見
えるが（図16），画用紙に描いてみると色水の時ほど色が濃くは出ないとい
うことや（図17），草花によって微妙な色味の違いがあることなど，色々な
ことを試す中で様々なことに気付いていった。最後はできた草花の色水を
並べて「カフェみちばたの花」（図18）を開いた。カフェ開店に至るまでの
探究の記録がドキュメントになっており（図19）。その物語が次のように言

葉になっている。

> 園内にはどんな花があるのかな？　さっそく探検！
> 　エッ　花には虫がいっぱい
> 手に草のにおいがついちゃった！　石鹸で洗ってもとれない！
> たくさんの花をみつけたよ　きれいな色　形もバラバラ
> 絵の具で描いてみたい　絵の具にしちゃおう　花弁を入れてもむ！
> できた色水は……もむと　すりつぶすと
> 　時間が経つと（色が変わって）びっくり！
> 虫がたくさんいたから虫を描いたよ！　乾くと色が変わったよ！
> なんだかお茶みたい！
> 　看板も　絵も　もちろん飲み物も……ぜんぶ　みちばたの花

図13　道端で詰んだアカツメグサ　図14　花から想像や活動がウェッブ状に広がっていく

図15　花弁を分解する（左），図16　色々な花をすり潰す（中），図17　黄色い花弁の汁で描く（右）

図18 「カフェ みちばたの花」の展示（左），図19 カフェ開店に至る物語（記録）（右）

　見慣れた大学構内を歩く途中で出会った道端の草花たち。いつもよりも少しだけ，見ること，感じることを意識してみることで，草花の形や色に気づき，摘んで観察したり，揉んだり，すり潰したり，描いたりするなかで，色味の違いやその変化に気付くことができる。同時に，そこに暮らす虫たちや，生き物たちの命の営みに触れることにもなる。それが日常の暮らしや環境の中に潜在する不思議さ，面白さ，意味深さを浮上させる活動になっており，「日常世界の価値の再発見」につながるのである。こうした様々な出会い方を通して世界を知り，より深く味わいながら生きる体験がアートによる探究，そしてアートとしての生の探究なのではないだろうか。

4. 幼稚園教育要領とともにこの活動を振り返る

　今回の領域「表現」の演習では大学構内を散策するなど，内容が領域「環境」とも連動している。保育は各領域が生活体験の中で一体的・総合的に関わり合いながら展開していくものだが，2017年に改訂された幼稚園教育要領では，領域「表現」の「内容の取り扱い」においても，豊かな感性が養われる際には「風の音や雨の音，身近にある草や花の形や色など自然の中にある音，形，色などに気付くようにすること」（幼稚園教育要領解説，2018, p. 234）とされ，生活体験全体を通した感性の涵養が示されている。

　今回の身近な場所を歩く活動は，何気ない遊びのような活動にも見えるだ

ろう。こうした体験の中で，「幼児は遊びの中で能動的に対象に関わり，自己を表出する。そこから，外の世界に対する好奇心が育まれ，探索し，物事について思考し，知識を蓄えるための基礎が形成される」(p. 19)。もちろん，この「知識」は理科的な知識や大人が考える概念化された知識を小学校入学前に早期に蓄積するという意味ではない。幼児期に育みたい資質・能力の柱の一つである「知識及び技能の基礎」についても，具体的には「豊かな体験を通じて，幼児が自ら感じたり，気付いたり，分かったり，できるようになったりすること」(p. 45)とされ，「思考力，判断力，表現力等の基礎」とは「気付いたことや，できるようになったことなどを使い，考えたり，試したり，工夫したり，表現したりすること」(p. 45)とされる。それが「心情，意欲，態度が育つ中で，よりよい生活を営もうとする」(p. 45)なかで「学びに向かう力，人間性等」につながっていくとされる。また，こうした幼児期の経験を小学校の生活や学習に関連して考えるならば「自然の事物や現象について関心をもち，その理解を確かなものにしていく基盤」となり，「実感を伴って生命の大切さを知ることは，生命あるものを大切にし，生きることのすばらしさについて考えを深めること」(p. 62)につながると言える。

今回の演習で学生が体験した探究過程はこうした体験過程と重なるものであり，その過程を自分自身がどのように広げ深めていくことができるのか，幼児のような体験者として，同時に指導者である保育者として，二つの視点で体験したわけである。こうした総合性を持った探究的なアプローチは，「遊びを通して総合的に発達を遂げていくのは，幼児の様々な能力が一つの活動の中で関連して同時に発揮されており，また，様々な側面の発達が促されていくための諸体験が一つの活動の中で同時に得られている」(p. 31)という幼児期の遊びを通した学びの考え方を具体化したものだとも言える。

今夏の学生たちは，いずれも自分が感じた感覚や驚き，興味関心をさまざまなアートの表現をとおして形にしながら，その過程で素材や現象が垣間見せる色や形などのイメージがさらなる興味関心を呼び起こし，各自が体験の感覚とアートによる探究のスパイラルを生み出していったのである。こうした体験があることで，子どもたちと共に身近な体験を軸にアートによる探究

を広げ，物事の感じ方や理解，さらなる興味関心を深めていく幼児の姿を支え，励ましていけるのではないだろうか。その際に，保育者（学生）自らのこうしたアートベースの探究の体験が重要なのだと考える。

謝辞

　福島大学人間発達文化学類の原野明子教授，三浦浩喜教授，渡邊晃一教授，幼児教育コースの学生の皆さんにご協力いただきました。ここに御礼申し上げます。

文献

平田智久 (2019)「子どもにとっての造形表現の意味とその見取り」笠原広一編 (2019)
　　『アートがひらく保育と子ども理解：多様な子どもの姿と表現の共有を目指して』
　　東京学芸大学出版会. pp. 31-42.

磯部錦司・福田泰雅 (2015)『保育の中のアート：プロジェクト・アプローチの実践から』小学館

笠原広一 (2019)「環境を探究するプロジェクト：多様なものの味方や好奇心・探究心
　　を育む」山本一成編『領域「環境」の理論と実践』七猫社, pp. 70-79.

Kasahara, Koichi. (2015). How Students Learn an Arts-Based Approach to Early Childhood
　　Education. *Critical Approaches to Arts-Based Research: Special Edition of UNESCO*
　　Observatory refereed journal, Multi-disciplinary Research in the Arts. 1-26

小室明久, 竹美咲, 笠原広一, 真木千壽子, 鈇矢悦朗, 白神瑛子, 肥前新菜, 寺島知春,
　　池田晴介, 和田賢征 (2020)「保育園での造形活動に参画する大学生の関与と学び：
　　大学と学芸の森保育園の連携造形活動の報告と考察から」東京学芸大学紀要. 芸
　　術・スポーツ科学系, 72, 99-115.

幼稚園教育要領解説, 2018, p. 234.

(https://www.mext.go.jp/content/1384661_3_3.pdf) (最終アクセス：2020年10月8日)

註

1　磯部錦司・福田泰雅 (2015)『保育の中のアート：プロジェクト・アプローチの実
　　践から』小学館, では鳥取県の赤碕こども園でのプロジェクト・アプローチによる実
　　践を詳細に紹介している。子どもたちの海の生物に対する興味関心から発展した

川プロジェクト，カッパ（河童）の探究ではカッパはお化けか動物かという問いが生まれ，図書館で調べ，カッパを探し，造形活動でカッパの世界が表現され，劇や絵本にも発展した。

往復書簡

第15章

まとめにかえて
―編者による往復書簡―

笠原広一・小松佳代子・生井亮司

　本書全体を通したまとめとして，編者による座談会をするという意見もあったが，すでに5年以上にわたって共同研究をしている編者3人が話したところで，内輪談義になってしまうことが危惧された。そこで，編者3人がともにABRに関心をもちつつも，それぞれが異なる立場（教員養成に携わる笠原，自ら制作しつつ美術教育の研究と実践に携わる生井，美術・デザイン教育の大学院で論文指導をする小松）からこの研究に携わっていることを大切にして，敢えて差異をしかけるようなやりとりを往復書簡のような形で書くことを提案した。まずはそれを言い出した小松が笠原と生井に問いを投げかけ，それを受けとったお二人から返信を頂くような形で進めた。

書簡1　小松から笠原先生・生井さんへ

　今，すべての原稿に目を通しました。執筆者のみなさんがそれぞれの立場からABRを実践し，新たな思考を展開させていることに，まずは嬉しくなりました。私がABRを手探りで始めた2014年にはこのような形で研究が広がることは想像さえできませんでした。

　実践と理論が積み重なることで，ABRの輪郭が重なりと差異を持ちながらも見えてきたように思います。例えば笠原論文（第1章）では，「自己の内面を掘り下げるベクトルと，社会的な課題解決に向かう方法論的なベクトルとの

間」の「もう一つの重要な探求の模索の仕方」の最有力として ABR が提案されています。（笠原先生は「探求」と表記されます。私は inquiry を探究, explore を探求と分けて使っています。このズレが読者を混乱させていないかと心配ですが, そのことはまた別の機会に議論したいと思います）

ABR においては, 研究者自身が研究のプロセスに巻き込まれること, 問いや方法をあらかじめ設定するのではなく実践の中で問いや方法も生成していくこと, 研究の成果の提示の仕方も一義的に決まってはいないことなどが, 本書の各章で示されています。しかしそれゆえに, ABR を教育の場で実践しようとすると, 参加者は何をしているのかわからず不安になるということが生じます。佐藤先生が実践されたウォーキングアートの参加者のコメントには,「当初は自分たちが何をしているのか理解できずにいることに対しての不安が大きかったことが記述してあった」といいます（第 11 章）。実践を重ねるにつれて,「参加者は「わからない」ということを肯定的に捉えるようになっていった」ということですが, 不確定で曖昧で心許ない ABR の特徴は, 研究や教育に取り入れるときに大きな壁になります。特に公教育に導入しようとすると, 予め向かう方向が明確ではないということは, 受け入れがたいと思います。そのため池田先生も手塚先生も, ABR を実施するには「固定化, 権威化, 硬直化を避けつつ, 柔軟性を残しながらある程度の複数のモデル」を提示すること（第 5 章）や,「ABR の考え方や大まかな探求プロセスの枠組み」を示すことが必要だ（第 6 章）と言われているのだと思います。

一方, 茂木先生は, ABR もしくは A/r/tography が「意図的にカオスを作り出す活動＝実践」であるということを肯定的に捉えています（第 3 章）。ウォーキングアートの体験も,「個人の内面への探求であると同時に, 自我にとらわれないで, 社会に自我を拓く探求」と捉え,「日常生活では隠されている見えない世界への扉をたたく練習」であると位置づけています。このような見方の基盤には, シュタイナーに依拠しながら芸術の根源にある「精神的なもの」の重要性を指摘し, アート（芸術）を人間の生（活）全体の営みから切り離さないことを主張する茂木先生の美術教育観があります。こうした考えと現代日本の「学校美術」との間に溝があり, その溝が美術教員養成で再生産され続け

ていることが指摘されています。この点には後ほど戻ります。「教育には時として力オスが必要である」とする茂木先生の美術教育論が,「とがびアートプロジェクト」という実践との往還の中にあることは,ABR の理論と実践を往還している私たちを勇気づけてくれます。

　また,彫刻家でもある生井さんも,作品制作の過程において,制作者が「世界へと沈潜し,流動する世界に巻き込まれていく」ことを肯定的に,むしろ美術制作にとっては必要不可欠な探究(生井さんは「探究」という言葉を使われています)のあり方として叙述しています(第 4 章)。美術制作過程の流動性は,ABR の実践において問いや方法が探究のプロセスに従って流動することと同様であり,ABR が芸術的知性に貫かれた探究であることを示しています。制作者は,なぜそのような流動する世界に積極的に身を委ねることができるのでしょうか。生井さんは,そこに素材(粘土)があることが重要であると論じています。制作者は今行っている制作がどこに向かうのか,確たるものが見えているわけではないでしょう。その意味ではウォーキングアートを行った学生さんと同じように不安の中にあると思います。それでもその不確定性の中に敢えてとどまり,むしろ安易な意味付与から逃走しようとさえします。この不安に対峙するときに,目の前の素材や制作途上の作品が重要なアンカーになるのだと思います。

　これを書いているときに新聞で陶芸家(15 代樂吉左衛門)樂直入さんのインタビュー記事を読みました。樂家は一子相伝で,伝書なども残っていない,直接教えることもしない,それでも技が繋がっていくのは,楽焼の創始者長治郎の茶碗が残っているからだというのです(朝日新聞 2021 年 10 月 14 日朝刊「語る　人生の贈りもの」)。目の前にある作品を介して先人とつながることができるのです。これは技の伝承の話で ABR とは関係のない話かもしれません。しかし私は,先人が一つの茶碗に折り畳んだ思考や感覚や感情などを,それを受け継ぐものが開きながら自らの作陶に向かう姿に,美術制作者の思考を重ねて読みました。生井さんにとって粘土は単なる土ではないでしょう。土の向こうには,これまで生井さんが見て学び感銘を受けた多くの塑造作家の作品が二重写しに見えているのではないかと思うのです。だから

第 15 章　まとめにかえて　　245

安易に自己の認識を土に押し当てるのではなく，徹底的に対象を見ることで作者自身の意識を弱めようとするのではないでしょうか。このような私の勝手な見方について，どう思うか生井さんに訊いてみたいと思います。

　Arts-Based Research，アートをベースにするとは，エビデンスをベースにするよりも不確定で流動的で心許ない研究に見えます。既存の学問方法論から見ると，実証性に乏しい研究だと見なされてしまいます。しかし，今見てきたように，ABRにおいては，研究者自身が実際に行為し，その途上で作ったり収集したり撮影したりしたものが何かしら目の前に残っています。そのモノには，行為した自分の経験が折り畳まれています。美術制作者にとっての制作途上の作品のように。私にはこれ以上に確かなものはないように思われるのです。演劇やダンスなどのパフォーマンスアートの場合はどうでしょうか。パフォーマンスアートにおいては，行為する場で生じること，あるいは行為者の身体的な記憶が重要ですが，それを記録・再生することが容易になっている現在では，映像という記録が残り，しかしその映像は単なる記録ではなく行為者の身体的な経験が折り畳まれているという点において，モノを集積して制作していく場合と変わらないようにも思います。ABRにおけるモノの力とでも言えばいいでしょうか。それをあらためて考えてみたいと思っています（おそらくこの点は，ABRが特に社会課題と接続する際に，参加型アートが重視される傾向に対して，モノに対峙しつつ作る美術制作の可能性を考えたいという私自身の問題意識と繋がっています）。

　ABRは美術家の探究活動と共通する側面を多く持ちますが，もともとは美術教育研究から出発しています。本書で私が論じたように（第2章），教師と複数の子どもの関係行為が複雑に絡み合い日々の実践の中でそれぞれの生成変容が不断に生じる教育実践を捉えるために，芸術作品の理解と同じような鑑識眼と批評の能力が教師に求められたことにABRの由来があるのだとすれば，ABRの実践はむしろ教員養成課程にこそ導入されるべきだと思います。「教育的鑑識眼と批評」は，なにも図画工作科や美術科の実践においてのみ発揮されるものではなく，あらゆる教育実践場面を見て取るために教師に求められるものだとも思うのです。

ここまで考えてきたとき，「誰のための ABR か？」ということが疑問として浮上してきます．Keio ABR を率いている慶應義塾大学の岡原正幸先生のチームの目標は明確で，「社会学領域での質的研究として，あるいはアクションリサーチとして」積極的にアート作品の展示や上演を行うことで，既存の学問方法論を問い直し，学術研究をアートの視点から更新しようとしています（岡原正幸編『アート・ライフ・社会学──エンパワーするアートベース・リサーチ』晃洋書房 2020）．様々な学会で ABR の研究発表やパフォーマンスを行ってきた Keio ABR の研究実践は，現在社会学研究科委員長でもある岡原先生の働きかけが実って，慶應義塾大学で進められている JST 次世代支援プロジェクトに「アート表現・デザイン・コミュニケーション」プログラムが組み込まれ，大学の教育・研究活動の変革に繋がるところまで展開しています．

　翻って，私たちは何のために，誰のために ABR をやっているのでしょうか．この点については，茂木先生が明確に書いてくださっています．現代日本の美術教育の問題を問い直すためです．方法優先主義に立って，「美術（アート）とは何かを「考える」観点が欠落している」こと，先にみたように，精神世界，あるいは人間の生（活）全体の営みと切り離され，色や形の造形技能の習得になってしまっている美術教育に対して，ABR は「新しい実践知」として期待されています．それは美術教育の問題にとどまらず「社会改革としての美術／教育」という大きな視座からの主張です．美術教育の抱える問題は，教員養成を通じて再生産され続けていると指摘されています．笠原先生は，この課題についてどのような展望をもっておられるでしょうか？

　ABR の実践は，これまでの美術教育の実践と研究を根源的に問い直すものであるゆえに，それを教育や研究の場に導入していこうとすると，さまざまな壁にぶつかります．私自身は，ここ 15 年ほど美術制作者の傍らにいて，日々の制作活動を既存の文献研究が押しつぶしてしまわないような形での学術研究はできないかという模索のなかで ABR に出会いました．それは同時に，制作者は作品を作っていればよく，制作についての思考や探究は制作にとって邪魔になるとするような考えに対する抵抗でもありました．ただし，

第 15 章　まとめにかえて　　247

いずれにしても容易なことではなく，ABR の研究成果を既存の学会に投稿してもなかなか理解が得られない面があります。だからといって，あらたにABR の学会を立ち上げるべきなのでしょうか。ABR を実践している大学院生のために ABR をやっているのなら，そうすべきなのかもしれません。ただそれでは新たな壁をつくってその内側に閉じこもることになってしまい，既存の美術教育への問い直し，さらには茂木先生が言われていたような社会改革には到底繋がり得ないように思うのです。そのため，今のところ私にはそれが良い策だとは思えないのですが，お二人はどうお考えになりますか？

　ABR を学術的な世界にきちんと位置づけたいと思う一方で，「研究としての制作」なのだから，その作品の質は問わないと言うわけにはいかないとも考えています。これは美術・デザイン系の大学院での研究者養成という私が携わっている仕事と深く関係しています。日常的に制作行為を行い，同時に研究者でもある大学院生にとって，探究は作品の質の深化と切り離すことはできません。ABR の研究としての質は，探究を進める可能性がどれくらいあるかに求められるのでしょうけれど，同時に「研究としての作品」の質を重要なものだと考えています。制作と研究とが切り離せないものである以上，その研究の質を担保しているのは作品ということになります。そうした考えから，生井さんと私は，2022 年 10 月から 12 月に小山市車屋美術館において，「Articulation—区切りと生成—」という展覧会を準備しています。

　研究発表として，学会発表や論文，本書のような著作物の他に，展覧会を行うことで，ABR は重層的に展開していくとは思います。私が 2019 年に「ABR on ABR 展」（長岡造形大学），2020 年に生井さんと一緒に「ART=Research——探究はどこにあるのか？」（小山市車屋美術館）を開催したのは，作品展示を ABR の研究発表としてどう位置づけられるのかという挑戦でもありました。こうした試みに刺激を受けて，ART=Research 展にも参加してくれた工芸作家の長尾幸治さん（横浜美術大学）は，2021 年 9 月に「始点と交点——〈工芸〉のモーメント」という展覧会を旧平櫛田中邸で開催されました。それぞれの活動がこのようにリゾーム状に増殖していくことで ABR もゆたかになっていくのかもしれませんが，手探りで始めた ABR が，一定の広がりと

研究成果の蓄積がなされつつある現在，今後どうなっていくことが好ましいことなのかということが最後の問いです。何かを目指すべきだという意味ではありません。ABRと標榜するだけで一つの挑戦であった最初のフェイズから，今回の科研を含めた一連の研究活動は，既存の教育や美術研究への挑戦にとどまらない新たなフェイズに踏み出しているようにも思いますし，またそうでなければならないとも思います。しかし，どこへ向けて踏み出せばいいのか，今私は迷いの中にいます。お二人の意見を伺ってまた考えたいと思います。

(2021年10月24日)

書簡2　生井から，小松先生，笠原先生へ

　書簡1，興味深く拝読いたしました。ABRという概念，考え方，あるいはABRを通して世界を眺めたり，出会ったりしていくということに対する興味からこれまでABRと関わってきました。それは私自身が美術制作を長年続ける中で見出してきた知見とかなりの部分おいて重なり合うと考えてきたためです。また重なり合っていることに可能性を感じるのは，美術教育や幼児の造形教育を改めて考える上で重要な視座を提示することになると考えるためです。

　さて，いただいた質問にうまく答えることができるか分かりませんが回答をしてみたいと思います。

　最近はよく美術制作と遊びはかなり似ているということを話したりしています。美術はキャンバスの中や素材そのものと戯れるように遊び込むことだと一義的には思っています。それは論文(第4章，第13章)の中でも書いたことかもしれませんが，目的に囚われることなく，その瞬間において出会っていくようなこと，あるいは素材や環境からの働きかけに従うように制作をしていくという意味です。こうした遊びの中にあるような主体のあり方が美術制作を支えていると言えるでしょう。しかし，美術制作における主体のあり方，つまり制作者の意識を遊ぶ子どもの意識と同一に捉えてしまっては一面的過ぎるのではないかと考えています。もちろん，美術は遊びのように自由

であるし，単に目的を達成するために行うようなものではないと思います。では，なにが違っているのかというと美術の制作においては意識するしないにかかわらず，その都度，美的な判断を行っているのではないかということです。この美的な判断が一体どのようになされているのかということが近年の私の（むしろ博士論文から続くと言ってもよいのですが）もっとも関心のある問題なのですが，美的判断はやはり身体によってなされているのではないかという思いを強くしています。身体といった概念も抽象的で，いささか捉え所のない概念ですが，さしあたり言葉では意識することのできない身体の感覚といったようなことです。

　人間はあたり前に過ぎることですが身体を持った存在です。

　ここで，ふと以前に観た映画『ベルリン天使の詩』（ヴィム・ベンダース，1987 年）の冒頭で呟かれる詩の一部「なぜ僕は僕で，僕は君ではない」を思い出しました。人間は天使という精神的，霊的，無限的な存在ではなく有限な身体的存在であることで感性を持つことができます。脳，意識は際限なく広がりを持つことができますが，身体，感じることは有限です。有限であることで切なさを得ることになるのですが，身体を持った有限な存在であるからこそ，「僕は僕でしかしない」ということになるだと思います。

　また，有限な身体であるがゆえに限定された場所にしかいることができないのですが，他方で身体という場所が世界と私をつなぎとめることになるのではないかと思います。

　そのように考えてみると，あたり前ですが，美術制作においてモノに触れる，あるいはモノを集積していくということは身体によってしかできないということを考え直してみることによって，美術制作に特有の知性の働きに気づくことができるのではないかと思っています。

　ABR や A/R/Tography の実践では，目的を先に設定することなく，「ただ歩いてみたり」その過程に巻き込まれるようなことが仕掛けられているように思います。そしてその過程に巻き込まれていくような仕掛けは，いわばそれまでに自分の中にあった価値を手放し，それまで気づいていなかったような「もう一つの世界」に出会っていくことではないでしょうか。

この「もう一つの世界」はすでに見慣れた場所であったりもするわけですが，価値を手放す，言い換えるなら，既存の価値という「区切り」を解きほぐすことによって開示される世界の姿ではないかと思います。茂木先生の論文に依拠するならばカオスに巻き込まれることかもしれません。

そうした「もう一つの世界」が開示されていくプロセスを経験し，そこに滞留し続けるのではなく，経験を作品というカタチに生成することが新たな区切りを作り出すことになる。そしてその区切りは，実は身体や感性によって区切られた世界の姿ということかもしれません。

しかしながら，この制作する身体も万能なわけでなく，経験やプラクティスによって変容に研ぎ澄まされていくものでもあります。ですから，作品の質を問うこと，その質を深化させていくことも決して無視できないことだと思います。

ABR という概念の捉え所のなさは，人間という存在の捉え所のなさ，いや人間という存在の面白さと関わるように，常に開かれ続けているのではないかと思います。

ABR が今後研究としてどのように位置づけることができるのか，美術教育を問い直すことができるのか，ということは，人間とは一体どのような存在であるのか，ということを問い直すことと同期的に進んでいくのではないかと思います。ですから常に開かれ，流動性をもったもの，つまり常に問い直しが可能であるような寛容な場として存在していければと思います。

（2022 年 1 月 8 日）

書簡 3　笠原から，小松先生，生井先生へ

ABR と標榜するだけで一つの挑戦であった最初のフェイズからだいぶ進んできたと言われてそうかと思いました。科研で 4 年，ヘルシンキで開催された 2016 年の ABR の国際学会に向かうトラムで小松先生と出会ってから 6 年になります。確かにフェーズも移るぐらいの時間が過ぎました。いただいた質問に返信する前に，美術教育の現在地点をどう考えているのか，ABR と他の科学研究との関係などいくつか話しながら，返信したいと思います。

美術教育の現在地点をどう考えているのか

　まず，美術教育がこれまで何を達成してきたのかを大きく述べるとすれば，誰もが自分なりの仕方で美術文化を楽しみ，人生を豊かなものにするという点では，ある程度達成してきたものがあると思います。しかし今日，私たちの身近な社会の中には自分とは違った感じ方や考え方，特性，価値観，様々な関心や利害を持った人々がいて，そうした人々の複雑な個人的・社会的な行為連関が社会を形成していること（相互還元的ではないが），そこに様々な現実と問題が過去・現在・未来にわたって生み出され積み上がっていくこと，それを自然科学や人文・社会科学の学問に基づく知や技法だけでなく，アートを通して捉え考えていくということについて，その可能性と具体化の取り組みが十分ではなかったのではないかと思います。つまり，社会を形成する主体として物事をいかに感受・認識し，判断し，表現（応答）するのかという点で美術教育が果たす可能性と方法についての探究が，決して十分ではなかったということです。

　私はABRがこうした状況に貢献できることがあるとすれば，「自己と社会のあいだをつなぐ実践とは何かを示し，問い，創っていくこと」だと思います。この場合の自己とは主観的な体験や内省，個人の固有な物語や歴史性など生きた主体であり当事者（性）を意味します。社会とは自らが適応していく環境のみならず，自らが主体として参加形成するものとしての社会です。社会を形成する主体はそれぞれ目的や意図や願望を持って行為していますが，同時にそれは身体や物質といったように，自然から完全に切り離された抽象的情報として存在しているわけではありません。そうした「自己と社会（世界）のあいだ」で美術教育がどのように関与しうるのか，新たな視点と方法の発明が必要であり，それを考え生み出していくときにABRは大きな手がかりになると考えています。

ABRと他の科学研究との関係

　それを考えていく際に，ABRと他の科学研究との違いを理解することが重要だと思います。ABRが「新しい実践知」として期待されるのは，自己と社会

の間を示す（見る），問う，創る，そして新たな関与や介入の仕方で生きる技法を生み出していく方法となり理論となる可能性を持つからでしょう。そうした実践がアートで行われるとき，探究者の主体性や主観性は排除されず，むしろ探究を進めていく上での基盤となります。それは通常の科学研究では排除されるものですが，アートではこれがとても重要です。第10章の池田・会田両氏の広島での実践もそうですが，ABRは一般化可能で誰にでも当てはまる唯一の解のような理解を生み出そうとする地点から出発するものではありません。むしろそのような解を持ち得ない物事について，あるいはそれでは答えにはならない問題について，各人が固有の文脈から関係を取り結びつつアートを通して探究を立ち上げていくものです。ABRはアートという主観性や存在の固有性に根ざす探究ですが，それが恣意性を超えて，制作と探究の中で生まれてくる何らかの可能性にまで至る必要があると考えます。

　そしてリサーチであるといいつつ主観性を排除しないところが，美術教育の実践としてだけでなく，学術研究においても重要かつ議論を呼ぶところになります。知を創出するパラダイムや技法については他の学問分野で議論が積み上げられてきていますが，岡原先生の社会学での取り組みのようにABRが知の創出にどんなインパクトを与えるかという議論は，美術教育以外の様々な分野で関心が持たれており，すでにABRは美術制作，美術教育，他の学術研究とも議論が交わりながら動いています。それは第2章で小松先生が書かれたように，ABRが美術教育を出発点としつつ，知のパラダイムと技法にまつわる議論の上で発展してきた経緯にも理由がありますし，それは巡り巡って学校教育の基盤となる学習観・論の議論にも通じてくる話です。ですからABRは単に海外の美術教育の新しい実践方法を指すわけではなく，教育を支える学習論・観，ひいては知を規定する学術研究上のパラダイムの問題と知の創出方法（研究方法）に対しても，深く関わりのある議論なのです。ですから，ABRが教育実践のみならず研究の理論であり方法だという一見馴染みのない説明がなされるのは，実践と理論，教育と研究が根底で共有している部分に関わるものだからです。通常，両者は別々なものと見なされがちですし，行う場所も人も異なることが多いですから，「教育実践—教員養成—学

第15章　まとめにかえて　　253

術研究」は共有する基盤的議論があるにも関わらず，それをフルレンジで専門として関わる人はどうしても少なくなりますから，そのことは伝わりにくく，見えにくいと思います。

より複雑化するズレ

このような美術教育についての現状認識や，研究としてのABRの可能性を踏まえつつ，ABRを通して「自己と社会のあいだをつなぐ実践とは何かを示し，問い，創っていくこと」を試み，その試行の一部始終を本書は収録しているわけです。

しかしそれができたら，第3章で茂木先生が述べている教員養成と学校美術との間のズレが解消されるかというと，さらに別の問題もあるように思います。今日，美術教育を学んでいる学生たちにとっての美術と，私たちが前提としている美術との間にも大きな違いがあることです。おそらく学生たちにとっての美術とは今日，美術館の近代美術や地域のアートフェスでの現代アートやプロジェクトというよりも，スマホのSNSに投稿されているマンガやアニメやイラストレーション，動画やゲームなどの視覚文化全般，従来の美術とも学校美術とも異なるところにあるもののように思います（昨今，マンガやアニメは美術の枠組みで論じられたり，教科書にも掲載されていますが）。今までも実際はそうしたケースが多かったと思いますが，コロナ禍でインターネットやSNSなど彼らの日常の方がむしろ前景化してきたことで，それがはっきりと顕在化してきたように思います。NFTやメタバースでの様々な表現の試みなどもそれを加速させています。私の学部と大学院のABRの授業もコロナ禍の現在はオンラインを中心に行われ，SNSを活用し，学生はマンガやイラストレーションやYouTubeなどを駆使して作品制作や探究，発信と共有が行われますし，そうした表現を用いながら，コロナ禍の社会や人々のあり方を問うようなテーマで探究も行なっています。茂木先生のいう「アート」にはこうした新たな方向性への拡張も含まれた話だと思いますが，美術教育の抱える様々な課題や，学校美術との間にあるズレだけでなく，学生にとっての美術や学校美術というところにも，さらに複雑なズレがあり，

「私たち」が前提とする美術や美術教育というものさえも微妙になってきている中で私たちは課題に取り組まねばならないと思っています。

カオスの海を一緒に泳ぐ「カオス=ABR特論演習」？

しかしABRの実践や研究を進めることで可能性も感じています。教員養成系学部は基本的にカリキュラムが過密で，こうした新たな取り組みに時間を割く余裕はありません。現在の私の授業だと4年間でABRに触れる学部生は現状で約30名ほどでしょう。時間はせいぜい90分×3回程度と少ないです。ですが，一度経験した学生の話からわかるのは，第11章の佐藤先生のお話のように，どうすればよいかわからず，途中かなり不安だったが，一度やってみたことで，わからないことが怖いことではないということ，そして案外「やれるものなんだ！」ということがわかるようです。

胡俊先生はアートグラフィーを「芸游学」と訳しています。教師や生徒の立場を超えて共に探究の海を芸術でもって游（泳）ぐこと，遊ぶことがABRでは重要だという意味です。生井先生も先の文章で「美術制作と遊びはかなり似ている」「美術はキャンバスの中や素材そのものと戯れるように遊び込むことだ」と述べています。胡俊先生の「芸游学」の「游（泳ぐ）」は「遊ぶ」の意味もあります。泳ぐ，遊ぶことが重要ということで，それは茂木先生のカオスも同様だと思います。一人でカオスの海を泳げと言われたら不安ですが，教師も一緒に水に浸かって泳ぎ，何かあれば途中で一緒に考えたり休んだりもしながら，一緒にその先に何かを見つけ出そうとするならば，学生はカオスの海を泳いでみようと思うでしょう。ただ，「授業とは教師が説明や指示を与え，生徒が各自で考えて答えを出すもの」といった，教師のシステマティックな非関与性のみを前提に授業をイメージしているならば，こうしたことは起こりにくいかもしれません。教師が一緒に泳がなければ生徒はカオスの海になかなか入れません。佐藤先生も学生との実践で，自分も「参加者とともに学ぶ」方向へと変化していったことが述べられています。つまり，教員が非関与ではなく，共に関与する主体となり，当事者（同士＝ピア）になっていくということです。これは「研究」と聞くと，あらゆるものが客観的で非関与的でなけ

ればならないと考えてしまいがちなことに似ています。非関与的・効率的に
システム化することが適したものであれば，確かに非関与的で一斉指導が可
能なシステム化が馴染みやすいでしょう。でもそれが難しい事象や問題もあ
るわけです。そうした知のあり方や研究の技法の違いについて学ぶ機会は，
分野や研究室にもよりますが，美術教育でおそらく大学院以降に入ってから
が多いのではないでしょうか。その中で研究と論文執筆を通して個々にテー
マや研究を立ち上げていく過程で教員は密に学生に伴走し目利き（鑑識眼や
批評）をしながら，知の創出をサポートしていくことになります。ABR は出
自的にも実際的にもそれに近いものがあります。

　しかし，これは何も大学の研究に限った話ではありません。学習には個別
に立ち上げていく支援（鑑識眼や批評も含め）が必要なものがあります。答
えが一つではないものは，その質を問おうとすれば，そうした支援や過程に
よる「質」の立ち上がりが不可欠です。とはいえ，授業はどうしても一対多で
すから，少人数でなければある程度の非関与的な枠組みの準備も必要でしょ
う。池田先生や手塚先生が述べているのはこの点です。そうした準備も柔軟
に活用した上で，この先は一緒に進みながら見出していくタイプの学びとな
ることを教師も予め理解しておく必要があります。それは予測不可能な状況
の中で予測精度を上げることに注力するのではなく，逆に起こったこと，生
まれたものから考えていくということです。「こうなるはずだ」と思って物事
を見れば，そうならないときに「分からなく」なり，起こっていることのある
がままを見ることができなくなります。起こること見えるものに身体感覚と
心を開いていくことが重要です。アートグラフィーのウォーキングもそうで
した。「意図的にカオスを作り出す活動＝実践」としての ABR とはそうした
態度で生きることなのだと思います。そこに人生＝カオス＝ ABR を十全に
生きる実践／研究（探究）が可能になるのだと思います。

　学部生との実践から，ABR を通して自己の感覚や物語と，社会的な文脈
をつなぎながら探究を拓いてくことが可能であることが見えてきました。そ
して大学院では，さらに曖昧で非予定調和的な進み方をする探究や，そこで
アートがどんな働きをし，何を私たちに拓くのかを，メタ的に捉えながら

ABRの探究を進めることができます。それは高度なことですが，美術制作，教育学の知識，教育実習の経験，そして美術教育についての学術研究にちょうど取り組み始めたタイミングであることで，そうしたことが可能になっています。そして共同探究者としての彼らの存在はとても頼もしいものです。いずれカオスの海を一緒に泳ぐための「カオス=ABR特論演習！」という演習科目があってもよいかもしれません。

私たちは何のために，誰のためにABRをやっているのか？

　今ちょうど学生がABRを学ぶことについて話したので，「私たちは何のために，誰のためにABRをやっているのか？」という質問について教員養成の美術教育の文脈から少し述べましょう。ABRとして最初に述べたいのは，第一に私自身（笠原）の自己探究，教育実践，研究の関心と必要性からABRの実践と研究を行なっているということをまず述べたいと思います。通常の研究ではあまり私的な視点の話は述べないですね。しかし，どんな研究もそれに取り組む根底には研究者や実践者の個人的な思いや願いといった背景があります。ABRは個人的関心から切り離せないものでもあるため，このことはとても重要で，むしろ開示しつつ探究の要素やテーマの中でそのことの意味を考えていくことも多いと思われます。それはやはりABRがアートでもあるからであり，ABRに取り組む者とは決して無色透明な観察者ではないということです。ちなみに私の自己探究の取り組みでは前著でふくしまとアートによるアートグラフィー研究があります。

　そして教育実践（者）としては，本書8, 14章にあるように教員養成の学部と大学院の授業や研究でのABRに関連した取り組みがあります。その授業を受けた学生たちは将来，図工や美術の教師になる者も多く，いずれ学校でABRの考え方を生かして授業を行うこともあるでしょう。特に大学院生は私の演習やプロジェクトに参加したり，ABRに関連する研究に取り組んでいる者もいますので，実際に教育実習先や勤務先でABRにインスパイアされた実践を行なっている者もいます。

　このように，学校であれば児童生徒，地域のワークショップでは様々な

世代の方達がABRに基づく実践に参加することになります。それは目的によっては自己探究的なものもありますが、それ以外にも、自己以外の他者や社会的な文脈との間に省察や探索が展開することが多いと思います。そのバリエーションとして対象や目的に応じた様々な研究がなされます。

こうしたことから、教員養成を通して見えてくる、誰のために、何のためにABRをするのか、という質問については次の表のように示すことができるかもしれません（表1）。現時点ではこのように言えますが、おそらく小松先生の質問の意図とは少し違う返しをしているようにも感じますが…。

表1　「ABRの実践対象と目的」と「必要な研究や実践」

ABRに取り組む主体の立ち位置	ABRの実践対象と目的	必要な研究や実践
研究者 表現者／研究者／実践者等様々な立ち位置がある	ABRの考え方や実践方法の開発や学術研究の発展のために取り組むだけでなく、自分自身にとっても行なっている	←ABRの考え方や実践方法を分野や目的や対象に応じて生み出し、知の探究に貢献する
学生・院生	ABRの考え方や実践を学び、自分の人生や制作／研究／教育等の実践に生かす	←教員養成や芸術家養成他、高等教育諸分野での理論や実践方法の開発と活用
教師や実践者 （ファシリテーター他）	ABRの考え方や実践を学び、教育や対人支援等の現場での実践に生かす	←学校教育や社会教育、様々な社会的実践の場でのプログラム開発と研究
一人一人の私であり市民的主体 （学習者としての子ども） （市民的主体として）	ABRの体験を通じて人生の様々な局面で市民的主体としてアートによる探究と関与と介入を生み出し生きる（ABRの市民的実践者として全ての立ち位置と重なる）	←一人一人の「私」であり市民的主体にとってABRがいかなる表現／研究／実践の術となり得るのか理論と実践を研究

これとは別にもう一つ言えることがあります。私がアートをどう捉えているかというと、一人ひとりが幸せを見出しながら生きていくために必要な方法であり考え方を提供する技法であると同時に、そうした取り組み自体を考

えたり生み出したりするメタ技法でもあると考えています。それは個人が他者や社会へとつながりながら関係性の網目を渡っていくための探索的で創造的な生の技法であり，それを生み出すメタ技法であり，それは融通無碍な心的／身体的／知的／社会的な技法です。そんなアートは，私たちが何かに囚われていることに気づかせてくれたり，それを見えるようにしたり，解いたり，その先に新たな自分や他者や社会との関係を創り出したりすることもできる方法です。

　私は互いの自由や存在をできるだけ尊重しながら，少しでも共生できるような生き方をしたいと思っています。世の中は理不尽なことがいっぱいだとしても，少しでもそうした状態を自分は生きたいし，わずかながらもそのことが広がることに貢献できる仕事ができればと思っています。実際は，人はどの国に生まれ，そこにどんな歴史や文化，社会体制や権力構造があり，経済や福祉の活動がどれくらい機能しているかなど，様々な条件によって人の生存と人生の基本的条件が変わってきますし，生まれるときにそれを選ぶことはできません。私たちはその場所のもつ社会的（共通）資本を用いながら他者と自己との利害を調整しつつ幸福を追求して生きようとするわけですが，そのとき私たちが持ちうる知識や思考，表現やコミュニケーション，意味や価値を生み出したり変化させたりすることができる方法が重要になります。権力や富の偏在も度が過ぎれば専制的になったり，他者の生存に及ぼす脅威も高まると考えます。競争の中で絶えず権力や富の凝集と偏在は生まれますが，それとは違った意味や価値を生み出すことができる方法もあるのではないかと思いますし，そうしたある種のオルタナティブで喚起的な技法が重要になると思います。もしそれを多くの人々が持つことができたら，一人ひとりの幸せに少しばかり役立つとともに，権力や富の凝集が専制的になることへの潜在的な反作用になります。そうした潜勢力を生み出すことがアートの一つの役割だと考えます。その力は周囲に様々な問題があるときに，単に個人を内的に幸せにするための作用や技法であるだけでなく，その問題に何らかの理解や解釈の変更を加えたり，ある種の社会的な関与（engagement）や介入（intervention）を具体的に生み出すことを可能にすると思っています。先ほ

どの美術教育の現状認識で述べた「社会を形成する主体として物事をいかに感受・認識し，判断し，表現（応答）するのか」ということは，そうした関与や介入を創造する市民的主体の必須の能力であり技術であり，美術教育はそれを培うことに資するものだと考えています。ですから「自己と社会のあいだ」で美術教育がどのように関与しうるのかを考えるとき，ABR がその手がかりになると考えるわけです。方法としてだけ考えがちですが，これから研究や実践に携わる上で重要なのは，そのことに付随する，あるいは埋め込まれた，倫理性にどう応えるかということだと思います。

　そう考えれば，誰の何のために ABR の実践や研究をするのかという問いには表 1 に加え，もう一つ応えることができるでしょう。理念的には全ての人々のためですが，その存在の尊さが反作用的な重さを持つようになるための実践を，理論を，そしてメタ技法を生み出すために ABR を行うということを付け加えてもよいのではないかと思いました。まだうまく整理ができてはいませんが…。では残りの質問にも答えたいと思います。

教員養成，そして ABR に取り組む今後の展望

　まず教員養成の今後の展望です。今後は教科横断や STEAM 教育，探究などがより深く入っていくと思いますので，美術教育の実践者には，アートとは何か，他教科との違いは何なのかを，理論を踏まえつつ言葉で他教科の教師という異なる知の体系をもった（学んだ）人々に説明することが求められます。それには「ただつくるだけではない」ことが一体何を意味するのかを言語化していく必要があります。それは実践者が美術教育を捉え直す上で貴重な契機となります。そして ABR もおそらく方法化やパターン化が試みられ，実践事例も出てくると同時に，ある種の誤読も含めて広がっていくのではないかと思います。方法化が難いところやカオス的なところは省かれたり，極度にマニュアル化されたりもしながら…。ただそれだと大事なところを捨て去って方法だけを取り出し，ABR が元々目指そうとしたことに反して使われる可能性もでてくるかもしれません。そのときそれは ABR ではないかもしれませんが，ABR は考え方であると同時に方法でもあるので，部分的な方法

だけを使うことは起りやすいと思います。そのため先ほどの倫理的な応答が重要になってきます。

　そして私たちが今後何に踏み出していくかです。おそらく今後重要になってくるのは，私たちのABR研究の宛先はどこかということです。美術教育はもちろんですが，「社会」を考えると学校教育だけではないと思います。実際，海外では様々な分野に広がっています。また，学会についてですが，海外ではABR自体もすでにその先の新たな概念へとどんどん変化し発展していっていますから，キャッチアップというよりも，その先へどんどん走り出すような動きが生まれることが重要なのかなと感じます。ABRで研究する若手に発表の場は必要ですが，世界に目を向ければ様々な機会がありますし，発表の場そのものをどう考えつくっていくかということもまた，それぞれのユニークな取り組みが求められているようにも感じます。既存のアカデミアの発想や限界を超えたいということがABRの根底にあるので，そこは大事にしたいところかなと思います。そして既存の美術教育の問い直しは誰がするのか。もちろん私たちもしますが，今後そうした問い直しをする人たちを刺激し続けることが重要です。だから私たちは実践し，論文を書き，本を出し，国内外で展示し，国際学会では演劇仕立てのパフォーマティブな発表さえするわけです！　胡俊先生は「私の役割は道化のようなものだ」と言って笑っていました。その感覚はとてもよくわかります。

　そして，私たちはどこへ向けて踏み出せばいいのでしょうか。ABR自体は今も様々な形で広がっています。ABRの一番の貢献とはおそらく，「研究とはこんなにも自由だ！」と私たちを力強く鼓舞し解き放ったことだと思います。それにインスパイアされて世界中の人たちが今までにない実践や研究を編み出しています。それらはもはやABRという言葉にすら収まりません。私たちが何を生み出すかが，ABRがどう進むかを示すものになっていくのだと思います。手堅くいこうと考えてしまうとABRは息ができなくなってしまうでしょう。

　以前，院生とアートグラフィーのプロジェクトで昭和記念公園を歩いたときのことです。その広大な空間に一歩踏み出したとき，私は思わずこう叫んでいました。

息ができる！（I can breathe !）
息ができる！（I can breathe !）
息ができる！（I can breathe !）

忘れていた深い呼吸を取り戻した瞬間でした。

おそらく私たちの今後というのも，ABR 的に動いていくのかもしれません。

（2022 年 2 月 7 日）

おわりに

　今回, Arts-based Research（ABR）の理論と高等教育での実践を紹介した。これらは「ABRとは何か」「ABRの実践とはどんなものか」に明確な「答え」を示すというよりも, 私たちが繰り広げた試行錯誤とコラボレーションを開示したものと表現した方が正しいかもしれない。本書は先行するABRの理論と実践へのキャッチアップというよりは, 各々が以前から抱えていた問題意識がABRと出会ったことでどのように活性化し生成変化を遂げていったかを理論と実践を通して表現したとも言える。本書はそこに生まれた知の可能性を閉じることなく美術教育研究の中に, そしてABRのダイナミックな運動の中に投げ込んでいこうとする, 私たちなりの応答の一つの形である。幸いにも研究の過程で多くの人々と出会い, 共に取り組む機会に恵まれた。その全てを紹介することはできなかったが, 本書が次なる探究と議論の足場を提供できたとすれば幸いである。次回はぜひ読者の皆様の研究や実践を聞かせていただけることを願っている。

（笠原広一）

　足かけ4年にわたる科研のまとめがようやく形になった。科研のメンバーで熊野古道を歩くことから始まった一連の研究は, ABRとは何かを考えつつ実践し, 実践への省察から理論を組み上げていく, 文字通りの理論と実践の往還であった。「生きた探究（＝探究を生きること：living inquiry）」には, あらかじめ向かう場所が定まっていない不安を覚えるとともに, しかしそれを超えた面白さもあった。実践的な探究を支えとして, 理論的な思考の強度も増したようにも思う。本書の各章には, 研究へのそうしたアンビバレントな思いが表現されているように思う。こうして一冊の書籍にまとめる作業はなかなか進まなかった。最初の原稿締め切りは, 2020年8月であった。この締め切りを守ってくださった方の原稿は, 1年半も塩漬けにしてしまったこと

をお詫びしたい。本書は，研究の「成果」というよりも，「生きた探究」の暫定的報告として，探究を生きた経過報告として，今後さらに実践しつつ研究を進めていくための一つの里程標である。

（小松佳代子）

　ABR に関する多くの研究，実践がこうしてまとまった形となったことに嬉しさを感じている。しかしながら本書が ABR とは何か，といったことを明らかにしたとは決して言えないし，ABR の実践はこうすればよいという方法が示されたわけではない。もちろん本書に記された多くの論考には ABR とは一体何かということを実践と理論を往還するように真摯に問い続けてきた軌跡が示されている。しかしながら本書を読んでもらえれば分かるように ABRとは単なる方法論にとどまるものではなく，私たちが世界を生きるための技法のようなものであることが感じ取れるはずである。この生きる技法とは，言い換えるならば「探究を生きること」ということになるのだが，偶然に生成した私という奇跡的な存在が世界を十分に味わい尽くすには，どのように世界を生きればよいのかということをアートというつかみどころのない概念を頼りに探究しようとすることである。そうであるからこそ，ABR という概念は固定されることなく，世界を生きようとするものの全てに対して開かれ，更新され続けていくはずである。これからも ABR の実践や研究が生きることを伴走するように広がり深まっていくことを期待している。

（生井亮司）

　本研究は科研費研究 基盤研究 (B)「Arts-Based Research による芸術を基盤とした探究型学習理論の構築」(18H01010)（代表：笠原広一）を中心に複数の研究プロジェクトと相互に連携しながら取り組んできた成果である（次頁参照）。各大学の研究分担者，全国各地の附属学校園や公立学校の教職員の皆様，研究員，大学院生，学部生等の参画によって実施された。また，海外の研究者の協力なくして実現はできなかった。ブリティッシュ・コロンビア大学のリタ・L・アーウィン教授，同大学博士課程の森本謙，マルジェ・モサバル

ザデ，コンコルディア大学のアニタ・シナー教授，バルセロナ大学のフェルナンド・H・ヘルナンデス教授，杭州師範大学の胡俊准教授らには，日本で講演やワークショップを実施していただいた。また，本メンバーや大学院生・学部生とともに海外の学会や現地大学を訪問した際には暖かく迎えていただき，レクチャーやワークショップなど貴重な機会をいただいた。そして各大学の研究支援および学務支援等の皆様にも多くのサポートをいただいた。編集印刷では学術研究出版・小野高速印刷株式会社の湯川祥史郎様，黒田貴子様に，編集作業では東京学芸大学大学院生の小島菜緒子さん，元院生の髙橋美花さんにご協力いただいた。この場をお借りして皆様に御礼申し上げる。

本研究の成果がアート，研究（リサーチ），教育（実践）に関わる多くの方々の取り組みの一助となれば幸いである。

2022 年 3 月
笠原広一・小松佳代子・生井亮司

基盤研究（B）「Arts-Based Research による芸術を基盤とした探究型学習理論の構築」（18H01010）（代表：笠原広一）

基盤研究（B）「判断力養成としての美術教育の歴史的・哲学的・実践的研究」（18H00622）（代表：小松佳代子）

基盤研究（B）「インクルーシブアート教育論及び視覚障害等のためのメディア教材・カリキュラムの開発」（18H01007）（代表：茂木一司）

国際共同研究加速基金（国際共同研究強化（B））「アートベース・ペダゴジーの教員養成プログラム開発とリサーチハブ構築による社会実装」（20KK0045）（代表：笠原広一）

基盤研究（C）「美術教育と市民性教育—Arts-Based Research の社会的可能性」（21K00233）（代表：小松佳代子）

基盤研究（B）「視覚障害及び同重複障害児者が主体的に学ぶインクルーシブ・メディアアート教材開発」（21H00855），（代表：茂木一司）

Social Science and Humanities Research Council, Canada. Mapping A/r/tography: Transnational storytelling across historical and cultural routes of significance. (SSHRC 890-2017-0006)(PI: Rita L. Irwin)

著者紹介（執筆章順）

笠原広一（Koichi Kasahara）編者　1章，8章，14章，15章

　東京学芸大学教育学部准教授。専門は芸術教育学。アート・ワークショップ，幼児の美術教育，A/r/tography や Arts-Based Research（ABR）の研究に取り組んでいる。著書に『子どものワークショップと体験理解：感性的視点からの実践研究のアプローチ』（単著，九州大学出版会），『美術教育の現在から』（分担，学術研究出版 Bookway），『アートがひらく保育と子ども理解：多様な子どもの姿と表現の共有を目指して』（編著，東京学芸大学出版会），『アートグラフィー：芸術家／研究者／教育者として生きる探求の技法』（共編著，学術研究出版 Bookway）他がある。

小松佳代子（Kayoko Komatsu）編者　2章，9章，15章

　長岡造形大学教授。専門は，教育哲学，美術教育学。美術家の制作実践の視点から Arts-Based Research（ABR）の研究に取り組んでいる。著書に，『美術教育の可能性：作品制作と芸術的省察』（編著，勁草書房），『周辺教科の逆襲』（編著，叢文社），『臨床教育学』（共著，協同出版），『身心文化学習論』（共著，創文企画），『芸術愛好家たちの夢：ドイツ近代におけるディレッタンティズム』（共著，三元社），『美術・工芸の制作―教育―実践研究』（共著，長岡造形大学），『判断力養成としての美術教育の歴史的・哲学的・実践的研究』（編著，科研報告書）他がある。

茂木一司（Kazuji Mogi）　3章

　跡見学園女子大学文学部人文学科教授。専門は美術教育学・インクルーシブアート教育。構成教育（Basic Design），R．シュタイナーの芸術教育などを背景に，異文化や障害児等の身体・メディアアートワークショップから，現在インクルーシブアート教育を実践的に研究中。著書に，『協同と表現のワー

クショップ　第2版』（代表編著, 東信堂）,『ワークショップと学び2　場づくりとしての学び』（東京大学出版会）,『色のまなび事典』（全3巻, 星の環会）,『色彩ワークショップ』（編著, 日本色研事業）,『新版とがびアートプロジェクト』（代表編著, 東信堂）,『視覚障害のためのインクルーシブアート学習：基礎理論と教材開発』（代表編著, ジアース教育新社）, 他。

生井亮司（Ryoji Namai）編者　4章, 13章, 15章

　武蔵野大学教育学部教授。専門は美術教育学, 教育哲学, 彫刻制作。美術制作, 美術教育の意味を哲学的に探究するとともに Arts-based Research の実践的・理論的な研究に取り組んでいる。とりわけ美術制作における身体と意識の問題に関心をもっている。主な著書に『美術と教育のあいだ』（共著, 東京芸術大学出版会）。主な論文に「かたちと身体──木村素衞の身体論と伴に」（科研報告書）。主な展覧会に「ART ＝ Research 展」（小山市立車屋美術館）などがある。

池田吏志（Satoshi Ikeda）　5章, 10章

　広島大学大学院人間社会科学研究科准教授。アートと障害の交点を主な研究領域とし, 質的調査, サーベイ, アクション・リサーチ, ワークショップなどの実践・研究を通して, 障害のある人達のエンパワーメント及び共生社会の実現を目指している。主著には,『重度・重複障害児の造形活動──QOL を高める指導理論』（単著, ジアース教育新社）,「特別支援学校における美術の実施実態に関する全国調査」（共著,『美術教育学』38 号）がある。

手塚千尋（Chihiro Tetsuka）　6章

　明治学院大学心理学部教育発達学科准教授。専門は美術科教育・学習環境デザイン。美術教育における「協同的な学び」を学習科学の視点から明らかにする研究に取り組んでいる。『教育発達学の展開：幼小接続・連携へのアプローチ』（分担執筆, 風間書房）,『色彩ワークショップ（しる・みる・つかうシリーズ）』（共編著, 日本色研事業）,『色のまなび事典　全3巻』第1巻　色の

ひみつ／第2巻　色のふしぎ／第3巻　色であそぶ（共編著, 星の環会）他が
ある。

森本　謙（Ken Morimoto）　7章

　ブリティッシュ・コロンビア大学カリキュラム・教育学科の博士課程に在
籍し, 芸術教育を専門とする。研究テーマは, 芸術に基づく教育研究, 美的経
験, 教育哲学。日常経験における非日常的出来事に対する関心と探究心が教
育にもたらす可能性と, それらがいかにアートを通して育まれるかについて
アートグラフィーを通して探求している。

佐藤真帆（Maho Sato）　11章

　千葉大学教育学部准教授。美術教育を専門とする。関心がある研究テーマ
は, 工作・工芸教育, 伝統・文化, 文化遺産教育, 美術教師教育。特に, もの
づくりの学習について探求している。近年の論文には,「Exploring Teaching
Traditional Crafts and Heritage in Art Teacher Training in Japan」(2020, 単
著,『Learning Through Art: International Perspectives』(InSEA Publications)
がある。

胡　　俊（フ・ジュン）（Hu Jun）　12章

　杭州師範大学美術学院美術学科 学科長・准教授, 博士（美術史）。同大学 A/
r/tography 研究院院長, 広州美術学院客員教授, InSEA アジア地区理事長・
元世界理事。障害者支援の公共福祉事業「アート・バリアフリー」主催。カナ
ダ人文社会科学評議会による国際共同研究「Mapping A/r/tography」に参画。
A/r/tography の教育哲学と教育方法論を研究テーマとする。2020 年教育学教
授学会優秀著作賞（米国）を受賞。*MA: Materiality in Teaching and Learning*
(Peter Lang) に 'MA as a machinic component' を寄稿（第3章）。論文「基于
"诗画本一律"的美术学习自我评价（身体における詩の鑑賞を伴う視覚芸術学
習の自己評価）」(2020) が全米美術教育協会「NAEA 美術教育における評価白
書」（第5章）に掲載されるなど国際的に活躍している。

丁　佳楠（テイ・カナン）（Ding Jianan）　12章

東京学芸大学大学院生。中国浙江省杭州市の杭州師範大学美術教育専攻修了，東京学芸大学大学院修士課程次世代日本型教育システム研究開発専攻在学中。InSEA 国際美術教育学会会員。

会田憧夢（Doumu Aida）　10章

今治市立清水小学校教諭。広島大学教育学部卒業後，広島大学大学院博士課程前期教育学研究科学習開発学専攻カリキュラム開発専修修了。修士論文では，小学校図画工作科における試行錯誤の自己評価をテーマに研究を行った。

ABRから始まる探究（1）高等教育編
アートベース・リサーチがひらく教育の実践と理論

2022年3月31日　初版第1刷発行
2024年5月31日　初版第2刷発行

編著者　笠原広一、小松佳代子、生井亮司
執筆者　笠原広一、小松佳代子、茂木一司
　　　　生井亮司、池田吏志、手塚千尋
　　　　森本　謙、佐藤真帆、胡　　俊
　　　　丁　佳楠、会田憧夢
写真装丁　笠原広一、小室亜美
発行所　学術研究出版
　　　　〒670-0933　兵庫県姫路市平野町62
　　　　［販売］Tel.079(280)2727　Fax.079(244)1482
　　　　［制作］Tel.079(222)5372
　　　　https://arpub.jp
印刷所　小野高速印刷株式会社
©Koichi Kasahara 2022, Printed in Japan
ISBN978-4-910733-29-6

乱丁本・落丁本は送料小社負担でお取り換えいたします。

本書のコピー、スキャン、デジタル化等の無断複製は著作権法上での例外を除き禁じられています。
本書を代行業者等の第三者に依頼してスキャンやデジタル化することは、たとえ個人や家庭内の
利用でも一切認められておりません。